企

Enterprise Planning

企业营销策划

企业战略策划

企业品牌策划

企业形象策划

商业模式开发与策划

企业公关策划

宋绮辛 ◎ 主编

浙江工商大学出版社 ZHEJIANG GONGSHANG UNIVERSITY PRESS | 杭州

图书在版编目（CIP）数据

企业策划 / 宋绮辛主编 . — 杭州 ：浙江工商大学
出版社，2020.3（2023.1 重印）
ISBN 978-7-5178-3733-6

Ⅰ．①企… Ⅱ．①宋… Ⅲ．①企业管理－经营决策－
高等学校－教材 Ⅳ．① F272.31

中国版本图书馆 CIP 数据核字（2020）第 022875 号

企业策划

QIYE CEHUA

宋绮辛　主编

责任编辑	何小玲	
封面设计	林朦朦	
责任印制	包建辉	
出版发行	浙江工商大学出版社	

（杭州市教工路 198 号　邮政编码 310012）
（E-mail：zjgsupress@163.com）
（网址：http：//www.zjgsupress.com）
电话：0571-88904980，88831806（传真）

排　　版	达诺传媒	
印　　刷	广东虎彩云印刷有限公司绍兴分公司	
开　　本	787 mm×1092 mm　1/16	
印　　张	13.5	
字　　数	301 千	
版 印 次	2020 年 3 月第 1 版　2023 年 1 月第 2 次印刷	
书　　号	ISBN 978-7-5178-3733-6	
定　　价	40.00 元	

前　言

近年来，随着学生创业热情的持续高涨，工商企业管理专业纷纷增设了有关创业的课程。为了做好、做扎实创业课程的教学工作，我们专业团队的教师奔赴国内各高校学习创业课程的教学经验，吸纳创业课程的教学精髓。其中，我们也走访了我国台湾地区的几所高校，向他们学习创业教育的经验。台湾高校的创业教育给了我们深刻的印象。

2015年，笔者在我校工商企业管理专业开设了"企业策划"这门课程。经过几年的教学，笔者积累了一定的教学经验和教学资料，在此基础上，吸收和借鉴国内外有关企业管理的实践成果和高校在企业管理方面的教学经验，编写了本教材。

在长期从事工商企业管理专业教学的过程中，笔者深刻地感受到，在校学生对专业知识缺乏系统、完整的理解和掌握。究其原因，主要是由于工商企业管理专业的知识体系是构建在企业经营管理实践成果的分析、深化和总结基础之上的，专业教学更多的是对学生在管理理念和意识方面的训练，而在校学生缺乏社会生活体验，更无从谈及企业管理的经历。因此，在学习过程中，尽管教师们大量采用了案例教学，但是学生还是有云里雾里的感觉，思想上很难形成具象的企业管理知识体系。

为此，我们在学生实习之前开设了为期一周的"企业经营管理模拟训练"实训课程，意图通过这门课程的训练，让学生在学完全部的专业知识后，对专业知识有一个整体的、综合性的把握。通过对几年教学结果的观察，我们发现，这门课的学习起到了应有的作用，但同时也发现，如果学生在开始模拟实训之前，能够对专业理论知识有一个系统的掌握，教学效果会更好。于是，我们又将"企业策划"这门课程设置于"企业模拟经营训练"课程之前，让学生在开始实训前对专业知识进行一个总结性的学习，这样，实训效果会更好。

由于时间太紧，本教材缺少了"财务策划"这部分内容，有望在再版中体现出来。

本教材可作为高等院校经济管理类相关专业的理论教学和实训教学用书，也可作为相关专业技术人员的培训和自学用书。

由于水平有限，书中难免有疏漏和欠缺之处，恳请专家和广大读者批评指正。

主　编
2019年10月

目　录

第一章

企业策划概论

企业策划，既可包括对企业名称、企业标志、企业宗旨、企业宣传口号、企业经营理念等企业层次的设计和策划，又可包括对企业产品的包装、产品广告的形象、产品的市场定位等产品层次的设计和策划。

如果说公关公司是通过策划一系列社会活动以协调和沟通企业与大众的关系的话，那么，企业策划公司是从企业内部因素出发，以整个消费市场的态势分析为基础，全方位地为企业策划企业形象和产品形象，从而达到产品促销和市场推广的目的。它们会自行实施或调动市场研究公司、公关公司、广告公司共同完成一个完整的企业策划项目，从而达到最终目的：使企业取得最佳经济效益，获得竞争优势，增强实力，不断发展壮大。

第一节　企业策划的特点与作用

一、企业策划的特点

1989 年，在南国深圳，几个年轻人在计算机行业的激烈竞争中，准确地发现和抓住了中文文字处理和汉字输入两大空当，用赊账的方式在计算机类报刊《计算机世界》上打出整版震撼人心的广告。

此后，他们高举振兴民族工业、发展高科技的大旗，用短短的几年时间创建了以计算机软件开发为主，并向生物工程、房地产开发等领域多元发展，拥有数亿元资产的高科技企业——巨人集团。多位党和国家领导人前去视察，给予鼓励和支持。海内外各种传媒也纷纷予以报道。

然而，不到十年，形势发生了剧变。该公司新开发的口服液投入市场受阻，先是因为评奖而掀起风波，继而一些专家教授在报刊上发表文章指出，其所谓营养，人体本身就可以在日常的饮食中取得，无须额外补充。不久，该公司又与另一家口服液公司因不正当竞争打官司败诉。原准备用三年时间建成的巨人大厦，因种种原因未能建成，集资者要求偿还集资款，分公司经理携款物潜逃，整个集团一时陷入困境。

教训是深刻的。巨人集团创业时正逢国家对高科技极其重视和扶持，他们抓住了我国计算机发展的空当,以其产品的新颖性、实用性,加上公关广告策划的紧密配合,获得了飞速发展。可是仅仅几年时间,计算机行业便发生了翻天覆地的变化,外国大公司纷纷开拓中国市场,国内大大小小的计算机公司相继建立,计算机市场竞争空前激烈。巨人集团决策者想走多元化发展的道路,在生物工程和房地产领域开垦出一方天地,可是口服液市场的竞争已达到白热化程度,房地产市场正碰上国家银根紧缩。策划者没有充分考虑市场环境的变化,没有充分估计自己的承受能力,加上内部管理不善,致使前后两阶段的策划效果大相径庭。

从上面这个实例可以看出,企业策划与其他策划相比,有着自己鲜明的特点:

(1)超前性。策划者要善于使用各种方法和技术,使企业策划的各种方案具有超前性。策划者对国内外宏观经济政策要有深刻的体会,对微观经济环境要站得高、看得清,把握住市场发展的脉搏,善于分析其发展趋势。策划者只有具具有这种超前意识,才能使策划方案具有超前性。

(2)创新性。策划方案要不落俗套,不人云亦云,要富有新意,或者说要有创意。企业策划没有创新,企业就难以充满生机和活力,就难有大的发展。墨守成规,终究要被市场淘汰。当然,创新并不是要求策划方案从形式到内容都是崭新的,某一点或某一个方面有新意,就可以给人全新的震撼感,从而激发员工的积极性。

(3)可行性。超前性和创新性是企业策划的两个基本特点,但它们必须建立在可行性的基础上。如果脱离现实,超前性和创新性就会变成无源之水、无本之木,最终成为劳民伤财的空中楼阁。因此,进行企业策划时应用系统的观点和方法,全面分析、研究企业经营中的问题。当然,在某些条件还不太成熟时,要创造条件,使策划方案能顺利实施。

(4)动态性。优化配置企业的各种经营要素,促使其向合理的、人们所预期的方向发展是策划的目的之一。由于企业的外部环境和内部环境在不断地发生变化,开始策划时,可能会出现一些不可预见的因素,因此,企业策划的方案也应随着时间的推移、地点的改变、环境的变化而不断补充、完善,从而使策划朝着预期的目标发展。

(5)层次性。企业策划既有事关全局的总体策划,如经营策划或战略策划,也有针对企业某一经营层次的策划,如广告策划、形象策划。这些不同层次的策划对于企业经营的作用是有差别的,应根据企业自身的情况来确定先进行哪一层次的策划。

(6)功效性。正确的策划能使企业准确把握发展机遇,迅速发展壮大;错误的策划则可能使企业蒙受损失,甚至倒闭。不同的策划方案,因为策划者策划水平的优劣和实施程度的不同,策划效果可能相差甚远。

在企业策划这六个特点中,超前性、创新性是根本,可行性是基础,功效性是目的,动态性是完善与补充,层次性是思路与框架。

二、企业策划的作用

《三国演义》中的诸葛亮是一个典型的策划大师。他隆中策划,高瞻远瞩;博望坡初用火攻,一举惊人;赤壁鏖战,表现出雄才大略;七擒孟获,显现出儒将风度;六出祁山,更是高招迭出。但是，如此老谋深算的诸葛亮，竟也有失街亭之误。

当魏国大将司马懿引二十万大军杀来之际，诸葛亮料定魏军要夺取街亭，于是派兵前往驻守。马谡自告奋勇立下军令状，结果因死背兵书而导致街亭失守，酿成一场悲剧。

诸葛亮知道"街亭虽小，干系甚重。倘街亭有失，吾大军皆休矣"，又知"此地奈无城郭，又无险阻，守之极难"，既然明知马谡不胜其力，为何不派一员文武双全的大将前去镇守而是轻易答应马谡的要求？假如诸葛亮能够开个战前会议，多听听众将的意见，或许情况会大有不同。由此看出，再高明的决策者都会出现失误，而减少失误的妙方是充分发挥集体的智慧。

商场如战场。现代企业的竞争，其激烈程度比战场更甚。这是因为我国经济体制改革后，由计划经济转变为市场经济，企业不再按照国家的计划生产，生产什么、生产多少，完全根据市场的需求来决定。谁生产的产品质量好、功能齐全、价钱低，消费者就买谁的。这样，同一类生产企业就出现了有的产品供不应求，有的产品积压、经营亏损的情况。

市场就像小孩的脸，说变就变。面对复杂多变的市场，倘若没有细致周密的策划，企业经营就不能绕过激流暗礁，走向辉煌。因此，企业策划的作用体现在以下三个方面：

一是能够集中专家的智慧，使策划方案具有超前性和创新性。现代社会化大生产条件下，经营管理的任务更加艰巨繁杂，不仅"家长制"的领导管理方式已不适应市场需要，甚至精通一门专业技术的"硬专家"，也越来越不适应市场了，因此必须依靠"多种专家"、专家群体来为企业进行策划。

二是能够使企业朝着一个正确的方向发展。策划者通过调查、比较，系统地分析出企业的现状、本行业的现状以及未来的发展前景。策划者能够站在一个新的高度，从全局出发，用战略眼光来看待一个企业的发展方向，避免走弯路，避免出现"不识庐山真面目，只缘身在此山中"的现象。

三是能够加快企业的发展速度，使企业充满生机和活力。企业策划的创新性和超前性决定了企业能够不断地更新观念，使用先进的科学技术，从而加快了产品的更新换代。而系统的企业策划保证了这种发展速度。

企业策划在市场竞争中的作用是十分明显的。企业只有对这项工作予以充分的重视，并认真细致地做好这项工作，才能稳定地发展。当然，并不是所有的策划工作都能保证企业的成功，这与策划者的水平和策划方案实施的程度有关。但好的策划可以充分挖掘企业的各种潜力，尽可能避开各种风险和潜在威胁，利用一切可以利用的机会，最大限度地使企业获得成功。

目前，我们许多企业中，本身没有策划机构和策划人员，但依然取得了成功，何故？

仔细对这些企业进行考察分析就会发现，这些企业经营业务比较简单，外部环境比较宽松，缺少竞争，处在有利的发展时机。企业内通常有一位或几位头脑灵活、经验丰富的领头人，他们自觉或不自觉地运用自己的才智和经验，对企业的经营活动进行策划。当然，这些策划工作一般不太复杂。

广东顺德的美的集团股份有限公司（以下简称"美的集团"），由一个乡镇小企业发展成为国内大型家电集团之一。在珠江三角洲这块土地上，与它旗鼓相当的同行还有科龙、万家乐、威力、格力、万宝等品牌。为了在激烈的市场竞争中立于不败之地，美的集团曾在《羊城晚报》上招兵买马，将企业策划高级主管列在首要位置，要求 硕士以上学历或本科有五年以上工作经验，对国内外家电行业以及相关领域的现状及发展趋势有较深刻的认识，年龄38岁以下。美的集团能够发展到今天，占领中国家电市场的大片河山，其领导者可谓用心良苦，奇招迭出，管理和技术不可谓不先进，领导者不可谓不精明，然而要想在市场竞争中再多分一杯羹，却不是那般容易。因此，他们要寻找专门人才来策划美的集团未来的发展方向。"你的理想，你的创意，将可以在这里得到实现。"——美的人给了策划者一个广阔的发展空间。

不仅美的集团，许多企业集团也专门设置了策划机构，招募了高级人才，从企业的经营战略、市场定位、产品生产、宣传广告到形象策划等各方面，全方位地策划企业的现在和未来。在当今错综复杂的国际政治经济环境中和日趋激烈的竞争形势下，企业要想在国内外市场上站稳脚跟，拥有一席之地，不能缺少准确、系统、高效的策划，否则就会像一只无舵的航船，在波涛汹涌的商海中疲于应付而最终沉没。

第二次世界大战（以下简称"二战"）之前，日本还处在资本主义发展的初级阶段；但"二战"之后，日本致力于发展经济，在四五十年的时间里，成为世界上敢与老牌资本主义国家——美国相抗衡的经济强国。这一奇迹的出现，是由于一批锐意进取、实力雄厚的大型企业带动了日本经济的起步与腾飞。这些大型企业如今不仅控制着日本的国内市场和经济命脉，而且将其业务渗透到许多国家和地区。在我们的生活中，到处都可以看到日本的产品。不仅如此，日本产品还打进了欧美国家老牌企业的大本营，使它们不得不分出一部分市场。毋庸置疑，策划在日本企业中受到了高度重视。日本企业在开拓市场时，通常要经过精心的研究策划，因而其制订出的策划方案能够突破常规，极具竞争力。其策划工作之严谨、考虑因素之多、市场信息把握之准，是值得我们学习的。

日本的野村综合研究所对日本企业开拓国际市场、向外发展进行了研究，认为其成功的诀窍表现在以下十个方面：

（1）企业负责人对向海外发展必须有明确的经营思想，不因急于追赶竞争对手，就毫无目标地向海外扩展。

（2）在事前必须做细致的可行性调查，包括预测该产品未来市场需求大小和市场占有率，以及该国的政治经济风险与商业竞争风险。

（3）必须有国际性优秀生产技术并要将其转移到生产地，这样才能生产出与日本国内完全相同的产品，保证质量，保证声誉。

（4）在决定设厂前必须先有一定数量的产品出口实绩，而且已打出商品的知名度。

（5）必须有能胜任国际经营的人才。这种人才必须受当地员工的尊敬和亲近，能与当地员工融洽相处，并具有开展领导工作的足够能力。

（6）必须适当修正日本式经营方式并灵活运用，以适用于国际经营并发挥日本式经营方式的优点。

（7）在经营管理上要能够与当地融为一体。即在人员上要培育和有效地使用当地优秀人才，从日本派去的重要领导在公私活动方面都不要形成"小集团"，还要尽可能采购当地生产的原材料或零部件。

（8）企业内部要建立国际分工体制。即在生产上要依据市场需求考虑在国外生产何种产品，在国内生产何种产品，要尽可能在出口与海外生产上取得平衡，以避免发生国内工厂空洞化。

（9）灵活运用在海外的生产优势。

（10）必须预防投资摩擦，也要避免"一窝蜂"式地向同一国家或同一地区投资。要宣传本企业对当地发展的贡献，还要能够与当地企业在竞争中建立共存共荣的关系。

日本企业在国际市场上的这些成功经验，对我们有很大的借鉴作用。从总体上看，我国许多企业尚不具备到国际市场上竞争的能力，但也有不少企业具备了这样的实力却没能有效地占领国际市场。原因是多方面的，但这些企业在打入国际市场的过程中，缺乏切实可行的周密策划，或不能根据国际市场的形势和发展动态进行及时调整，恐怕是重要原因之一。国际市场的竞争对企业策划工作提出了更高的要求。

第二节　企业策划的步骤

企业策划通过实施而达到其目的，策划质量的优劣对企业经营将产生深远的影响。因此，在进行企业策划时，只有以科学的态度，遵循一定的策划程序，采用适用的方法和手段，才能形成高质量的策划。

企业策划可以分为四大步骤十五个程序，如图 1-1 所示。

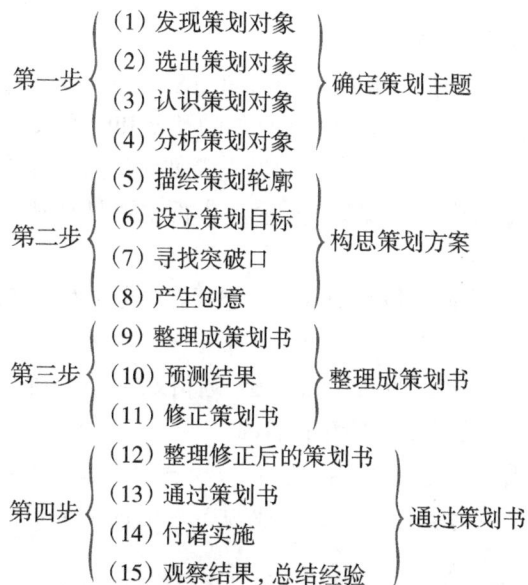

第一步
- （1）发现策划对象
- （2）选出策划对象
- （3）认识策划对象
- （4）分析策划对象
} 确定策划主题

第二步
- （5）描绘策划轮廓
- （6）设立策划目标
- （7）寻找突破口
- （8）产生创意
} 构思策划方案

第三步
- （9）整理成策划书
- （10）预测结果
- （11）修正策划书
} 整理成策划书

第四步
- （12）整理修正后的策划书
- （13）通过策划书
- （14）付诸实施
- （15）观察结果，总结经验
} 通过策划书

图 1-1　企业策划的四大步骤十五个程序

第一步：把焦点对准策划的对象，也就是寻找策划的主题，进行切题的调查研究。

第二步：描绘出策划方案的大轮廓，设定策划方案可期待的目标，为构思具体创意寻找突破口，然后将创意酝酿成熟，再纳入策划方案之中。

第三步：将充满构思的策划方案整理成策划书，预测其结果，并不断修正其内容。

第四步：对企业正式推出策划书，付诸实施，观察结果，总结经验，作为下一次策划的参考。

这四个步骤实质上就是企业管理中 PDCA 循环[1]的具体运用，是一个策划书出台的全过程。灵活地掌握这些步骤，是成为一个杰出策划人所必须具备的能力。

一、确定策划主题

企业里到处都存在着策划对象，但并不是每个课题都需要策划，也无法实施所有策划。

课题的来源有两种：一是策划人接受上司的指令或者其他部门的委托，从事某一主题的策划；二是策划人自己发现策划对象，以此为主题进行策划思考。

策划人员应该具有自己发现策划对象的能力，自己找出策划主题，提出策划的必要性，再拟出相应的策划方案。

策划人员凭着敏锐的问题意识所发现的策划主题，有时候正是关键主题，有时候则是策划主题的某种暗示。例如访问经销商，与其探讨问题时得到以下现场信息：①经销商对公司的协调不关心；②其他厂商对经销商正积极活动；③经销商对本公司的商品组合大为不满等。这些现场信息成为寻找策划对象的线索，由此便可以产生以下策划主题：①提高本公司对经销商的协调程度的策划；②防止其他厂商侵入经销商的策划；③满足经销商需要的本公司商品组合的策划等。

策划对象很多，不过很难把所有的策划对象主题化进行策划，也没有这个必要；必须对策划对象进行筛选，选出主要对象，将有限的智慧和时间投入其中，才能产生好的策划。因此，若要得到好的策划，企业方面也要精选策划对象，把力量集中于必要的主题上。除了策划者要对这方面有十足的理解之外，企业方面也要具有判断的能力，辨别什么样的主题是值得策划的。

经过某种会议或场合筛选出策划对象、设定策划主题之后，首先应该尽可能让策划主题明确化。

所谓明确化，就是明确事物的内涵和外延，通俗地说是明确事物的范围。对策划主题明确化的表述方法，一是数字，二是专有名词。

例如有以下策划主题：①提高营业额的策划；②提高营业额的促销策划；③为提高 A 产品营销额的促销策划；④为提高 A 产品营业额 50％的促销策划；⑤为提高本年度 A 产

---

[1] PDCA 是 Plan（计划）、Do（执行）、Check（检查）和 Act（行动）的简写。PDCA 循环是质量管理中的一个通用模型。

品营业额 50% 的促销策划；⑥以提高东北、华南地区 A 产品营业额 50% 为目标加强批发商营销渠道的促销策划。

由策划主题①至策划主题⑥，这些以促销为主题的策划，其主题越来越清晰，这就是策划主题的明确化。

如策划主题①，它不限于促销计划，同时也可以从广告宣传、降价、追加新产品等方面来考虑策划，同时产品也不限于 A 产品，其他产品都可能有，地区也可能面向全国。这种自由度很大的策划主题，似乎可以尽情发挥，但由于焦点不定，很可能做出和上司或委托者意图偏离的策划而难以成为精确满意的策划。如果能像策划主题⑥一样主题明确的话，对于主题的调查和分析则容易得多。

如果会议中决定的策划主题、上司下达的策划主题或委托者交给的策划主题，是像策划主题①一样的模糊主题，最好不要立刻接下来；否则上司或委托者也许想的是 A 产品在东北地区的促销方案，而你做出来的却是华南地区的策划方案，结果事倍功半。因此，着手进行策划作业前，要先和决定策划对象、策划主题的人商谈，充分领会上司或委托者的意图，再进行策划作业。

例如，有一个市场调查机构，接受一家食品厂商的委托，该厂商要求该调查机构提出一个新产品上市前的竞争商品调查、所需的费用估价的调查策划。然而该调查机构由于未弄清楚该厂商的真正用意，将策划的要点放在了竞争产品的品牌、厂商、生产量、销售量、广告、促销法、营销渠道等对策上面，而该厂商在新产品开发阶段，对以上各点已大致了解清楚了，他们想从批发商、零售商、消费者及广告公司等方面，收集有关营销渠道、方法、价格体系及公关活动打入市场的具体构思。可是该调查机构却为传统的调查项目所限，未能掌握委托者的真正意图，最终被别家调查机构抢走了生意。

策划对象和主题明确以后，策划者应该对策划对象的以下情况进行充分的调查、分析和研究：

（1）新产品的内容、性能、成本、预定售价。

（2）新产品与既有销售渠道的关系，尤其要判断销售渠道的适合性。

（3）新产品的竞争厂商、竞争产品的状况。

（4）本策划以什么标准判断为必要。

（5）对本策划的期待是什么。

（6）关于本新产品是否有其他项目的策划。

（7）本策划可能动用的费用、人员、时间、场所等的最大限度。

（8）过去本公司或竞争厂商是否曾做过同类或类似的策划，其内容、结果与需要反省的地方。

（9）本策划的截止时间。

（10）本策划可以获得什么单位或个人的协助。

（11）上司或委托者对本策划有什么构思、希望。

（12）本策划为什么指定自己来做。

作为策划人，在开始策划时必须从心里对以上 12 点有所准备，激发策划的灵感。

一个理想的策划，是在有限的费用、资源、人力、时间范围内，达到最高效、取得最大成果的策划。要达到这个目的，就要充分调查、分析、研究策划对象，而调查、分析、研究的四大基本原则是：多听、多看、多问、多查。脱离现实、一厢情愿的看法和创意，终将因无法实施而被废弃。

二、构思策划方案

构思策划方案是在充分调查、了解、分析策划对象的基础上进行的。前面所讲的 12 点，主要是就企业的内部环境、针对产品开拓市场而言的，如果是进行企业战略策划，仅仅了解这些是不够的，还必须对企业的相关环境进行分析研究。事实上，许多外部因素对企业经营的影响是有差异的，不同层次的外部环境对企业的作用也有区别。国家的宏观经济政策、国际环境对企业的影响可能较为间接，而行业发展环境、市场环境和外部竞争者等对企业的影响就比较直接，企业可以明显感受到这些外部力量对自己产生的影响。

在对企业相关环境进行分析研究之后，还必须对企业进行评估，也就是进行企业定位，企业必须明确自己处在同行业的什么位置，处在社会的哪个档次。企业定位包括明确企业的产品质量、技术水平、销售状况、人力资源、财务状况和筹资能力以及工作效率。正所谓知己知彼，百战不殆。

构思策划方案是企业策划过程中最困难、最重要，也是最有意义的一个环节，它是策划者智慧和灵感的体现。所谓策划构思，就是策划者根据企业目标，综合各方面的信息，探寻企业自身未来的行动方案。

构思策划方案必须设定目标。企业目标是由一个总目标、多个分目标构成的多层次系统。有三种形态的分目标：一是时间形态上的分目标，即阶段目标；二是层次形态上的分目标，即子目标；三是专业领域形态上的分目标，即部门目标或专业目标。企业通常采取利润指标（国有企业用利税指标）作为自己的总目标，并用市场占有率、利润率、劳动生产率、销售总额和成本等指标作为阶段目标。

策划者根据企业的总目标、阶段目标并将其分解到策划对象，设立一个比较适宜的策划目标。设定的策划目标如果过高，则无法实现；过低，则失去策划的意义。因此设定策划目标时，要充分考虑企业的实际情况及其对策划的期望值。将目标值设定于既具有现实性又具有挑战性的数值上，是最适宜的。

发现外部环境中的机会与威胁，依据对企业自身条件的优劣分析，来确定企业的发展、改进方向，这是构思策划方案的基本原则。

从图 1-2 中可以看出：在第 I 象限内，环境中存在机会，企业本身又具有优势；在第 II 象限内，企业具有优势，但环境中存在威胁；在第 III 象限内，企业在此方面处于劣势，环境中存在威胁；在第 IV 象限内，环境中存在机会，但企业在此方面处于劣势。

以上四个区域，决定了企业大的发展方向。显然，第 I 象限对企业而言最为有利，企业既有优势，环境中又存在机会，应作为策划的重点；在第 II 象限，企业策划应重点克服环境中的威胁，创造发展良机；在第Ⅲ象限，企业策划难以有所作为，应尽力避免开展；在第Ⅳ象限，企业策划应着重于内部力量的提高，增强竞争力。

策划主题、策划目标、策划构思原则已经清楚地摆在我们面前，如何来构思策划方案呢？

构思策划方案的关键之处是创意，寻找突破口。好的创意是由灵感产生的，而灵感来自生活中的积累。

按资讯理论来说，所谓策划，就是各种资讯的有机组合。而构成其组合要素的各种创意，也

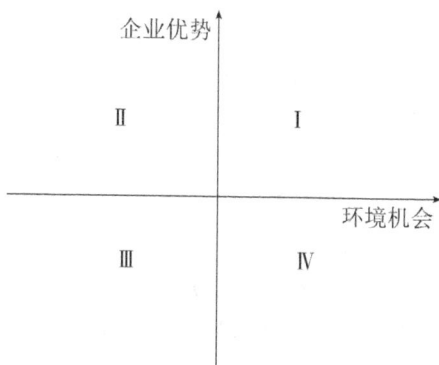

图1-2　企业优势、环境机会对企业发展方向的影响

都是由某种资讯或几种资讯加工、变形、组合而产生的一种资讯。此外，激发创意灵感的线索或暗示，也是一种资讯。一个好的创意或特别的策划，和一般的策划比起来，总有它独特的差异性存在。也就是说，策划是由具有差异性的资讯经过加工、变形、组合而成的。因此，探寻灵感线索、化为创意、形成策划的一连串作业，也就是资讯的探索、变形、加工、组合的作业。每个阶段，资讯的探求方法及变形、加工、组合、整理方法的巧与拙，是决定其能否成为一个杰出创意的条件。

从这层意义来看，构成策划的创意构想，构成创意的灵感启示，以及突破口的探求方法，对策划者来说是非常重要的因素。无论采用什么方法，一个杰出的策划者都需要不断训练自己，学习寻找有价值的资讯，以触发具有新意的灵感和高品质的创意，并将其形成策划书。

寻找策划构想或创意灵感的方法可以大致分为两种：①从已知的知识、信息中探求；②通过个人或集体的智慧产生。

所谓已知的知识、信息，是指发表于书刊的知识和资讯等。寻找过去的知识、信息，获得能用于目前正在思考的策划方案的创意或暗示，是最常用的方法。另外一种通过智慧而产生策划构想或创意灵感的方法是指将存在头脑中的资讯，以及由外部收集所得的信息，加以选择、加工、变形、组合，从而整理出具有异质性的资讯。这种方法由于策划者能力的不同和手法的优劣，结果将产生极大的差异。

当然，由智慧出发的方法，也会因学习和训练而有某种程度的提高。如果大脑里原来就没有储存该方面的信息，或未能从外部收集相关的信息，绝对无法凭空加工、变形信息。也就是说，只有聪明的头脑，而没有知识的积累，也无法产生智慧的结果。

因此，要想寻找、产生灵感与创意，首先要努力学习运用既存知识与信息来探求灵感与创意的方法。如要拟定一个新产品市场开发的策划方案，可以从下面六个方面寻找既存知识与信息：

（1）市面上所卖的专门图书、过期专业杂志、行业刊物和剪报等。

（2）本企业或关系企业过去所进行的有关市场开发方面的策划方案、活动方案、建议等记录。

（3）有关方面的专家、研究者所拥有的关于市场开发方面的策划书及信息等。

（4）本企业及同行业其他企业或比较容易获得资讯的其他同行业人士所拥有的关于市场开发方面的策划和信息等。

（5）海外企业有关市场开发的信息。

（6）在学会、研究会等学术性会议上学者们发表的市场开发方面的相关知识、创意和信息等。

除此之外，只要开动脑筋，还有许多其他既存的知识和信息的获得来源。在收集这些信息和资料的过程中，灵感和创意就在不经意中产生了。

三、整理成策划书

无论策划方案的突破口选得多么巧妙，创意多么独特，只有策划者自己清楚，如果它无法得到上司及委托者的认可，就无法被付诸实施。

因此，作为策划者，不仅需要具备产生杰出创意的能力，还必须能将创意整理成为策划书，经审议通过，以便在实施时得到强有力的支持。为了达到这个目的，策划者必须努力提高写作策划书的能力。

1. 策划书应包含的内容

制作策划书时，必须了解一般策划方案所具备的项目和条件，策划书立案的技巧及策划内容的表现技巧等。

一般策划方案在整理成策划书的形式时，包含以下项目：

（1）策划的名称。

（2）策划者的姓名。

（3）策划完成时间。

（4）策划的目的及策划内容的概要说明。

（5）策划内容的详细说明。

（6）实施策划方案的程序和计划。

（7）策划的期待效果和预测效果。

（8）策划立案的缘由。

（9）对本策划问题的看法。

（10）参考资料。

（11）第二、第三策划方案概要。

（12）策划书实施时要求注意的事项。

如果是简单的策划书，有前五项就够了；但为便于实施，应尽可能包含第六、第七两项；如有必要详细说明策划方案时，则需加上最后五项。为什么要包含这些项目呢？因为策划书是为了向别人说明策划方案，说服别人以获得认可与支持而做的。

事实上，将策划方案像前面这样整理成策划书时，策划者常会意外地发现：以为别人会懂的部分别人却不懂，而自己认为不很重要的条件却是相当重要的条件；有些部分自己明白，却很难向对方说明；有些部分是单凭文字难以表现的内容；有些部分若没有考虑实施者的立场很难实施等。

也就是说，要向别人展示策划书，就必须站在别人的立场来考虑，如果不能向对方传达自己的意志，就很难获得对方的赞同和支持。单是自己了解是行不通的。

2. 策划书的写法

如何写好策划书，简洁具体地表现策划的内容呢？现就策划书必要项目的写法进行简要说明。

（1）策划的名称。策划的名称实质上是策划的主题，要尽可能具体。例如"新产品的销售策划书"便不充分。"新产品×××年1～6月××地区以经销商为对象的促销策划书"，像这样明确的名称是很重要的。也可以采用大标题"新产品×××年的促销策划书"，而副标题加注"1～6月××地区，对象经销商"为补充的写法。

（2）策划者的姓名。包括策划者所属单位、职称、姓名；如果是小组的情况，可以写出小组名、负责人姓名、成员姓名。此外如有外部人士参与策划，更应注明。

（3）策划完成时间。这是策划书完成的年月日，但为方便起见，可注为开会日期或前一天；如果是旧案重提，可附注×月×日做成、×月×日修正，以接近开会日期为宜，这样给人的印象会较深刻。

（4）策划的目的及策划内容的概要说明。例如，策划目的为"对新产品1～6月达成××台或××万元营业额的促销策划"，策划内容的重点为"预算×万元，以该地区五个经销商为对象，举行该产品经销商的销售竞赛，对获得第一名的经销店赠送×万元奖金之策划"。以数行文字，提纲挈领地指出目的和重点。这时候就有必要将策划核心的创意或策划的销售点明确地写出来，如"将对象经销商，以联盟的方式予以组合，根据销售绝对额及增长率，决定冠亚军"。

（5）策划内容的详细说明。这是策划书的重点部分。以决策者读起来容易理解为原则，简明扼要地表现，层次分明地整理。不仅可以用文字，还可以适度插入照片、图、表。如果需要，还可以准备投影仪或大挂图在审议会中使用。

（6）实施策划方案的程序和计划。策划方案要付诸实施，有必要先做好实施的计划，如时间、人员、费用、场所、道具的安排，并制订安排表，具体到位。

（7）策划的期待效果和预测效果。本策划要将可获得的效果尽可能以令人信赖及有依据的方式提示出来。此外，策划所显示的效果以及对企业内外部可能产生的无形效果等也一并写入。期待效果及预测效果的真实性、准确性及说明方式的魄力，是策划方案能否被采纳的关键因素。

（8）策划立案的缘由。就是对为什么提出本策划主题，为什么实施本策划立案，本立案是以什么架构进行的等，做出一一说明。

（9）对本策划问题的看法。任何策划都不可能十全十美。做完策划书后，要在策划小组会上讨论本策划的优点、缺点、可能出现的问题及其解决办法等。如果由于时间、人员、费用等受到限制，策划无法完全达到理想效果，也可稍做辩解，但不宜太多。

（10）参考资料。这是指文献、策划案例及过去的事例等。策划如果具有独特性且没有类似的方案，在实施时极易成功。针对某企业的策划方案如果参考过该企业或其他企业的事例或文献上刊载过的事例，在审议会上往往较易通过。此外，策划由某种前例获得暗示，或参考前例的情况相当常见，将这些实例简单附注是提高说服力的好办法。

（11）第二、第三策划方案概要。策划往往不只做出一个方案，而有 A、B、C 等代替方案。当有第二、第三个方案时，在策划书上可注明主旨，并做概要说明。

（12）策划书实施时要求注意的事项。策划书是实施之前做出来的，因此在立案过程中及立案后，会出现各种应注意事项和期望事项，应将其整理附于策划书后。

四、通过策划书

策划书做成后，策划者要向审议会或指导策划的上司提出报告，其目的是使策划书能在审议会上通过，或者被决策单位采纳。不然的话，费尽苦心的策划书被搁置，一切努力皆白费。因此，策划者必须在提交策划书之前，对审议会上可能出现的质询和疑问做好充分的应答准备，以提高策划书被采纳的概率。

我们曾经听到策划人员抱怨：我们公司老板也不问青红皂白，只知道苦干。辛辛苦苦做出来的策划书，他都不大看，甚至不了解策划者的立场和想法，每次只会问："你这策划到底能赚多少钱？"真让人生气。

这位策划者为了说服那位想知道"到底能赚多少钱"的老板，费尽了口舌，当老板终于决定"好吧！"时，策划者已筋疲力尽，丧失了把策划书付诸实施的雄心壮志。

这种现象其实在任何企业都是家常便饭，却少有这样不问青红皂白的老板。只不过策划者没有想办法说服企业，无法获得上司的认可，则是极为普遍的现象。如果策划者连上司都不能说服，那么这个策划书大概也不怎么高明。

"能赚多少钱"的质问，对决策者来说是理所当然的。策划本来就是一种赚钱的手段，策划者回答不上来，倒让人觉得他的策划目标不明确。策划书也是一种商品，是一种出售智慧的商品。既然是商品，就应该有商品的销售点，销售点越鲜明、越生动，就越容易向最高决策者推销成功。如果本策划书有可使商品 A 的销售额提高两倍、利润增加三倍的销售点，那么经营者自然会注意到这个策划书。假如本策划方案既可能提高销售额，也可能降低销售额，那么本来兴致勃勃的主管，也会退缩回去。

策划者如果对自己的策划书都不能说出好处一二三来，别人又怎么会欣赏？一个杰出的策划者，能够将策划书的好处尽可能具体化、数字化。因为营业额、利润率、知名度、市场占有率等销售点，是最高决策者所关心的，至于中间的策划过程倒在其次了。

为了向决策单位乃至决策者推销、说明策划书，有必要制作一些说明和说服的工具，以增加策划书的说服力。策划人员要把自己的策划书当作商品，像推销商品一样，准备一些工具或道具，向最高决策者推销自己的策划书。这些工具或道具通常有图表板、幻灯片、录音带、录像带和多媒体光盘，通过这些形象、直观的东西，可以增强策划书可行性和说服力。

无论多么巧妙的说明，也可能没有说服力；相反，非常朴实的说明，却有可能说服别人。策划者需要的不是雄辩的口才，而是说服能力和应答能力。要想说服对方，与其单从理论构成来说明，不如以自己的想法和自信引起对方共鸣，把对方引入自己的想法中。因此说服能力强的人，不必详细说明策划细节，便能获得对方认可。

策划者要想提高自己的说服力，可以从下面五个方面努力：①对策划书要有自信心；②尤其对策划书的成果要充满信心；③将显示自信的个性融入策划书中；④说明策划书时，要让企业相信，这样策划是必要且有用的；⑤要以充满信心的态度回答质疑。

企业策划书通过之后，必须付诸实施，否则再好的策划也只不过是空中楼阁。当企业实施策划书之后，就应该对策划实施的效果进行评估，并把结果反馈给策划者，以便对策划方案进行修正，这样才能保证企业策划的科学性和实用性，才能对企业的经营活动真正起到指导作用。

第二章

企业战略策划

第一节 企业战略的构成

一、企业战略概述

1. 企业战略的概念

（1）战略的概念。"战略"一词自古有之，"战"指战斗和战争，"略"指策略、谋略、计划。后来合用，起源于兵法，为军事用语。《辞海》中对"战略"的定义是："军事名词。对战争全局的筹划和指挥。它是依据敌对双方的军事、政治、经济及地理等因素，照顾战争全局的各方面，规定军事力量的准备和运用。"《中国大百科全书·军事卷》诠释"战略"时说："战略是指导战争全局的方略，即战争指导者为达成战争的政治目的，依据战争规律所制定和采取的准备和实施战争的方针、政策和方法。"

随着人类社会的发展，"战略"一词逐渐被人们广泛地应用于军事以外的领域，如政治、经济、科技和社会发展领域。"战略"也被演绎为"泛指重大的、带全局性的或决定全局的谋划"。

（2）企业战略的概念。企业战略最早出现于美国，美国人大约在20世纪60年代才明确地将战略思想引入或运用于工商经营管理之中。对于什么是企业战略（business strategy），西方战略管理文献没有一个统一的说法，由于自身的认识角度和经历不同，不同学者和实际工作者赋予企业战略的含义也有差异。有的认为企业战略应包括企业的目的与目标，即广义的企业战略；有的则认为企业战略不应该包括这一部分内容，即狭义的企业战略。

加拿大著名管理学家亨利·明茨伯格（Henry Mintzberg）整合了各种观点，提出"5P"的观点：

①战略是一种计划（Plan）。大多数人将战略看作一种计划，即它是一种有意识的、有预计的行动程序，一种处理某种局势的方针。

②战略是一种计谋（Ploy）。这是指在特定的环境下，企业将战略作为威胁和战胜竞

争对手的一种具体手段。

③战略是一种模式（Pattern）。艾尔弗雷德·D.钱德勒（Alfred D.Chandler）在其《战略与结构：美国工商企业成长的若干篇章》一书中认为，战略是企业为了实现战略目标进行竞争而开展的重要决策、采取的途径和行动以及为实现目标对企业主要资源进行分配的一种模式。只要有具体的经营行为，就有战略。

④战略是一种定位（Position）。战略是一个企业在自身环境中所处的位置或在市场中的位置。

⑤战略是一种观念（Perspective）。这种定义强调战略是一种概念的内涵，即所有的战略都是一种抽象的概念，它存在于需要战略的人们的头脑之中，体现于战略家们对客观世界固有的认识方式。

以上五种对战略的不同定义，有助于对战略的深刻理解。不同的定义只能说明人们对战略的特性的不同认识，不能说明哪种战略定义更为重要。值得强调的是，尽管战略定义多种多样，但对于具体企业来说，战略仍只有一个，五个定义只不过是从不同角度对战略加以阐述。

2. 企业战略的特征

尽管战略学者和经理们对企业战略的内涵各有不同的认识，但是对于企业战略的特征，人们的认识却没有太大的分歧，各种理解基本上都比较相似。概括起来，企业战略具有如下特征：

（1）企业战略具有全局性。这是企业战略最根本的特征。企业战略以企业的全局为研究对象来确定企业的总目标，规定企业的总行动，追求企业的总数量。也就是说，企业战略的重点不是研究企业的某些局部性质的问题，而是企业的整体发展。这就提醒企业在整体经营管理中要以企业战略为目标，关注全局、关注整体。

（2）企业战略具有长远性。这是指企业战略的着眼点，是企业的未来，是为了谋求企业的长远利益，而不是为了求得眼前的利益。有效的企业战略可以避免企业经营管理的短视症。

（3）企业战略具有纲领性。这是指企业战略为企业确定了发展方向和战略目标，同时以原则性和概括性的规定，对企业全体人员起到强有力的号召和引导作用。

（4）企业战略具有现实性。企业战略是建立在现有的主观因素和客观条件基础上的，一切从现有起点出发。

（5）企业战略具有竞争性。这是指企业战略是企业在竞争中战胜对手，应付外界环境的威胁、压力和挑战的整套行动方案。它是针对竞争者制定的，具有直接的对抗性。企业战略的抗争性作用在企业的整体经营管理中容易激发全体员工的斗志和士气，从而保持团队旺盛的竞争力。

（6）企业战略具有风险性。企业战略是对未来发展的规划，然而环境总是处于不确定的、变幻莫测的趋势中，任何企业战略都伴随着风险。

（7）企业战略具有创新性。企业战略的创新性源于企业内外部环境的发展变化，因循守旧的企业战略是无法适应时代发展的。

（8）企业战略具有稳定性。企业战略一经制定后，在较长时期内要保持稳定（不排除局部调整），以利于企业各部门、单位贯彻执行。

3. 企业战略策划在企业整体经营管理策划中的重要地位

就策划而言，企业整体经营管理策划中涉及许多要进行策划的项目内容，如现在流行的企业 CIS 策划、广告策划、营销策划、融资策划、管理策划、新产品上市策划以及前面谈到的企业战略策划等。然而就策划本身对企业的决定性与重要性作用来讲，企业战略策划是企业所有策划项目中的重中之重。其重要地位具体表现在以下方面：

（1）企业战略策划是企业整体经营管理策划中的核心。可以说，一切企业战术策划、项目策划都得围绕企业战略策划来制订。在完成企业战略策划之前所做的各种企业战术策划、项目策划都有可能是徒劳无功的，甚至有时可能是"南辕北辙"的。企业战略策划是企业各项战术策划的核心，其他策划都应在战略策划的基础上展开，并且要时时围绕它进行的策划。

（2）企业战略策划是企业整体经营管理策划的重点和关键。抓住事情的重点和关键，可以取得突破性的进展，可以起到事半功倍的效果。企业整体经营管理策划中，只要抓住企业战略策划这个重点，把企业战略策划首先做好、做到位，那么接下来的各种战术策划和项目策划相对而言就容易得多，而且成功的系数也大得多。一位商界人士说："一个企业的战略方向准确了，就好比乘上了一列高速飞驰的经济快车。"

（3）企业战略策划是企业整体经营管理策划中的"指向标"。企业战略策划主要是帮助企业回答以下一些关键的、带有方向性的重点问题。如"我是谁？""我从哪里来？""我将到哪里去？""我将如何去？"等问题。因此，企业的各类经营管理策划都必须看清企业战略策划定下来的方向。任何偏离企业战略的战术策划，即便方法再好、再绝妙，也都是无用的策划，还可能是有害的策划。所以，企业的战略策划一旦确定下来，在没有特别的优势出现时（如市场优势、人才优势、管理优势等），一般最好别做擅自变动企业既定战略的策划。否则，偏离了经过企业历史验证的正确的"指向标"，再精彩的策划也可能给企业带来灾难。

二、企业战略的构成要素

（一）安索夫的企业战略构成要素

企业战略的广义论者认为企业战略应包括企业目的与目标以及为实现这些目的而采取的手段，而狭义论者则认为企业战略只包括为实现企业目标而采取的手段。但是狭义论者还认为企业战略是由一定的要素构成的。

美国的伊戈尔·安索夫（Igor Ansoff）是最早对企业战略的构成要素进行概括的学者，他认为，企业战略是由四要素构成的，即产品与市场范围、增长向量、竞争优势和协同作用。安索夫还认为，将这四要素组合起来可产生合力，成为企业的共同经营主线。所谓共同经营主线，即企业目前的产品与市场组合和未来的产品与市场组合之间的关联。有了这条经营主线,企业内外人员就可以了解企业经营的方向和产生作用的力量。

1. 产品与市场范围

产品与市场范围说明企业属于什么特定行业和领域。许多企业将自己的经营范围定得过宽,造成经营方向模糊。为了清楚地表达企业的经营方向和范围,产品与市场范围常常需要分行业来描述。

2. 增长向量

增长向量又称为成长方向,它说明企业从现有产品与市场范围向未来产品与市场范围移动的方向,即企业经营方向。下面通过表2-1来说明企业增长向量。

表2-1 企业增长向量

使命 \ 产品	目前产品	新的产品
现今使命	市场渗透	产品开发
新的使命	市场开发	多种经营

(1)市场渗透是通过增大目前产品与市场的市场份额来达到企业成长的目的的。

(2)市场开发是为企业产品寻找新的消费群体,以此作为企业成长的方向。

(3)产品开发是创造新的产品,以替代目前产品,从而保持企业成长。

(4)多种经营则独具特色,它的产品与市场都是新的,换言之,企业步入了一个新的经营领域。

在前三种选择中,其共同经营主线是明晰和清楚的,或是开发新的市场营销技巧,或是开发新市场或新产品,或是两者同时进行。但是在多种经营中,共同经营主线就显得不够清楚了。

3. 竞争优势

它表明企业某一产品的市场组合与众不同的特殊属性,凭此可给企业带来强有力的竞争地位。一个企业要获得竞争优势,或寻求兼并,谋求在新行业或原行业中占有重要位置;或选择具有专利保护的某个经营领域;或进行产品开发,生产出具有突破性、创新性的新产品,以替代旧产品。

以上三个要素描述了企业在外部环境里的产品与市场道路,而下面的第四个要素则是从企业内部的协调角度来考虑的。

4. 协同作用

它指明了一种联合作用的效果。安索夫指出,协同作用涉及企业与其新产品和市场项目相配合所需要的特征。在管理文献中,协同作用常常被描述为$1+1>2$的效果,意味着企业内各经营单位联合起来所产生的效益要大于各个经营单位各自努力所创造的效益总和。

安索夫又进一步将协同作用划分成:销售协同作用,即企业各种产品使用共同的销售渠道、仓库等;运行协同作用,即企业内分摊间接费用,分享共同的经验曲线;管理协同作用,即在一个经营单位里运用另一个经营单位的管理经验与专门技术。当然,如果协同作用使用不当,也会产生负的协同作用,这就是所谓的内耗,产生 1＋1＜2 的结果。

协同作用是衡量企业新产品与市场项目的一种变量。如果企业的共同经营主线是进攻型的,该项目则应运用于企业最重要的要素,如销售网络、技术等;如果共同经营主线是防御型的,该项目则要提供企业所缺少的关键要素。同时,协同作用在选择多种经营战略上也是一个关键变量,它可以使各种经营形成一种内在的凝聚力。

探讨企业战略构成要素的意义在于:企业应如何寻求获利能力。一般地,产品与市场范围指出寻求获利能力的范围;增长向量指出这种范围扩展的方向;竞争优势指出企业最佳获利机会的特征;协同作用可挖掘企业总体获利能力的潜力(见图 2-1)。

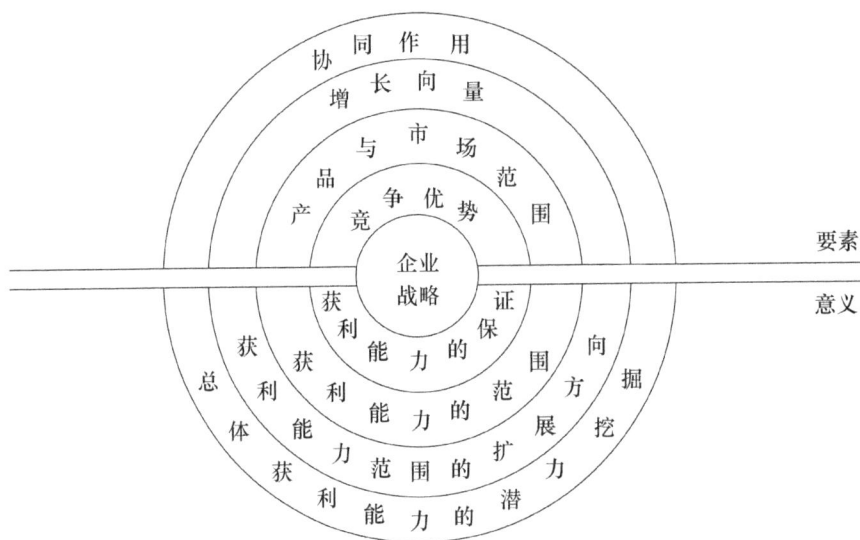

图 2-1　安索夫的企业战略构成要素

(二)伊丹敬之的企业战略构成要素

关于企业战略的构成要素,也有许多学者不同意是由产品与市场范围、增长向量、竞争优势、协同作用四部分构成的。日本学者伊丹敬之就提出了一种新见解,在日本学术界产生了较大影响。他认为,企业战略的构成要素有三种:产品市场群、业务活动领域和经营资源群(见图 2-2)。

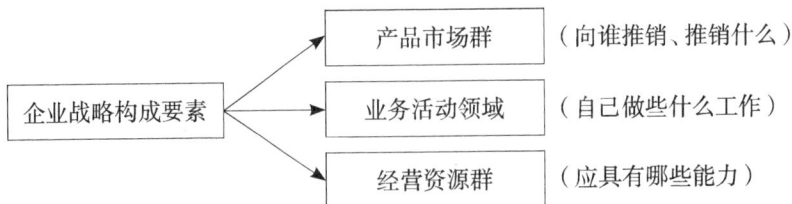

图 2-2　伊丹敬之的企业战略构成要素

1. 产品市场群

产品市场群就是要解决本公司的活动目标应确定在哪一种产品领域、市场领域，如果拥有数个产品与市场，那么应如何相互联系的问题。

2. 业务活动领域

业务活动领域是指在从原材料供应、生产一直到产品送到顾客手中这一系列的开发、生产、流通过程中，企业应该承担其中哪些环节的活动。

3. 经营资源群

经营资源群是指企业如何把开展经营活动所需要的各种资源和能力综合起来，以及在什么方向上积累资源。

伊丹敬之认为，构成企业战略的这三项要素，各自又由两项因子构成，即范围和重点。例如，经营资源群需要具有的内容即构成范围，而这些能力中最重要的一项即构成重点。伊丹敬之由此提出了企业战略的分析框架，如表2-2所示。

表2-2　伊丹敬之的企业战略分析框架

要素因子　　　战略构成要素	范　围		重　点	
	当前状态	变化方向	当前状态	变化方向
产品市场群				
业务活动领域				
经营资源群				

（三）我国学者的企业战略策划基本要素

企业战略策划是一项实战性很强的活动。我国的一些策划界人士，总结实践经验后提出，企业战略策划基本要素有四个方面：

第一，有一套科学务实的经营战略策划。

第二，有一套运作高效的管理战略策划。

第三，有一套极具激励作用的人才战略策划。

第四，有一套具有强大生命力，并带有鲜明个性特色的企业文化战略策划。

一个企业的成功，要求：第一，它的经营战略必须是正确的。经营战略主要解决的是企业"做什么"这个重大问题。第二，它的管理战略必须是具有高效率性质的。管理战略主要解决的是企业"怎么做"这个问题。第三，它的人才战略必须是具有激励作用的。人才战略主要解决的是企业事情"谁来做"这个问题。第四，它的文化战略必须是具有强大生命力，并同时带有重大鲜明个性特征的。企业文化战略主要解决的是企业"我是谁"这个在竞争中明确定位的重大问题。以上四大基本要素中，前三个基本要素都是为回答最后一个要素"我是谁"做铺垫的。这四大核心要素的基本内容及其相互关系主要体现在以下几个方面：

（1）就企业的经营战略来说，它的基本内容主要包括产品与市场领域、成长方向、竞争优势和协同效应。这也是安索夫著名的企业战略管理要素内容。这四个方面的基本内容可以在企业中产生一种合力，形成企业的共同经营主线。在做企业经营战略策划时，首先应当从产品、技术以及市场营销等方面的类似性，为企业确定出一条共同经营主线。这是企业战略策划中十分关键的内容，也是十分重要的第一步。

（2）就企业的管理战略来说，它的基本内容主要包括组织系统、指挥系统、联络系统、检查反馈系统、预算计划系统等。它的特点是必须密切配合企业的经营战略特征来制定，服务于经营战略并服从于经营战略。

（3）就企业的人才战略来说，它的基本内容主要包括人才的选用和招聘、培训、激励等。目前，多数学者将它归类为管理战略。如国内著名的《A 管理模式》作者刘光起就持这种观点。但在笔者看来，一些企业的成功与其说得力于它的战略成功，还不如说得力于它的人才战略成功。这样的例子在商界比比皆是。如拯救克莱斯勒公司的 L. 艾柯卡（L.Iacocca）、复活 IBM 的 L. 郭士纳（L.Gerstner）、让通用公司成为美国经济"火车头"的 J. 韦尔奇（J.Welch）等。可以这样说，一个企业的成功都可以归结为这个企业关键的人才战略的成功。因此，笔者把它作为一个重要因素单独列出来。

（4）就企业的文化战略来说，其基本内容可以一言以蔽之，就是做好企业的 CIS 策划。CIS 包含三大部分：MIS（理念识别系统）、BIS（行为识别系统）和 VIS（视觉识别系统）。企业文化战略的策划其实在相当大的程度上就是搞好企业 CIS 战略策划。这已被业界多次成功地证明过。

第二节　企业战略分析

一、企业外部环境分析

现代企业的生产经营活动日益受到外部环境的作用和影响。企业要进行战略管理，首先必须全面地、客观地分析和掌握外部环境的变化，以此为基础和出发点来制订企业的战略目标和实现战略目标的战略。

企业与其外部环境的经营条件、经济组织及其他外部经营因素之间处于一个相互作用、相互联系、不断变化的动态过程之中。这些影响企业的成败、非企业所能全面控制的外部因素就形成了企业的外部环境。对这些外部环境进行分析的目的就是找出外部环境为企业所提供的可以利用的发展机会，以及外部环境对企业发展所构成的威胁，以此作为制订战略目标以及战略出发点、依据和限制的条件。

外部环境诸因素对一个企业的影响程度是不同的。一般可分为两大类：

第一类：行业环境。它是企业微观的外部环境，包括消费者、供应者、竞争者、替代产品生产者、潜在加入者等。它对企业的影响往往是直接的或明显的。

第二类：企业的宏观外部环境。它间接地或潜在地对企业发生作用和影响，包括政治法律因素、经济因素、社会文化因素、科技因素。

这两类外部环境因素与企业的关系如图 2-3 所示。

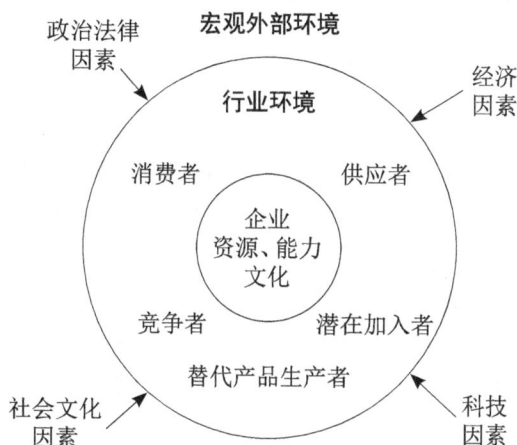

图 2-3　企业与外部环境关系示意图

1. 政治法律因素

政治法律因素是指对企业生产经营活动具有现存的和潜在的作用与影响的政治力量，以及对企业生产经营活动加以限制和约束的法律、法规条文。具体说来，包括企业所在国家或地区的政局稳定状况，政治经济制度与体制，执政党的路线、方针和政策，以及所在国家或地区的法律、法规等。

一个国家或地区的政局与社会稳定状况往往是该国或地区所在企业顺利开展生产经营活动的基本条件之一，内战、频繁的罢工或与周边国家或地区的武装冲突总会影响企业的经营，甚至导致企业停产关门，除非是靠战争发财的军火商或是靠战乱投机的贩毒集团。

一国的政治经济制度与体制也是企业生产经营活动的一个基本制约因素，首先决定企业的产权制度与结构，进而影响企业的生产经营机制与体制。

企业所在国执政党的路线、方针和政策又是影响或制约企业经营活动的一股重要政治力量。

从事国际化经营的企业，除了要调查研究本国的政治法律因素外，还要研究打交道的国家的政治法律因素。例如，那些国家的方针、政策、法律法规、政局稳定程度等。有些发展中国家，像拉丁美洲、非洲的一些国家，经常处于政局动荡、内战不断的状况，与这些国家的企业做生意就应格外谨慎。

2. 经济因素

经济因素是指企业经营过程中所面临的各种经济条件、经济特征、经济联系等客观因素。首先，要考察目前国家经济处于哪个阶段——萧条、停滞、复苏还是增长，以及宏观经济以怎样一种周期规律变化发展。在大多衡量宏观经济的指标中，国民生产总值是最常用的一种，它是衡量一国或一个地区经济实力的重要指标。

人均收入是与消费品购买力呈正相关的经济指标。一国或地区总人口数量往往决定了其许多行业的市场潜力，如食品、衣着、交通工具等。货币供给、物价水平和通货膨胀大小向来是经济中的敏感因素。经济基础设施也是经济因素中的重要一环。对于跨国企业的经营者来说，还必须考虑关税种类及水平、国际贸易的支付方式、东道国政府对利润的控制、税收制度等。这些都是企业外部环境中的经济因素。

3. 社会文化因素

社会文化因素包括社会习俗、社会传统、宗教信仰、教育水平、公众价值观、道德观以及人口统计特征等。变化中的社会文化因素影响社会对企业产品或劳务的需要，也能改变企业的战略选择。

社会文化是人们的价值观、道德观、生活态度与方式等的总和。社会文化因素强烈地影响着人们的购买欲望与行为。不同的国家有着不同的主导文化传统，也有着不同的亚文化群体。因此企业必须了解一定的社会环境下的文化，并以此做出针对性的经营决策。

今天，我国人民受教育程度和范围空前扩大，文化素质空前提高。受教育程度越高，对产品的鉴别力越强，购买理性程度越高，对产品的质量和品牌就越挑剔；受教育程度越高，对商品需求层次越高，对书、艺术及文化等需求越大；同时，受教育人数越多，意味着劳动者素质在提高，意味着现代知识型企业及以知识为竞争基础的时代的到来。

人口统计特征是社会环境中另一需要考虑的重要因素。它包括人口数量、结构、分布及其增长情况。

4. 科技因素

科技因素是指一个国家和地区的科技水平、科技政策、科技转化为新产品的能力以及科技发展动向等。对于一个企业来说，当然要特别关注所在行业的科技发展动态和竞争者技术开发、新产品开发的动向。

进行企业经营战略设计的一个重要问题是：一种新技术的发明或应用可能同时意味着"破坏"。因为一种新技术的发明或应用会带来一些新的行业，而伤害乃至消灭另外一些行业，如：日本电子手表工业严重威胁了瑞士的世界手表王国的地位；化工行业提供了新型的化纤织品，夺去了传统棉毛织品行业的很大一块市场；在中国城镇，液化煤气、管道煤气的日渐普及将消灭家用煤制品行业；而在世界范围内，电视正在"拉走"电影的观众。所以当今不少企业的战略投资方向都是高新技术迭出的行业，而若身处传统行业，企业则须重视开发与采用新技术，否则在"新事物将否定旧事物"的法则下，企业早晚会有生存之虞。

一个国家经济增长速度的高低，是受采用重大技术发明的数量与程度影响的；一个企业的盈利状况也与研究与开发费用呈正相关关系。当今跨国公司发展的一个重要战略是增加研究开发费用的投入，在世界汽车行业、电子通信行业，如通用汽车公司、沃尔沃公司、梅赛德斯-奔驰公司、西门子公司以及爱立信公司等，我们都可以看到这一趋势。近年来，这些公司的研究开发费用占销售额的比例几乎都在10%以上，这是一个让中国绝大多数企业感到不可思议的比例。爱立信公司作为世界电子通信行业的领导者,在20世纪80年代初成功开发了移动通信技术,短短10余年,它的技术与产品便更新换代了多次。1994年,它的最新的高灵敏度移动电话机只有3只火柴盒大小,可以方便地放在西装口袋里,在移动通信领域,它在整个世界市场占有了40%的市场份额,而新领域也迅速成为爱立信公司盈利最大、前景最好的部门,这一切最主要得益于它每年投入高额的研究开发费用。1993年,它用于整个技术与产品开发方面的费用占销售额的比例高达21%。

对于中国企业而言,在开发利用技术方面存在两个致命的不足:一是投入经费可怜;二是从技术或产品开发成功到商业化的距离很远,技术转化为生产力的效率很低。技术开发是一个战略问题,是当代企业最主要的职能战略之一,它在一定程度上决定着企业的战略方向与生存能力。

二、企业内部环境分析

企业的内部环境或条件是指企业可控的内部因素,包括财务状况、产品线及竞争地位、设备状况、市场营销能力、研究与开发能力、人员的数量与质量、组织结构、企业过去确定的目标和曾经采用过的战略等。企业内部环境或条件是企业经营的基础,是制订战略的出发点、依据和条件,是竞争取胜的根本。对企业的内部环境进行分析,其目的在于掌握企业目前的状况,明确企业所具有的长处和弱点,以便确定的战略目标能够实现,并使选定的战略能发挥企业的优势,有效地利用企业的资源;同时对企业的弱点,能够加以避免或采取积极改进的态度。

企业内部环境因企业的不同情况而呈现多样化,分析方法也是多样化的,但大体可归纳成两大类:一类是纵向分析,即分析企业的历史沿革,从企业各方面(职能)、各层次分析企业能得到发展和加强的领域,以及在哪些方面有所削弱。根据这种纵向分析,在历史分析的基础上对企业各方面的发展趋势做出预测。另一类是将企业的情况与行业平均水平做横向比较分析。通过这种分析,企业可以发现相对于行业平均的优势和劣势。这种分析对企业的经营来说更具有实际意义。对某一特定的企业来说,可以比较的行业平均指标有资金利税率、销售利税率、流动资金周转率及劳动生产率等。

(一)企业内部环境分析技术

1. 经验曲线(或称经验效益)法

如图2-4所示,从经验曲线上可以看出,企业过去的经验对把握企业内部环境起着重要的作用。企业对各种可能出现的事项经历得越多,经验积累就越多,可利用的资源也就越多。在寻找企业机会,规避企业威胁时,投入的成本也会是最节约的。经验曲线表明:经验越少,单位成本越高;经验越丰富,单位成本也越少。

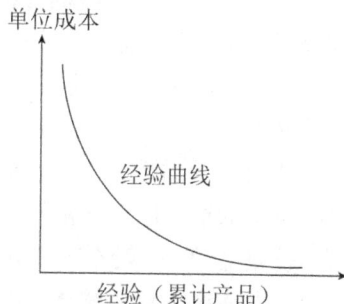

图2-4 经验曲线分析

2. 价值链法

企业要生存与发展,就必须为企业的股东和其他利益相关者(如顾客、供应商、员工、所在社区等)创造价值。企业创造价值的过程可以分解为一系列互不相同但又相互关联的经济活动。美国管理学家迈克尔·波特(Michael Porter)将这些活动描述为一条"价值链"(value chain),如图 2-5 所示,其中所有开发和营销产品或服务的活动所带来的总收入减去其总支出便是这一链条所增加的价值。

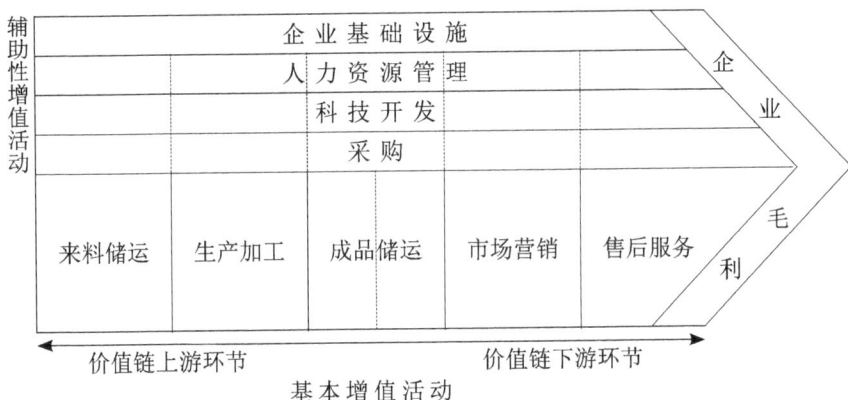

图 2-5 价值链分析

从图 2-5 中可以看出,价值链分为两大部分:

下部为企业的基本增值活动,即一般意义上的生产经营环节,包括来料储运、生产加工、成品储运、市场营销和售后服务。这些活动与产品实体的生产和流转直接相关。

上部是辅助性增值活动,包括企业组织软硬件的建设、人事管理、技术开发和采购管理等。这里的技术开发和采购管理是广义的:技术既包括生产性技术,也包括非生产性技术,如决策技术、信息技术、计划和控制技术等;采购管理既包括生产所需的原材料的采购,也包括其他资源投入的管理,如聘请有关咨询机构为企业进行广告策划、市场预测和法律咨询等。

价值链分析最初是为了在复杂的生产经营程序中分清每一个步骤的利润率而采用的一种会计方法,其目的是决定在哪一步可以削减成本或增加价值。

企业的基本增值活动可以分为"价值链上游环节"和"价值链下游环节"两大类。原材料的采购和存储,产品的生产加工,产成品的包装等可以称为"价值链上游环节";成品储运、市场营销和售后服务可以称为"价值链下游环节"。上游环节增值活动的中心是产品,它与产品的技术特性紧密相关;下游环节增值活动的中心是顾客或客户。

值得注意的是,不同行业中,企业价值链的具体构成并不完全相同,同一环节在不同行业中的重要性也不相同。例如,在农产品行业,由于产品本身相对简单,竞争主要表现为价格竞争,一般不需要利用多种促销手段,也不需要售后服务,因而价值链下游环节对企业生产经营的整体效益的影响不是很大;而在许多制造行业,市场营销和售后服务不仅重要,甚至可能是决定竞争成败的关键。一般说来,销售量越大,交易次数越频繁,价值链下游环节的营销组织体系的战略地位就越重要。

（二）企业面临环境机会与威胁的对策

企业为取得经营的主动权，必须随时对企业环境进行监测，掌握其发展趋势，从中发现环境机会和环境威胁，预先策划解决方案。

企业面临环境机会时，通常有三种策略可供选择：①及时利用。当环境机会与企业的营销目标一致，企业又具备利用这种机会的资源条件，并享有竞争中的差别利益时，企业应及时调整自己的营销组合策略，充分利用环境机会，求得新的盈利与发展。②等待时机，适时利用。有些环境机会相对稳定，在短时期内不会发生变化，而企业又暂时不具备利用这一环境机会的必要条件，可以积极准备，创造条件，待时机成熟时，再加以利用。③果断放弃。有些环境机会十分有吸引力，但是与企业的目标和资源都有一定距离，缺乏利用这一环境机会的必要条件，不能加以利用。此时企业不应犹豫不决，顾此失彼，应该果断放弃。

企业应付环境威胁的对策通常有以下三种：①对抗策略。即企业通过各种努力，试图限制或扭转不利因素的形成和发展。如通过各种方式促使（或阻止）政府通过某种协议，或制订某项策略来抵制不利因素的影响。②减轻策略。即企业通过挑战、改变市场营销组合策略，尽量减轻环境威胁的程度。如通过加强管理、提高效率、降低成本、扩大销售等来消化原材料涨价带来的威胁。③转移策略。即将受威胁的产品转移到其他市场，或将投资转移到其他更有利的产业，实行多角化经营。如长虹公司在彩电市场竞争激烈的市场条件下，除了继续原有的彩电生产，又开发了空调、VCD 机等产品，实行多角化经营，减轻了企业经营的风险。

三、企业使命分析

企业进行生产经营活动和制订企业战略，首先应确定企业在社会活动中所扮演的角色、企业的性质、应从事的业务，即弄清企业的使命。所谓企业使命，就是企业在社会进步与社会经济发展中所应担当的角色和责任。企业使命的确定过程，常常会从总体上引发企业方向、发展道路的改变，使企业发生战略性的变化。此外，确定企业使命也是制订企业战略目标的前提，是战略方案制订的选择依据，是企业分配企业资源的基础。

（一）企业使命的内容

企业使命一般包括三个方面的内容和九个基本要素。

1. 三个方面的内容

（1）企业生存目的。美国著名管理学家彼得·F.德鲁克（Peter F. Drucker）认为，企业存在的主要目的是创造顾客，只有顾客才能赋予企业存在的意义。因此，决定企业经营什么的应该是顾客，顾客愿意购买产品或服务才能使资源变为财富，将物变成产品。虽然顾客所购买的是实实在在的产品，但顾客认为有价值的从来不是产品，而是一种效用，是一种产品或服务给他带来的满足程度。顾客是企业生存的基础和理由。根据这一原理，在制订企业生存目的时，就应该说明企业要满足顾客的哪种需求，而不是说明企业要生产什么产品。从这个意义上说，企业生存目的也就是企业宗旨。所以电报电话公司的使命是"提供信息沟通工具和服务而不是生产电话"，空调器公司的使命是"创造舒适的家庭环境而不是生产空调器"。

（2）企业经营哲学。企业经营哲学是对企业经营活动本质性认识的高度概括，是包括企业的基础价值观、一致认可的行为准则及共同信仰等在内的管理哲学。它主要通过企业对外界环境和内部环境的态度来体现，对外包括企业在处理与顾客、社区政府等关系时的指导思想，对内包括企业在处理与员工、股东、债权人等关系时的基本观念。例如，IBM 公司的经营哲学是：第一，尊重每一个人。第二，为顾客提供尽可能好的服务。第三，寻求最优秀、最出色的成绩。对 IBM 公司的发展历史有所了解的人一致认为：IBM 的这些经营哲学所起的作用，远远大于技术发明、市场营销技巧、财务管理能力等因素的影响。

（3）企业形象。企业形象是指企业以其产品和服务、经济效益和社会效益给社会公众和企业员工所留下的印象，或者说是社会公众和企业员工对企业整体的看法和评价。良好的企业形象意味着企业在社会公众心目中拥有长期的信誉，是吸引现在和将来顾客的重要因素，也是形成企业内部凝聚力的重要原因。因此，企业在设计自己的使命和指导方针时，应把社会信誉和企业形象置于首位。在塑造企业形象时，由于行业不同，影响企业形象的主要因素不同，还要特别注意根据企业所处的行业特征来开展形象工程。

2. 九个基本要素

九个基本要素包括：顾客——谁是企业的顾客；产品或服务——企业主要产品或服务是什么；市场——企业服务于哪一区域的市场或顾客；技术——企业采用的基本技术是什么；对生存、发展和盈利的关注——企业对经济目标的态度；经营哲学——企业经营的理念；价值观和行为准则、自我意识——企业的长处、短处和竞争优势是什么；公众形象——企业希望的公众形象是什么；对员工的关注及其他利益相关者的协调——企业对员工的认识和态度怎样，企业使命的表述是否有效地协调和反映了各有关利益主体的要求。

这九个方面是绝大多数企业所共同关注和重视的，也是企业经营中首先要解决的基本问题，是构成企业使命的基本要素。对上述要素，由于自身的特点以及所处的发展阶段不同，各个企业在使命陈述时可以不全包括，但不管怎样，一般不会超出此范围。因此，在评价企业使命陈述时，可以将是否包括这些因素作为评价"优劣"的重要指标之一。

（二）企业使命的确定

1. 决定企业使命时应考虑的因素

决定企业使命时应考虑的因素有以下几点：

（1）企业的历史。

（2）企业领导的偏好。

（3）外部环境要素。

（4）企业资源。

（5）企业独有的能力。

（6）其他与企业相关的利益主体的要求和期望。

2. 一个好的企业使命应满足的条件

根据美国管理学者 M.C. 金尼斯（M.C.Ginniss）的研究，一个好的企业使命应具备以下条件：

（1）应该明确企业存在的目的。

（2）应该既宽泛以允许企业创造性的发展，又狭窄以限制企业进行一些冒险行动。

（3）应该使本企业区别于其他同类企业。

（4）应该作为评价企业现在和未来的活动的框架。

（5）应该清楚明白，易于为整个企业所理解。

3. 企业使命的确定

一个企业的使命起初都是明确的，或基本合适的。但过了一段时间后，便应对其进行分析，以决定它是否需要更改。因为企业的经营环境、市场地位、高级管理人员、所采用的技术、资源供给、政府法规和消费者需求等方面的变化，都会导致企业使命部分或全部过时。

企业使命需要变动的情况大致有三种情况：第一，随着企业的发展或某些新产品和新市场的开发，以前制订的使命变得不那么清楚了；第二，企业使命仍然清楚，但某些管理人员对于初始的使命和意图失去了兴趣；第三，使命虽然清楚，但由于新的外部环境和内部状况已经不能适应了。当企业领导意识到企业处于上述几种情况时，就应及时地重新订立使命，发挥其使全体员工朝着共同方向奋进的激励作用。

（三）企业使命的关系方

在确定企业使命时，必须充分、全面地考虑到与企业有利害关系的各方面的要求和期望。他们既可以是一个团体，也可能是个人。这些利害关系方一般可分为两大类：一类是企业内部的要求者，即股东和雇员等；另一类是企业外部的要求者，他们不属于企业内部人员，但将受到企业作为产品生产者和销售者开展的一些活动的影响。企业外部要求者通常包括顾客、供应商、政府、竞争者、当地社区和普通公众，如图 2-6 所示。

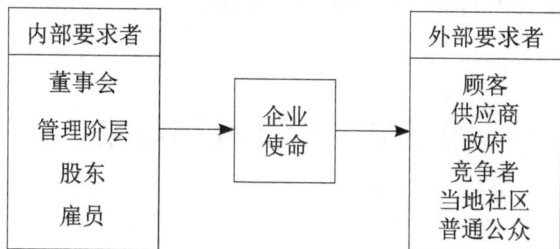

图 2-6　企业使命的关系方

四、企业目标分析

企业的战略目标反映了企业在一定时期内经营活动的方向和所要达到的水平,既可以是定性的,也可是定量的,如竞争地位、业绩水平、发展速度及市场份额等,其时间一般为 3～5 年或更长。

制订企业的战略目标应依据企业的使命,在分析企业内部条件和外部环境的基础上来进行;除此以外,战略目标还受最高管理层的社会价值体系影响。组织的战略目标往往是由掌握组织的关键资源的那些人按照自己的社会价值体系来制订的。因此,企业的战略目标会因企业及其使命的不同而呈现多样性。一般要符合如下特征:可接受性、可检验性、可分解性、可实现性和可挑战性。

(一)企业战略目标体系

战略目标是可分解的,能够按层次或时间进度进行分解,构成一个目标体系,使企业的每个战略单位甚至每个员工都能明白自己的任务和责任,如图 2-7 所示。

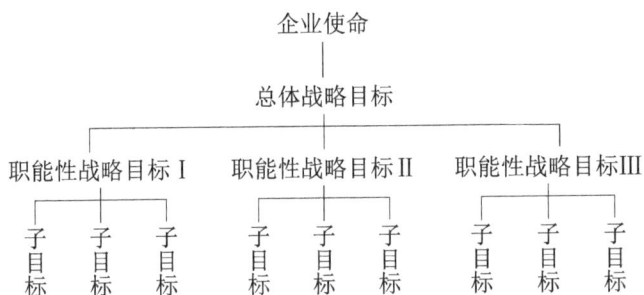

图 2-7　战略目标体系

(二)企业战略目标组合

企业在建立长期战略目标时可以考虑如下具体目标的组合:顾客服务目标、财力资源目标、人力资源目标、市场目标、组织结构目标、物质设施目标、产品目标、生产率目标、盈利能力目标、研究与开发目标和社会责任目标等。

第三节　企业战略规划

一个现代大型企业的经营战略一般可分为三个层次,即公司级(corporate level)战略、业务级(business level,亦称事业级)战略和职能级(functional level)战略。三个层次的关系如图 2-8 所示。

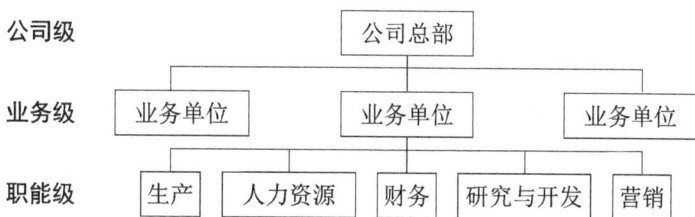

图 2-8　企业战略的三个层次

一、公司级战略规划

一般来说，大型企业往往是由一些相对独立的业务单位组成的集合体，这些业务单位在西方被称为战略业务单位（Strategic Business Units，简称 SBU；也有人将其译为战略事业单位或战略经营单位）。战略业务单位通常是一个事业部（division，或称分部），或者是一个子公司。公司级战略研究的对象就是由若干战略业务单位组合成的企业整体。

公司级战略所要解决的问题是确定经营范围和公司资源在不同经营单位之间的分配事项。它由企业的最高管理层来确定，并且有较长的时限。经营单位战略集中于在某一给定的经营业务内确定如何竞争的问题。它的影响范围较公司级战略要窄，且适用于单一经营单位或战略更窄的经营单位。

公司级战略是以整个企业的发展为出发点的，主要考虑企业的业务种类和范围、不同的业务比例以及对资源的需求、不同业务间的相互辅助协调关系等。作为最高层次的战略，公司级战略是由公司的高层管理者来制订的。

概括起来说，公司级战略强调两个方面的问题：第一，企业应该从事什么业务。也就是说，要确定企业的性质和使命，确定企业活动的范围和重点；第二，企业应如何去发展这些业务。企业资源的合理配置是至关重要的。在国际企业的全球性生产经营活动中，应该如何决定资源分配的顺序？应如何最大限度地利用好有限的资源？怎样确保关键的业务单位获得必需的资源？这些都是企业高层管理者必须考虑的问题。

对于一个大型的公司来讲，有多种战略。一般来说，公司级战略有稳定发展战略、发展战略（包括：①集中生产单一产品或劳务战略。②同心多样化战略。③纵向一体化战略。④复合多样化战略）和防御战略（包括：①收获战略。②调整战略。③放弃战略。④清算战略）。

为了实现不同的战略目标，企业可以选择一种战略使用，也可以将几种战略组合起来使用。所谓战略组合，就是将相关的战略配合起来使用，使几种战略形成一个有机的整体。一般的战略组合方式有下列两种形式，一是顺序组合，二是同时组合。同时组合包括：①可供给的企业资源。②各种战略方案的组合优势。③明确主从战略的关系。

战略类型的选择也随行业类型而有所不同。发展战略在复合的行业中被采用最多，而在工业品行业中采用率最低。组合战略的情况与发展战略相类似。对于稳定战略，最常采用的行业是建筑业和石油业，最少采用的是复合行业、消费品行业和工业品行业。

二、业务级战略规划

业务级战略又称事业级战略，是把公司级战略具体化，以单一业务或产品系列的运作及其竞争状况为对象，在相关的产品和市场领域中确定需求对象、资源配置以及营销安排等。业务级战略的重点是改进一个战略业务单位在它所从事的行业或某一特定的细分市场中所提供的产品或服务的竞争地位，因此这类战略也被称为竞争战略。

由于有高度的自主权，战略业务单位可以独立于其他战略业务单位而制订自己的战略，对本单位内的产品与服务的生产、销售、成本控制等有很大的安排处置权。概括起来说，业务级战略需要考虑的问题包括：第一，如何落实企业的使命和总体战略；第二，本业务单位的发展机会与环境威胁分析；第三，本业务单位内在条件分析；第四，本业务单位发展的总体目标和要求；第五，确定业务级战略的战略重点、战略阶段和主要战略措施。

公司级战略与业务级战略的根本差别在于，前者要统筹规划多个战略业务单位的选择、发展、维持或放弃，而后者只就本业务单位的生产经营进行具体的规划。

企业经营战略涉及的问题是在给定的一个业务或行业内，经营单位如何竞争取胜的问题，即在什么基础上的竞争优势。在经营单位的战略选择方面，有三种可供采用的一般竞争战略，分别是成本领先战略、差异化战略和集中化战略。

1. 成本领先战略

成本领先战略如图 2-9 所示。

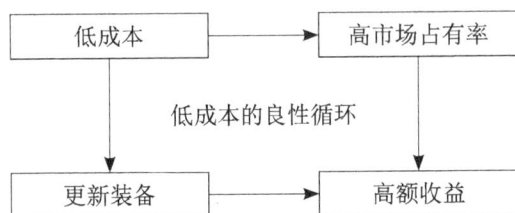

图 2-9　成本领先战略

2. 差异化战略

实施差异化战略，企业需具备下列条件：

（1）具有很强的研究与开发能力，研究人员要有创造性的眼光。

（2）企业具有以其产品质量或技术领先的声望。

（3）企业在这一行业有悠久的历史或吸取其他企业的技能并自成一体。

（4）很强的市场营销能力。

（5）研究与开发、产品开发以及市场营销等职能部门之间要具有很强的协调性。

（6）企业要具备能吸引高级研究人员、创造性人才和高技能职员的物质设施。

3. 集中化战略

主要表现在：第一，集中化战略便于集中使用整个企业的力量和资源，更好地服务于某一特定的目标；第二，将目标集中于特定的部分市场，企业可以更好地调查研究与产品有关的技术、市场、顾客以及竞争对手等各方面的情况，做到"知彼"；第三，战略目标集中明确，经济成果易于评价，战略管理过程也容易控制，从而带来管理上的简便。

三、职能级战略规划

职能级战略与企业具体运作有关，主要是确定各个职能领域的近期经营目标。职能级战略是多方面的，如市场营销战略、生产战略、财务战略、研究与开发战略、人力资源战略等。其主要功用是支持企业完成既定的公司级和业务级战略。也可以说，企业的职能级战略的主要目的是尽可能使企业资源的利用效率最大化。

从战略实施角度来说，企业战略只有在被各个职能部门充分研究并制订出职能级战略之后，才能真正得以落实。换句话说，职能级战略不明确，公司级战略和业务级战略只能是空中楼阁。

职能级战略描述了在执行公司级战略和业务级战略的过程中，企业中的每一职能部门所采用的方法和手段。职能级战略在几个方面不同于公司级战略和业务级战略。首先，职能级战略的时间跨度要较公司级战略短得多。其次，职能级战略要较公司级战略更具体和专门化，且具有行动导向性。公司级战略只是给出公司发展的一般方向；而职能级战略必须指明比较具体的方向。最后，职能级战略的制订需要较低层管理人员的积极参与。事实上，在制订阶段吸收较低层管理人员的意见，对成功地实施职能级战略是非常重要的。

一个经营单位的职能领域包括下述部门：市场营销、财务、生产、人力资源、研究与开发。这些职能领域制订战略时应考虑的主要问题有：

（1）市场营销战略：市场细分化、市场战略、市场营销组合。

（2）财务战略：资金的筹集、现金预算、资本预算。

（3）生产战略：系统设计、作业计划和控制。

（4）人力资源战略：人力资源规划、招聘、挑选，团体化，培训和绩效考核，人力资源管理与企业战略。

（5）研究与开发战略：研究与开发的类型、研究与开发战略的选择。

四、企业国际化经营战略规划

进行国际化经营的企业具有多种可供选择的战略方案。经常应用的战略有：

1. 产品标准化战略

通过产品标准化，企业可以大批量地生产同一产品，降低产品的生产成本，从规模经济和经验效益中获益。

2. 广泛产品线国际战略

采取这一战略的益处在于，所有产品之间可以共享技术方面的投资及分销渠道。企业可在世界市场的范围内, 取得产品差异化或成本领先的战略地位。

3. 国际集中化战略

选择行业的特定部分, 企业可取得产品差异化的地位或成为最低产品成本的制造商。同样, 在国际集中化战略中也可采用产品标准化战略。

4. 国家集中化战略

企业为了利用不同国家市场的不同特点, 将其经营活动集中于特定的国家市场, 从而企业既可获得产品差异化的地位, 又可成为成本领先者。

5. 受保护的空位战略

寻求那些东道国政府的政策可以排除许多国际竞争者的国家市场, 该国政府排除国际竞争者的方式可能有多种, 如要求产品有较高的国产化水平、高关税、配额等。

对于一个国际化经营的企业来说, 选择一个有效的国际战略是一项复杂而困难的决策。这种战略选择基于国家的比较优势和特定企业的竞争优势。国家的比较优势影响着企业在哪里生产以及在哪里销售产品; 竞争优势则影响着企业沿着附加价值链, 将其资源集中于什么样的活动和什么样的技术。

影响企业进入国际市场方式的因素, 如图 2-10 所示。

(1) 外部因素: 目标国家的市场因素、目标国家的生产因素、目标国家的环境因素、本国因素。

(2) 内部因素: 企业产品因素、企业资源投资因素。

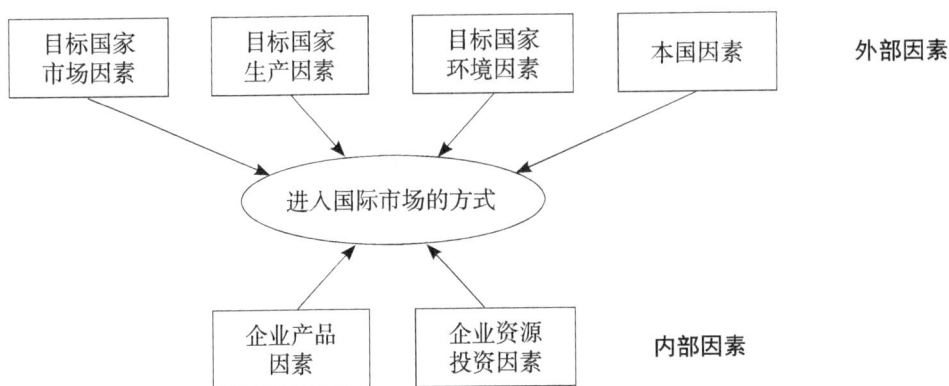

图 2-10　影响企业进入国际市场方式的因素

建立有效国际战略联盟的原则:

(1) 要确定合适的联盟伙伴。

(2) 明确联盟伙伴之间的关系。

(3) 联盟各方要保持必要的弹性。

(4) 坚持竞争中的合作。

(5) 在战略联盟中向联盟伙伴学习。

第四节　企业战略的执行

一、战略组织结构设计

企业的组织结构是实施战略的重要手段。

战略是设计与选择组织结构的决定性因素之一，同时，组织结构在一定程度上影响战略的选择和实施。企业战略的执行，离不开有效的组织结构的设计。也就是说，要有效地实施战略，还要建立适合所选战略的组织结构。否则，不适合的组织结构会妨碍战略的实施，使战略达不到预期的目标，影响企业的绩效。

那么如何设计与战略相适应的组织结构呢？

（一）战略发展阶段和组织结构

钱德勒的研究表明，美国许多大公司都经历了战略发展的四个阶段，每个阶段都有与之相适应的组织结构。

1. 数量扩大战略阶段

企业在创建初期，规模比较小，地域集中，产品单一，往往采用数量扩大型战略，即在一个地区内扩大企业产品或服务的数量。与此相应，企业往往只需要简单的组织类型，执行单纯的生产、销售等职能。

2. 地域扩散战略阶段

企业进一步发展，需要将产品或服务扩散到其他地区去，实施地域扩散战略。这时，为了组织和协调不同区域的产品和服务，形成标准化和专业化，就必须选择具有职能部门的组织结构。

3. 纵向一体化战略阶段

随着企业的发展、竞争的激烈，为了减轻竞争压力，增强实力，企业需要拥有一部分原材料的生产能力或分销渠道，即实施纵向一体化战略。与此相应，企业中出现了中心机构及众多的职能部门，管理权力多集中于高层管理者，从而采用直线职能制等组织结构。

4. 多种经营战略阶段

企业规模不断扩大，实力不断增强，为了避免或分散投资风险、经营风险，实施多种经营战略，从而选择与之相适应的事业部制、超事业部制、矩阵制等组织结构。

（二）战略经营领域和组织结构

企业的战略经营领域主要包括单一经营领域和多种经营领域两大类。不同的战略经营领域要求不同类型的组织结构与之匹配。

1. 单一经营领域和组织结构

处在创业阶段,规模较小,资源有限,经营领域局限于某一行业或某种产品;或者属于上游企业,其生产技术和管理经验比较难于跨行业有效运用;或者是出于企业可持续发展的战略考虑,集中核心资源,保持在某一领域的特有竞争优势,确保在价值链的某一特定环节击败竞争对手……这些企业实行单一经营领域战略,相应的组织结构通常是传统的直线制、直线职能制等简单的组织类型,通过将管理权、决策权较多地集中于高层管理者,控制全部业务活动,从而减少管理人员,降低成本,提高决策速度和决策效率。

2. 多种经营领域和组织结构

多种经营领域战略又可进一步细分为副产品型多种经营、横向一体化、纵向一体化和多角化经营等。

（1）副产品型多种经营的组织结构。企业在生产主要产品时,还同时生产经营某些超出本行业的副产品。与之相应的组织结构类型也是简单的、以集权为主的直线制、直线职能制等组织结构。所不同的是,对副产品的生产经营应当实行单独的经济核算,从而体现副产品对公司经济效益的贡献。

（2）横向一体化的组织结构。横向一体化又叫相关型多种经营,是指为了发挥同类技术优势或现有销售渠道优势,或者为了获得同行业竞争者的所有权或控制这些竞争者而横向地扩大生产经营范围。实行这一战略的企业,宜采用分权的事业部制或超事业部制组织结构,在充分分权的基础上适当集权管理。

（3）纵向一体化的组织结构。纵向一体化又叫相连型多种经营,是指在生产技术等方面有一定联系的纵向的跨行业多种经营。它包括前向一体化（指同时经营下游产业的业务）和后向一体化（指同时经营上游产业的业务）。

（4）多角化经营的组织结构。多角化经营,又叫非相关性多种经营。为了减少投资风险、保持均衡的投资利润率以及其他原因,规模较大、实力雄厚的企业往往会同时经营在生产技术、经营管理等方面大不相同的领域。例如,生产性企业兼营房地产、金融、娱乐等产业。实行多角化经营的企业,可采用矩阵式组织结构、多维立体结构等。另外,还可采用母公司制,即总公司对各经营部门只发挥持股公司作用,子公司具有独立的法人地位。

3. 战略倾向和组织结构

战略倾向是指企业在解决开拓性问题、工程技术问题和管理效率问题时所采取的思维方式和行为特点。根据战略倾向,战略可划分为防御型战略、开拓型战略、分析型战略和被动型战略四种主要类型。每种类型的战略要求不同的组织结构。

（1）防御型战略的组织结构。防御型战略,又叫保守型战略,其主要任务就是保持生产经营的稳定性和提高效率。企业的组织结构应强调提高生产、经营、管理的规范化和标准化程度,以及通过严密的控制来保证组织效率。因此,机械性组织结构是与防御型战略相适应的组织形式。

机械性组织结构（Mechanical Organization System）又叫刚性结构。它的基本特征是:具有正式规定的组织结构及明确的领导体系;明确规定各部门的职责、任务和权限,部门及岗位分工精细、具体；具有规范化的规章制度和工作程序；以集权为主，管理权力高度集中于高层管理者；组织的信息沟通以上下级之间的纵向沟通为主；高层管理者通常由生产专家与成本控制专家组成，注重成本和其他效率问题的集约式计划。机械性组织结构适用于环境简单稳定的行业，有利于实现防御型战略的高效目标。

（2）开拓型战略的组织结构。开拓型战略，又叫风险型战略。其主要任务是创造并保持在创新过程中整体把握环境变化的能力。这就要求开拓型企业的组织结构在技术开发和经营管理方面具有极大灵活性，满足企业创新和分权部门之间的协调的需求。因此，有机性组织结构便成为与开拓型战略相适应的组织形式。

有机性组织结构（Organic Organization System）又叫柔性结构。它的基本特征是：虽然也有正式的组织结构，但其领导关系、指挥关系并非严格规定，而且常有变动；各部门和岗位的职责分工不太具体，常常需要通过横向协调来加以明确和调整；规范化的规章、程序比较少；以分权为主，决策权分散于下层；组织内部的信息沟通以横向沟通为主，通过各部门间的联系和协调，及时地调整责权分工和工作；高层管理者主要由市场专家和研发专家组成，注重产品结构的粗放式计划、分散式控制。事业部制、矩阵制以及多维立体结构等都属于柔性较强的有机性组织结构。这种结构适用于环境剧烈变化的行业，有利于帮助实施开拓型战略的企业减少环境不确定性所带来的风险，有效适应环境的迅速变化，从而实现开拓型的战略目标。

（3）分析型战略的组织结构。防御型战略和开拓型战略是两种比较极端的战略类型。分析型战略则介于两者之间，综合了两者的特点和优缺点。一方面，用防御型的方法努力维护现有产品和市场；另一方面，又利用开拓型的方法不断寻求和开发新产品和新市场，并维持这两方面的均衡。

因此，与分析型战略相适应的组织结构也具有双重性，兼有机械性组织结构和有机性组织结构的特点。这种组织结构的特征是：经营管理方面，既要适合稳定性业务的需要，又要适合变动性业务的需要，使两种业务全面发展。高层管理方面，高层管理者主要由原有产品的生产管理、技术管理等职能部门的领导及新产品的事业部领导联合组成。技术方面，分析型战略为了实现技术灵活性与稳定性之间的平衡，将生产活动分成两个部分，形成双重的技术核心：一部分技术类似于防御型战略的技术；另一部分技术则类似于开拓型战略的技术。信息沟通方面，在传统部门中，以纵向沟通为主；新兴部门中及其与传统部门之间，以横向沟通为主。

（4）被动型战略的组织结构。被动型战略与前三种战略不同，是一种被动反应的战略模式，也是一种低水平、不得已而为之的战略类型。与之相应的组织在对其外部环境的反应上采用一种动荡的模式，往往对环境的不确定性做出不适当的反应，并对其之后的经营行为犹豫不决，结果导致组织永远处于不稳定状态。因此，被动型组织不是有效的组织形式。一般地，只有在以下情况下才采用这种组织结构：

①决策层没有明文表达企业战略。

②没有形成与现有战略相匹配的组织结构。

③只注重保持现有的战略与结构的关系，而忽视了外部环境的变化。

4. 战略职能和组织结构

生产、销售、财务及人事等都是企业的基本职能,不与战略职能相适应的组织结构也是没有的。

(1)以质量管理为战略职能的组织结构。这是以质量管理为关键职能、战略职能,以优质取胜的一种战略。组织结构上一般建立以厂长为首的质量管理小组,下设综合性的质量管理机构——TQC室,为直属厂长的决策性机构,地位高于其他职能科室。

(2)以技术开发为战略职能的组织结构。这适用于高新科技企业,企业实施以技术开发为战略职能的创新战略。相应地,有一个技术开发领导小组及其日常办事机构——技术开发办公室,处于高级管理层,主要任务是研究制订企业技术开发的战略目标和发展规划,并组织监督实施。

(3)以生产管理为战略职能的组织结构。一些生产型企业如电厂、煤矿、油田等,战略重点是生产和产量,实施产量制胜的战略。为了组织生产,企业组成以负责生产管理的副总指挥为首、与生产密切相关的各主要部门领导参加的生产办公室,负责统一组织和指挥生产。

(4)以市场营销为战略职能的组织结构。生产经营消费品的企业仅以市场营销为战略职能,其组织结构中,市场营销部门处于决策管理层。

二、战略匹配领导力

贯彻落实企业战略,并取得预期成果,是企业领导者的重要职责之一,尤其是中下层管理者的主要职责。在战略实施的过程中,领导者除了要发挥组织、协调、指挥、控制等基本管理职能以外,还要扮演战略管理者、危机处理者、变革创新者、资源配置者、任务分配者、鼓动宣传者等各种促进战略实施的角色;他们的主要任务是建立、健全高效的组织系统,创建、保持有利的文化氛围,激励员工的工作热情和积极性,根据环境变化做出相应的对策等。因此,企业战略能否有效实施,战略目标能否实现,与企业领导者是密切相关的。

制订正确完善的战略规划、确保有效的战略实施,是成功的战略管理的重要标志,也是企业领导者各项工作的最终目的。战略管理是企业领导的主要职责,无论是战略的选择、制订还是实施,都离不开企业的最高管理者。不同类型的战略对企业最高领导者的素质、领导风格和行为的要求也不相同。

这种匹配包含两方面的内容。

(一)要使经理的能力与战略类型相匹配

不同经营单位战略所需要的经理类型如图2-11所示。

竞争地位

行业引力	强	中	弱
强	投资快速增长 / 成熟的开拓者	有选择的投资增长 / 计划型的开拓者	主导地位暂缓或抽资 / 调整型的开拓者
中	有选择的投资增长 / 老练的计划者	获利或保护 / 盈余型的计划者	抽资转向 / 调整专家型
弱	获利或保护 / 职业型经理	抽资转向 / 有经验的成本控制型	收缩或放弃 / 职业清算者

图例：战略 / 经理类型

图 2-11　不同经营单位战略所需要的经理类型

（二）使经理班子中每个人的能力相互匹配

1. 战略与领导行为模式

国外学者将企业战略按其发展方式及其程度划分为爆发性发展、扩展性发展、持续性发展、巩固、单纯营利和紧缩六种方式，每种方式所需要的领导者类型分别为探索者、征服者、冷静者、行政型人士、节约型人士和体贴型人士。具体内容如表 2-3 所示。

这一理论主要从行为模式的角度探索了企业战略与领导的匹配关系。从中可以看出，不同的战略对企业领导的行为特征具有不同的特殊要求。

表 2-3　战略与领导行为模式

战略方式	爆发性发展	扩展性发展	持续性发展	巩固	单纯营利	紧缩
管理者类型 / 行为特性	探索者	征服者	冷静者	行政型人士	节约型人士	体贴型人才
处理准则	非常灵活，极富创造性，偏离常规	有节制地不遵从常规，具有有利于新事物的创造性	准则结构牢固，根据时间表可靠地行动	重复、例行公事、服从上级	按章办事注重细节	在既定目标内表现出最大灵活性，接受限制性
社交	非常外向，很有鉴别力和魄力，但受环境驱使，多疑	选择性外向，将挑选出的人组成小组	保持控制，受人尊重	内向，有教养	程序式的	体贴、懂人情、果断、鼓舞人的信念，避免激动
能动性	过分积极，好动，期待，自由不羁	精力充沛，能对弱信号做出反应	导向目标，稳重，遵守协议	稳重冷静，按部就班，等着瞧	循规蹈矩，不得已才办，靠外界刺激	沉着寡言，但有灵活性

战略方式 管理者类型 行为特性	爆发性发展 探索者	扩展性发展 征服者	持续性发展 冷静者	巩固 行政型人士	单纯营利 节约型人士	紧缩 体贴型人才
成功紧迫性	性急，蛮干，提出挑战，受任何独特事物的刺激	逐渐扩大势力范围，考虑风险	平稳发展，满足于控制局面	维持现状，保护自己的势力范围	反应性行为，靠外界刺激	战略指导多于战术指导
思想方式	直观，非理性思索，无条理，有独创性	能看到一定限度以外，博学有理想	严格，有条不紊，深刻，专一	严肃和遵从观念，联系以前的情况	墨守成规，事无巨细均按惯例办	广泛的、相对的、多方面的

2. 战略与领导素质

战略与领导的匹配关系不仅体现于行为模式，还体现于以下方面：

（1）战略管理者具有与其企业所经营的行业密切相关的特殊素质，例如，专业技术知识、市场知识、管理知识等。

（2）战略管理者具有与其所主管部门的工作密切相关的特殊素质，例如，营销总监要具有营销知识、财务总监要具有财务知识等。

（3）战略管理者还要具有强烈的使命感、责任心、事业心。

3. 战略与经理班子

（1）班子中其他成员的长处能够弥补总经理的短处，因而整个班子具备有效管理所需要的全面才能，从而确保战略的实施。

（2）战略的实施需要得到一批能干的专家和能与不同顾客打交道的助手的支持。否则，只有总经理的支持，而没有经理层中其他成员的支持，往往会孤掌难鸣，无法顺利地实施新战略。

（3）有了一个合理的经理班子，总经理就可以集中大家的智慧，群策群力，有利于总经理作用和能力的发挥。

三、战略控制

（一）战略控制结构

企业控制包括战略控制、战术控制和作业控制，如图 2-12 所示。

图 2-12 表明，战略控制主要是公司级和事业部级的控制，侧重于对发生或即将发生战略问题的重要部门、项目、活动进行控制，关注企业长期经营业绩，保证企业内部各项活动以及企业内部环境之间的平衡，提升企业的竞争地位。

在战略实施过程当中，一方面企业中每个人由于缺乏必要的能力、认知和信息，对所要做的工作不甚了解，或不知道如何做得更好，从而出现行为上的偏差；另一方面由于原来战略计划制订不当或环境的发展与原来的预测不同，战略计划的局部或整体已不符合企业的内外条件。因此，一个完整的战略管理过程就必须具有战略控制，以保证实际的成果符合预先制订的目标要求。

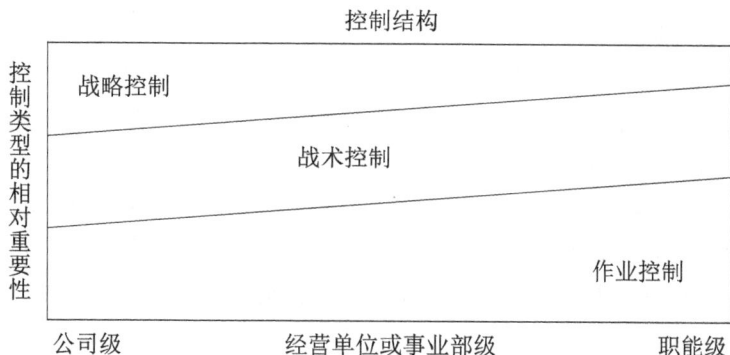

图 2-12　控制和层次

（二）战略控制类型

按照不同的标准，战略控制可以划分为多种类型。

1. 以纠正措施的作用环节为分类标准

控制的实质是通过信息反馈，发现偏差，分析原因，采取措施予以纠正。但是在实际的管理过程中，得到的却往往是"时滞信息"，即时间滞后的信息，因此，在信息反馈和采取纠正措施之间经常会出现时间延迟，以至于纠正措施往往作用在执行计划过程中的不同环节上。根据纠正措施的作用环节，控制可划分为前馈控制、现场控制和反馈控制。

（1）前馈控制。前馈控制，又叫事前控制。其原理是：在工作成果尚未实现之前，对那些作用于系统的输入量和主要扰动量进行观察，分析它们对系统输出的作用，并在产生不利影响之前，及时采取纠正措施。前馈控制的一个重要特点是克服了时间滞差所带来的缺陷，并且往往采用预防式的控制措施，使之作用于战略实施过程的输入环节。也就是说，前馈控制所控制的是原因，而非结果。

（2）现场控制。现场控制，又叫事中控制、过程控制或开关型控制等。其原理是：在战略实施过程中，按照既定的标准检查战略行动，及时发现偏差和采取纠正措施。这种控制方法，就像开关的开通与中止一样，及时确定行或不行。例如，在质量过程的控制中，对产品质量进行检查，按照既定标准判断是否继续下一道工序。

现场控制包括以下具体方法：直接指挥、自我调整、过程标准化、成果标准化、技能标准化和共同信念。

（3）反馈控制。反馈控制，又叫后馈控制或事后控制。其原理是：在战略实施过程中，对行动的结果与期望的标准进行衡量，然后根据偏差大小及其发生的原因，对行动过程采取纠正措施，以使最终结果能符合既定标准。

反馈控制的主要特点在于控制、监测的对象是结果，并根据行动结果总结经验教训，来指导未来的行动，将战略实施保持在正确轨道上。反馈控制既可以控制最终结果（如产量、销售收入及利润等），也可以控制中间结果（如工序质量、半成品质量、月份检查、季度检查等）。前者称为端部反馈，后者称为局部反馈。

2. 以改进工作的方式为分类标准

以改进工作的方式为分类标准，战略控制可分为间接控制和直接控制。

（1）间接控制。间接控制着眼于已发生的偏差，分析原因并通过追究个人责任来改进未来工作。如果偏差的原因是战略执行者主观造成的，间接控制可以起一定作用；如果是由某些不确定因素造成的，如形势变化、技术进步等，间接控制就不能发挥作用了。

（2）直接控制。直接控制着眼于培养更优秀的人才，使他们能够以系统的观点来进行和改进未来的工作，从而防止出现不良后果。因此，直接控制的根本思想在于通过提高人员素质来进行控制工作。

3. 其他控制类型

（1）回避控制。即采用适当的手段，使不适当的行为没有产生的机会，从而达到不必进行控制的目的。包括自动化、集中化、与外部组织共担风险、转移或放弃某种经营活动。

（2）具体活动的控制。具体活动的控制，是保证企业员工个人能够按照企业的战略期望进行活动的一种控制手段。具体做法有三种形式：①行为限制，一是利用物质性的器械或装置来限制员工的行为，二是行政管理上的限制。②工作责任制，这是一种具有反馈性质的控制系统。③事前审查，这是指在员工工作完成前所做的审查，如直接监督、审批费用预算等。

（3）成果控制。这是以企业的成果为中心的控制形式。这种控制方式只有一种基本形式，即成果责任制。成果责任制控制系统要求：确定期望成果的范围，根据成果范围衡量效益，根据效益，对那些实现成果的行为给以奖励，对不能实现成果的行为给以惩罚。

（4）人员控制。这种控制依赖于有关人员为企业做出最大的贡献。在必要的时候，人员控制系统还可以对这些人员提供帮助。

（三）战略控制过程

战略控制过程的步骤如图 2-13 所示。

战略控制过程表述不尽相同，有多种图示和解释，但是基本上都包括三项要素：

1. 确定评价标准

评价标准是测定和评价工作成果的规范和尺度，是从完整的战略方案中所选出的进行计量的关键点，用于确定是否达到企业战略目标和怎样达到战略目标。

定性标准有战略内在统一性、战略与环境适应性、战略执行的风险性、战略实现的时间性、战略与资源的配套性和战略的客观可行性。

定量标准包括劳动生产率、资金利润率、销售利润率、市场占有率、销售收入、利润、成本、股票价格、每股平均收益及股息支付等。

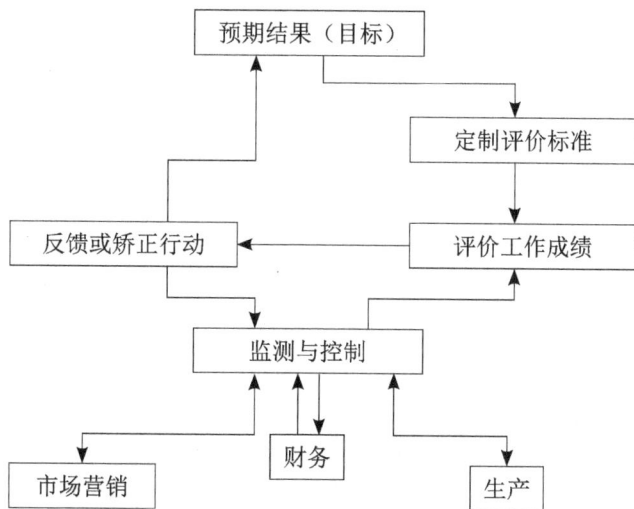

图 2-13 战略控制过程

2. 评价工作成绩

在评价工作成绩时，对不同的组织单位和不同的目标，应采取不同的衡量标准。

（1）公司业绩的测定。公司总体业绩包括什么具体内容，以及应当达到什么目标，都应当在企业总体战略中予以规定。

①公司竞争地位的测定。按照国际惯例，通常利用企业经营规模和综合经济效益评价体系在同行业间进行比较，从而确定企业在行业内的竞争地位。

②公司经济效益的测定。一般通过综合分析企业的战略投入与产出，利用企业经济效益的综合指标来做相对衡量，然后与战略目标体系中的综合指标进行比较，做出评价。在一定时期内，在不考虑间接效果（如环境污染等）的前提下，企业总的战略投入与产出，可用该时期的资金利润率、投资回报率、每股盈利等来测定。

③高层管理人员的测定。大型企业一般在董事会下设战略委员会、审计委员会、补偿委员会等机构，用以测定和评估高层管理人员的业绩。对高层管理人员的测评，不仅要重视利润方面的业绩，还要考虑战略管理实践中其他方面的业绩。

（2）事业部或分公司的业绩测定。企业可以采用与测定总体业绩相同的标准来测定事业部或分公司的业绩。需要注意的是，企业对事业部或分公司的战略控制类型，与事业部或分公司制订的竞争战略有关。如果事业部或分公司实行总成本领先战略，企业则采用成本控制方式，因为成本是容易测定的；如果事业部或分公司实行差别化战略，则企业通常采用行为控制方式，因为差别化战略非常需要创造性气氛、研发等，而这些都是难以定量的。

（3）职能部门的业绩测定。对于独立而特殊的职能部门，如研究与开发部，企业可以实行责任中心制，对其进行专门测定。责任中心制是指按照职能部门的特性，分别明确其经济责任，并测定、考核其责任履行情况。责任中心包括以下五种基本类型：成本中心、收入中心、费用中心、利润中心和投资中心。

（4）业绩测定中的问题。业绩测定是战略控制过程的重要因素。然而，由于测定重点、标准等方面的原因，在实际测定中会出现许多问题，其中最主要的是信息渠道不畅通、目标移位和行为短期化。

3. 反馈

在反馈阶段，将测定的实际业绩与标准进行比较，可能出现三种情况：第一，超过预定标准或目标，出现正偏差，如果这是稳定协调发展的结果，则是一种理想结果；第二，与预定标准或目标基本相等；第三，没有达到标准，出现明显的负偏差。当出现偏差，特别是负偏差时，企业应当认真分析原因，及时采取纠正措施。

（1）分析偏差原因。偏差可能是由许多复杂的原因引起的。因此，当发现问题之后，必须首先分析产生偏差的原因，然后才能采取针对性的纠正措施。一般地，产生偏差的原因主要包括以下三类：一是战略实施过程的原因；二是战略规划阶段中的原因；三是既有战略实施过程中的原因，又有战略规划的原因，问题比较复杂，需要更进一步分析。

（2）采取纠正措施。对于已经出现的偏差，如果产生的原因比较简单，则可以直接采取纠正措施；如果产生的原因比较复杂，一般可先采取临时性措施使问题得到暂时缓解或停止，待仔细分析、查明原因后再采取具有针对性的纠正措施。对于事先预测将会出现的偏差，则需要立即采取预防措施。

针对上述三种产生偏差的原因，可以分别采取以下纠正和预防措施：

（1）如果是战略实施过程中的原因，则应针对问题采取相应措施，消除产生偏差的根源或可能出现的偏差。例如，企业可以利用组织手段来进一步明确职责、补充授权、调配人员、重新分配资源、改善领导、加强激励措施、变革组织结构等等。

（2）如果是战略规划中的原因，则应根据新情况修改、调整或重新制订战略，确立更切合实际的新目标。

（3）如果上述两种原因兼而有之，就要同时采取上述措施，既解决战略实施过程中的问题，又适当调整战略和目标。

▶ 第三章

企业营销策划

第一节　企业营销策划的概念和特点

一、企业营销策划的概念

企业营销策划是策划活动中的一个方面，是指对企业开办、发展的整个经营活动进行必要的规划、安排。企业的营销活动是一个系统活动过程，它不仅涉及企业的经营战略方向、制订战略计划，而且涉及实现企业经营战略策略方案的制订与执行，因此营销策划的内容和范围就比较广泛。从营销策划所包含的策划内容的范围来分，可将营销策划分为整体性营销策划和局部性营销策划。整体性营销策划是从全局对营销活动进行筹划，而局部性营销策划仅是对营销系统中的某一方面进行筹划，局部性营销策划是对整体性营销策划的细分。

二、企业营销策划的特点

企业营销策划是现代企业管理的重要内容，也是企业提升竞争力的必要途径。在对企业营销策划定义认识的基础上，可为企业营销策划归纳如下特点：

其一，前瞻性。企业营销策划是对企业未来营销活动所做的当前决策。

其二，目的性。在企业营销策划中，一定要设定企业的营销目标，即企业希望达到的预期目标。

其三，科学性。企业营销策划是一门思维的科学，要求定位准确、审时度势、把握主观与客观，客观地、辩证地、动态地把握各种资源。在进行企业营销策划时，必须对企业的内部环境和外部环境进行分析，以做出科学策划。

其四，程序性。程序是企业营销策划的质量保证，若脱离程序，不仅提高了营销策划本身的难度，也会使营销策划的质量大大降低。

其五，战略依托性。企业营销策划是紧紧依托于企业整体战略而存在的。

其六，创新性。企业营销策划的灵魂即创新，只有创意性的营销策划才是有生命力和竞争力的。

第二节　企业目标市场策划

将组成市场的不同群体找出来，然后为市场的某一特定群体开发产品，这一特定群体就被称为"目标市场"。要取得商业上的成功，企业就必须确定服务的目标市场。而且，企业的一切营销活动都是围绕目标市场进行的。策划者应该对市场进行细分和评估，发现市场机会，从一系列细分市场中，选择出最适合企业经营的市场并为之服务。这一过程包括市场细分策划、目标市场选择策划、目标市场的进入策划等。

一、市场细分策划

策划者根据企业的经营目标对企业潜在的细分市场进行分析研究，确定企业目标市场和产品定位的方案及措施，即为市场细分策划。

1. 市场细分策划的基础

市场细分是由美国营销学家温德尔·史密斯（Wendell Smith）在 20 世纪 50 年代提出的。所谓市场细分是指从顾客的不同购买欲望和需求的差异性出发，按一定标准将一个整体市场划分为若干个子市场，从而确定企业目标市场的活动过程。其中任何一个子市场都是一个具有相似的购买欲望和需求的群体。市场细分使企业能够制订一个适合所选细分市场的营销计划，若把市场看作一个整体，就不可能这样做。

市场细分策划的基础主要体现在以下两点：

（1）市场细分策划的客观基础是消费者需求的差异性。由于消费者所处的地理、社会环境不同，自身的心理素质以及购买的动机不同，他们对产品的价格、质量、款式的需求具有差异性。如有的消费者要求服装的款式新颖、面料质地精良，有的消费者则要求服装穿着舒适、面料耐磨，这样就可将服装的消费者分为两个类别，服装市场也就被细分为两个子市场。这些引起需求差异的原因就是市场细分策划的客观基础。

（2）消费者需求的相似性是市场细分策划的理论基础。只有认识并挖掘消费者需求的相似性，才有可能把需求大致相似的消费者归为一个群体。针对这一消费群体就必须生产能满足这一群体需求的产品，保持一个相对独立并且比较稳定的企业经营目标，如此，一个相对独立并且比较稳定的细分市场才有可能建立和保持。实际上这种相似性的形成是有其主观依据的。

2. 市场细分策划的标准

市场细分策划的标准涉及的范围很广泛，概括起来可依据如下：

企业可按区域划分市场，可按气候条件划分市场，可按城乡划分市场，也可按自然条件划分出山区、平原、丘陵、湖泊、沙漠、草原等地区市场。

以上标准只是理论上的笼统概括，市场细分策划并不存在统一的细分模式，而且作为划分标准的各种因素均为变数，须从动态的观念来细分。在众多纷繁的变数标准条件下，应当找出主要变数作为标准。为了保证掌握准确的市场细分标准，企业在市场细分策划时要进行市场调查，以便掌握市场变化动态，确定细分标准。

3. 市场细分策划的程序

美国学者 E. 杰罗姆·麦卡锡（E.Jerome McCarthy）提出一套逻辑性强、粗略直观的七步细分法，很有实用价值，具体步骤如下：

（1）明确企业的经营方向和经营目标。这是市场细分的基础和前提，一般而言企业的经营方向和经营目标是由企业高层决定的。

（2）根据用户需求状况，确定市场细分的细分变量。这是企业进行市场细分的依据，企业一定要按照实际需要加以确定。

（3）根据细分变量进行初步细分。一般根据用户需求的具体内容，可初步将顾客群分为几种不同的类型。

（4）进行筛选。由于同类的顾客群还存在某些差异，因而要抓住重点、求同存异，删除某些次要的因素。

（5）对市场细分进行初步命名。企业应采用形象化的方法，使细分市场的名称既简单又富有艺术性。

（6）进行检查分析。进一步认识初步确定的细分市场是否科学、合理和恰当，是否需要做进一步合并或者进一步拆分。

（7）选定目标市场。企业要对各个细分市场进行细致全面的分析，尤其要对经济效益和发展前景做出评价，这将有利于明确选择目标市场。

4. 市场细分对企业的重要性

（1）能帮助企业更加准确地识别特定客户群的需要、需求和行为，并能更好地了解其目标顾客，因而能更好地为他们服务。

（2）与针对所有潜在顾客开展的营销活动相比，针对特定顾客群的需要、需求和行为开展的营销活动更为有效。

二、目标市场选择策划

目标市场选择是指对每一细分市场的吸引力进行评估，并选择一个或多个市场作为目标的过程。企业必须选择目标市场以及为目标市场服务的方式，同时也必须考虑企业目标以及可利用的资源。

目标市场选择策划是企业选择某一部分市场作为营销对象的决策，即在市场细分的基础上选择一个或多个细分市场作为目标市场的方案及其措施。目标市场选择策划有以下三种策略：

（1）无差异性营销策略。指企业以整个市场（全部细分市场）为目标市场，提供单一的产品，采用单一的营销组合策略。这种策略的特点是企业只注重细分市场的共性而不考虑细分市场的特性，把市场看成一个无差别的整体。如我国长春第一汽车制造厂向国内市场销售一种"解放牌"汽车的策略。这种策略的优点在于能够通过单一产品的大批量生产降低产品成本和提高设备利用率，同时避免开发费用投入和节省促销费用，以利于用低价争取广泛的消费者。其缺点在于不能满足消费者各种不同的需要，只是停留在大众市场的层面，无法进一步发展。同时这种策略缺乏弹性，难以适应市场的频繁变化。

（2）差异性营销策略。指企业在对市场进行细分的基础上，根据各细分市场的不同需求细分产品，运用不同的市场营销组合，服务于各细分市场。这是很多企业采用的目标市场策略。如宝洁公司洗衣粉类产品有强力去污的"碧浪"、去污很强的"汰渍"、物美价廉的"熊猫"；洗发用品有潮流一族的"海飞丝"、优雅的"潘婷"、新一代的"飘柔"、品位代表的"沙宣"等。宝洁公司还生产多种规格、多种花色的品种以满足不同消费者的需要。通过不同的产品来满足各个细分子市场的需要，可以为企业吸引到更多的消费者，扩大企业的销售额，增强企业在市场上的竞争力。这一策略的缺点是，企业产品种类的增加和市场营销组合的多元化，使企业用于设计、试制、制造和改进工艺的生产成本、管理成本、促销成本都大大提高。

（3）集中性营销策略。指企业集中全部力量于一个或极少数几个细分子市场，提供能满足这些细分子市场需求的产品，从而在竞争中获得优势。这是大多数中小企业采用的策略，其优点在于可以充分利用有限的资源，发挥其某些方面的优势，以达到积聚力量，与竞争对手抗衡的目的，从而提高产品的市场占有率。其缺点在于集中性营销策略有较大的风险，由于企业所选择的目标市场范围较狭窄，一旦市场情况突变或者出现强大的竞争对手，企业就可能陷入困境，没有回旋的余地。

三、目标市场的进入策划

在选定目标市场以后，还必须就进入目标市场的方式与时机进行策划。

1. 目标市场的进入方式

目标市场的进入方式是指企业进入选定目标市场的方式。下面就新产业进入目标市场的方式和非新产业进入目标市场的方式分别介绍。

（1）新产业进入目标市场的方式。新产业市场往往具有经营风险大、市场潜力大、科技含量高及进入成本高等特点。进入新兴产业市场的方式主要有两点：

①以技术优势挺进市场。对于高新技术产业，企业必须凭借自身的技术优势进入市场。这些技术可以是企业的专利，也可以通过与科研单位、高等院校联合开发获得，使企业一进入市场就树立起技术力量雄厚的形象，确定企业的市场位置。

②借助企业原有的声誉进入。如果企业属知名企业，长期经营中已形成了较高的声誉、广阔的营销网络和驰名商标，那么企业进入新产业市场就具备了良好的条件。填补某类市场的空白，可以大胆地全面进入市场。

（2）非新产业进入目标市场的方式。这是指企业在原有目标市场上拓展或进入非新产业但属企业新选定的目标市场的方式。

①收购现成的产品或企业。收购现成的产品或企业是进入目标市场最快捷的方式之一。一般在下列情况下采取这种方式：企业进入某个目标市场，但对这一行业的知识还很不足，进入该市场企业将遭到种种阻碍，如专利权、经营规模、原料及其他所需物资供应受限制等。

②以内部发展的方式进入市场。企业依靠自身的科研、设计、制造及销售目标市场需要的产品进入市场。这种方式适用于下列情况：对于巩固该企业的市场地位有利；没有适当的企业可供收购或收购价格过高；收购现有产品或企业的障碍太多等。

③与其他企业合作进入市场。企业间的合作可以是生产企业与生产企业合作，也可以是生产企业与销售企业合作。这种方式在企业界运用比较广泛，因为采用合作的方式可使风险由于合作分担而降低，合作企业在技术上、资源上相互支援，优势互补，发挥出整体组合效应。

2.目标市场的进入方法

企业进入目标市场，在选择适合本企业进入方式的同时，还要选用一定的方法。

（1）广告宣传法。精心策划推出广告，使目标市场上的顾客知晓企业、了解产品，激起购买欲望，促成购买行为。

（2）产品试销法。通过产品小批量试产、试销，广泛征求用户及顾客的意见、建议，为改进产品及经营提供依据。这种方式可以降低企业经营的盲目性及由此带来的风险。

（3）公共关系法。通过各种形式的公关活动如专项活动、开业庆典、赞助公益事业、策划新闻等赢得目标市场上公众的信赖和支持。

（4）感情联络法。人是有感情的，在做购买决策时势必要受到感情因素的影响。为此，企业进入目标市场就要注意感情投入，加强联络。

（5）利益吸引法。在利益上给购买者以实惠是切入目标市场的有效方法。

（6）权威人士推介法。切入某个目标市场可以巧妙地利用名人效应，达到进入市场的目的。

（7）推介会、展销会等。策划者要根据目标市场的特点、产品特征、市场态势及竞争状况、费用高低等选用合适的方式。

3.进入目标市场的时间选择

企业进入目标市场的时间安排也很重要，过早或过晚都对企业经营不利。确定进入目标市场的时间主要取决于两个方面：

（1）正常准备时间。在进入目标市场之前，要计算在正常情况下做好一切准备工作需要花多少时间。这些准备工作包括：产品设计、试销、批量生产、推销培训、建立销售渠道等。

（2）适应市场形势变化的调整时间。市场形势发生变化时，可以比正常进入市场的时间提前或推迟。

另外，也要注意准确进入市场的时机，尤其是季节性强或具有特定消费对象的产品，适时视情况切入目标市场会收到事半功倍的效果。

第三节 企业产品策划

企业产品策划主要针对市场定位情况，找出合适的产品信息原点，准确传达产品的利益。产品策划从类型上说包括新产品的开发、旧产品的改良和新用途的拓展三方面的内容。从现有产品的营销策划角度说，其过程和内容主要是：个别产品策划、品牌的产品组合策划和新产品开发与推广策划。就个别产品而言，任何一种产品都是多因素的组合体。各种因素的不同组合形态能形成不同的整体产品，以满足企业市场营销活动的需要。

一、企业产品策划概述

从市场营销的角度来看，产品是指能够提供给市场，用于满足人们某种欲望和需要的任何事物，包括实物、服务、场所、组织、思想、主意等。产品整体概念包括核心产品、有形产品和附加产品。

1. 核心产品

核心产品是指消费者购买某种产品时所追求的利益，是顾客真正要买的东西，因而在产品整体概念中也是最基本、最主要的部分。消费者购买某种产品，并不是为了占有或获得产品本身，而是为了获得能满足某种需要的效用或利益。因此，在产品策划中必须以产品的核心为出发点和归宿，设计出真正满足消费者需要的产品。

2. 有形产品

有形产品是指核心产品的载体，即向市场提供的实体和服务的可识别的形象表现。产品存在的物质形式主要有五种特征可供辨认：质量水平、外观特色、式样、品牌名称和包装。加深对产品实体这五个方面的认识，有助于产品策划的全面开展与实施。

3. 附加产品

附加产品是指顾客购买有形产品时所获得的全部附加服务和利益，包括提供信贷、免费送货、安装、售后服务等。美国学者西奥多·莱维特（Theodore Levitt）曾经指出：新的竞争不是发生在各个公司的工厂生产什么产品上，而是发生在其产品能提供何种附加利益（如包装、服务、广告、顾客咨询、融资、送货、仓储及其具有其他价值的形式）上。因此，企业期望在激烈的市场竞争中获胜，必须极为重视服务，注重售前、售中和售后服务的策划。市场上大部分产品竞争发生在产品的附加阶段。

产品整体概念要求企业在提供产品质量、外观的同时，注重产品附加价值的开发。根据对产品的认识，全面满足消费者的需要常常成为产品策划的出发点。同时，产品整体概念由于深刻地挖掘了产品的内涵，因此有利于产品策划在某一层面、某一角度进行深入诠释，形成产品有别于同类竞争产品的独特个性。

二、产品市场生命周期与策划思路

产品市场生命周期是指一种新产品从投入市场开始到被市场淘汰为止所经历的全部时间。一般经历四个阶段，即介绍期、成长期、成熟期和衰退期。对于处在生命周期不同阶段的产品，其策划的基本思路也有所不同（如表 3-1 所示）。

表 3-1　产品生命周期各个阶段的营销战略

阶段	介绍期	成长期	成熟期	衰退期
产品	提供一个基本产品	提供产品的扩展品、服务、担保	品牌和样式的多样性	逐步淘汰疲软项目
价格	采用成本加成	市场渗透价格	较量或击败竞争者的价格	削价
分销	建立选择性分销	建立密集广泛的分销	建立更密集广泛的分销	进行选择：逐步淘汰无盈利的分销网点
广告	在早期采用者和经销商中树立产品的知名度	在大量市场中树立知名度	强调品牌的区别和利益	减少到保持满足忠诚者需求的水平
促销	大力加强销售，促进消费者试用	充分利用有大量消费者需求的有利条件，适当减少促销	增加对品牌转换的鼓励	减少到最低水平

1. 产品介绍期的策划思路

该时期企业营销策划的基本思路是突出一个"快"字，即尽可能快地进入和占领市场，在尽可能短的时间内实现由介绍期向成长期的转轨。因此，在产品介绍期，企业营销策划重点集中在促销与价格方面。一般有四种策略可供挑选：

（1）先声夺人策略。即以高价格和高促销水平的方式推出新产品。

（2）以廉取胜策略。即以低价格和低促销水平的方式推出新产品。

（3）密集渗透策略。即以低价格和高促销水平的方式推出新产品。

（4）愿者上钩策略。即以高价格和低促销水平的方式推出新产品。

2. 产品成长期的策划思路

进入成长期，说明该产品已被市场接受，因此销量增加，企业应改进服务，树立良好的企业及品牌形象，抓住难得的市场机会，扩大市场占有率。

这一时期可采取的策略有：

（1）改进产品。集中力量提高产品质量，增加产品规格、品种、型号以满足市场需要。

（2）开辟新市场。不断细分市场，吸引更多的消费者，扩大市场份额。

（3）密集分销。利用尽可能多的分销渠道销售商品，扩大商业网点。在扩大产品规模的基础上，适当降低价格，遏制竞争对手进入市场。

（4）树立品牌形象。在促销的过程中，让消费者了解产品，从而树立品牌形象，进行品牌宣传推广，使消费者对本企业产品树立起品牌信誉度（如图 3-1 所示）。

图 3-1 树立品牌信誉度流程

3. 产品成熟期的策划思路

成熟期是产品迅速普及阶段。这一阶段表现为"两高一低"，即生产量和销售量很高，但销售量增长幅度变慢，利润开始下降，市场竞争异常激烈。此时往往是企业获利的最佳时期，企业应积极采取产品渐进性改进、营销组合协调性改进、市场拓展性改进策略，以延长产品的生命周期，为企业赢得更高、更长时间的利润。策划思路具体有三个方面：

（1）改进市场。通过扩大顾客队伍和提高每个顾客的使用率，来提高销售量。例如，强生婴儿润肤露是以婴儿为主要使用对象设计的，而如今"宝宝能用，你也能用"的宣传，使该产品的使用对象扩展到了成年人，从而扩大了用户范围，进入新的细分市场。

（2）改进产品。通过改进现行产品的特性，以吸引新用户或增加现用户使用量。如小鸭圣吉奥洗衣机的滚动次数比一般洗衣机的滚动次数多得多，而且机体对衣服的磨损降到最低程度，强调了小鸭圣吉奥洗衣机的使用寿命和特征对用户的作用。

（3）改进营销组合。营销组合是一整套能够影响需求的企业可控制因素。这些因素包括产品、价格、地点（分销或渠道）和促销等，是开展营销的工具和手段，可以整合到营销计划中以争取目标市场的特定反应。通过改进营销组合中各非产品要素的先后次序和轻重缓急，可以达到保持市场占有率的目的。

营销组合可以从以下方面着手改进：①价格。削价是否吸引新的试用者和新用户？如果是，要不要降低目录标价？或者通过数量上的折扣、免费运输等方法降低价格？或者以提高价格来显示质量较好的方法是否更为有利？②分销。根据产品的特点，分析分销销售网点如何，是否应更好地开拓新的网点，公司的产品能否进入某些新类型的分销渠道。③广告。广告费用是否应该增加？广告的定位是否正确？广告创意性文稿是否要修改？宣传的场所、频率或规模是否要变动？消费者对广告的印象如何？④销售促进。公司应采用何种方法来加快销售促进，是采用廉价销售、打折扣、赠券还是担保等方式？⑤人员推销。销售人员的数量和质量应该增加或提高吗？销售区域应该重新划分吗？对销售队伍的奖励方法是否应予以调整？销售访问计划需要改进吗？⑥服务。公司能够迅速交货吗？能否提供技术咨询、贷款等？

4. 产品衰退期的策划思路

衰退期是产品销售每况愈下的阶段，企业利润很低。产品销售衰退的原因是多方面的，如技术进步、消费者口味和习惯的改变、竞争者的加入等。所有这些都会导致生产能力过剩、削价竞争增加和利润侵蚀。因此，在衰退阶段，公司应处理一些问题，如确定疲软产品，研究市场规模、份额、产业的发展趋势等多方面资料，可采取的策略有三种：

（1）立即放弃策略。立即放弃衰退产品，经营可代替的新产品。

（2）逐步放弃策略。按计划逐步压缩衰退产品的产量，将资金转入有利可图的项目。

（3）自然淘汰策略。企业不主动放弃衰退产品，而是自然退出市场。

三、产品结构组合策划

产品结构组合亦称产品组合，即指企业向市场提供的全部产品的结构形态。产品结构组合通常由产品线和产品项目两个层次的产品所构成。产品线是指一种在生产工艺及产品特征上具有某种相似性或相关性的产品；产品项目则是指一种产品线中所包含的不同品种的产品。例如，美国雅芳公司（AVON）的产品结构由化妆品、珠宝首饰品、家常用具三种产品线组成，其中，化妆品产品线包括唇膏、胭脂、香粉等产品项目。再如，日本松下电器公司的产品组合包括电视机、录像机、摄影机、电冰箱、空调器等家用电器产品线，每条产品线包含众多产品项目，如空调器产品线有各种型号的窗式、挂式、立柜、吸顶空调器等。多元化企业是一个提供多种产品和服务的企业，并且这众多的产品之间存在某种程度上的质的不同。因此，多元化企业的产品结构组合策划是生产经营的重要策划。产品结构组合策划应从以下四个方面加以考虑：

1. 扩大产品组合

包括扩大产品的宽度、长度、深度和一致性四个方面的内容。其优点是提高设备和原材料的利用率，减少经营风险，满足消费者各种各样的需求。如美国吉列公司为了在竞争中保持优势，瞄准了男性剃须美容市场的动向，制订了多品种系列化产品开发策略，即以喷射式剃须膏为基础，开发了须后冷霜、香水以及烫发机、电吹风等美容美发品，这些产品给吉列公司带来了丰厚的利润和很高的知名度。

2. 缩小产品组合

采用专业化形式，减少本企业生产的滞销产品或剔除亏损产品的项目。其优点是提高生产效率和产品质量，降低成本，获得稳定的利润。如日本尼西奇公司原来是生产雨衣、游泳装、尿垫等橡胶制品的小型企业，后来公司经营者策划了专门生产婴儿尿垫的产品，在激烈的市场竞争中获胜，成为此行业的"尿布大王"。

3. 延长产品线

企业将产品线延长，目的是开拓新的市场，增加消费者，或适应消费者需求的变化，配备花色品种。有三种延伸的策划思路：

（1）向上延伸。指原先定位于低档产品市场的企业，在产品线内增加高档项目，使企业进入高档产品市场。早期日本公司在扩大产品系列时大多策划向上延伸的方式，即从低档品到中档品再到高档品。

如率先打入美国市场的丰田摩托车就将其产品线从低于125CC延伸到1000CC。雅马哈摩托车紧随其后，陆续推出了500CC、600CC、700CC的摩托车，还推出了一种三缸、四冲程、轴驱动摩托车，从而在大型越野摩托车市场展开了强有力的竞争。

（2）向下延伸。是把企业原来定位于高档市场的产品线向下延伸，在高档产品线中加入中低档产品。采取此方案可给企业带来三点好处：①可使企业获得更大的市场占有率。②企业从高档产品市场进入中低档产品市场的成本较低。这是因为在产品设计、生产工艺、促销宣传、分销渠道方面，企业可充分利用现有的条件。③在短期内，可获得较明显的经济利益。例如，海尔公司在生产高档冰箱、空调产品的同时，把产品线向下延伸，生产电风扇，产品一出，即在市场上受到了普遍欢迎。

（3）双向延伸。经营中档产品的企业在取得竞争优势后，在原有的产品线中，同时增加高档和低档产品。这种策略在一定条件下有助于提升企业的市场地位，特别适合新兴行业中的企业采用。

日本精工钟表公司就采用了此策略。20世纪70年代后期精工推出了"脉冲星"牌系列低价表，从而向下渗透这一低档产品市场。同时，它又向上渗透高价和豪华型手表市场，推出了售价达5000美元的超薄型手表。

4. 更新策略

更新策略指对那些产品线长度虽然适当，但是产品质量、技术水平落后的产品进行升级换代。目的是实行产品线的现代化。在制订产品线更新策略之前，不仅要针对市场、公司的内部各方面做出全面分析，更要研究消费者的需求，以适应市场发展。其基本方法有两种：局部更新和全部更新。

四、产品包装组合策划

包装是产品策划的重要组成部分，通常是指产品的容器或包装物及其设计装潢。现代营销策划过程中的包装策划已经远远超出作为容器保护产品的作用，而成为促进和扩大产品销售的重要因素之一。进行产品包装策划时可选择以下八种产品包装策略：

（1）类似包装策略。企业生产的各种产品，在包装上采用相似的图案、颜色，体现共同的特征。其优点在于能节约设计和印刷成本，树立企业形象，有利于新产品的推销。但此策略仅适用于同样质量水平的产品，若产品质量相差悬殊，会因个别产品质量下降影响其他产品的销路。

（2）差异包装策略。企业的各种产品均有自己独特的包装，在设计上采用不同的风格、色调和材料。这种策略能避免因个别产品销售失败而对其他产品造成的影响，但会相应地增加包装设计和新产品促销的费用。

（3）配套包装策略。将多种相互关联的产品配套放在一个包装物内销售。例如，化妆盒里的配套化妆品——口红、粉饼、小镜子、眉笔等。

（4）复用包装策略。包装内产品使用完后，包装物本身可以回收再用或顾客可用作其他用途。如啤酒瓶子可回收重复使用，装糖果的盒子可用做饭盒等。此策略的目的在于通过给顾客额外的利益，扩大销售。

（5）等级包装策略。对同一种产品采用不同等级的包装，以适应不同的购买力水平，或者按产品的不同质量等级，采用不同的包装，如优质产品采用高档包装，一般产品采用普通包装。

（6）附赠品包装策略。在包装或包装内附赠奖券或实物，以吸引顾客购买。如在儿童食品中附赠小玩具。

（7）改变包装策略。当某种产品销路不畅或长期使用一种包装时，企业可以改变包装设计、包装材料，通过使用新的包装，使顾客产生新鲜感，达到扩大销路的目的。

（8）绿色包装策略。又叫生态包装策略，指使用可再生、再循环的包装材料，包装废物容易处理及采用对生态环境有益的包装。采用这种包装策略易于被消费者认同，有利于环境保护和与国际接轨，从而产生促销效果。

第四节　企业价格策划

价格是企业营销组合中的重要因素，也是唯一直接和收入相联系的因素。产品定价不当，不是减少收入导致"入不敷出"，便是暂时牟取暴利而最终成为失败者。所以大小企业都很重视价格问题。如何进行定价策划，使其既有利于企业收益，又能在竞争中立于不败之地，便是本节讨论的主题。

一、价格策划的基本原则与程序

1.价格策划的基本原则

企业定价和调价受很多变数的影响，需要营销人员根据企业当时的实际情况进行综合判断做出决策。搞好价格策划应当把握以下四项基本原则：

（1）价格策划的出奇制胜。价格策划应当出奇制胜，在实施时才能先发制人，达到目的。

（2）价格策略的适时变动性。价格相对稳定是企业经营的基本原则，变化频率过快易失去消费者的信任。但是，相对稳定并不是说不能变化，只要时机合适，仍然能利用价格因素直接达到获利或排斥竞争者的目的。

（3）价格策划的区间适应性。企业定价有上限和下限的限制，价格的变动应当在这个上下限规定的区间里变动，突破这个区间有可能带来的副作用。

（4）价格变动的时间区间。通常，战术价格调整多数控制在 $1 \sim 3$ 个月之间，或者是价格调整的营销目的已经达到，就应当研究新的价格战术，采用新的价格策划方案。

2.价格策划的程序

价格策划作为一项管理工作，尤其需要一定的工作程序，一个完整的价格策划包括六个程序：

（1）选择定价目标。企业选择的价格目标通常有：①利润目标，包括当期利润最大化目标、适度利润目标等；②销量目标，包括最大销量目标、保持或扩大市场占有率目标等；③竞争目标，包括应对和避免竞争目标、维持企业生存目标等。

以价格为基础的价格决策，其目标是寻求企业为消费者所创造的价值与成本之差的最大化，即从企业所创造的价值中获取应得的利润。

（2）核算产品成本。产品成本是定价的主要依据和最低经济界限。因此，定价离不开对产品成本的核算。这一阶段的策划应重点掌握产品本身价值量的大小和产品的供求关系,尤其是产品的需求价格弹性、国家政策对价格的规定、货币的价值、货币流通规律的影响、消费者心理对定价的影响等。

(3)调查和预测竞争者的反应。在商品经济条件下,竞争是无处不在的。尤其是产品的营销价格,是市场上最为敏感的竞争因素之一。因此,企业进行价格策划时,必须充分考虑到竞争者的可能反应,尽可能多地掌握竞争者的可能反应、竞争者的定价情况,并预测其对本企业定价的影响,以调整和制订有利的价格策略和其他营销策略。

(4)选择定价方法。可供企业选择的定价方法有很多,企业在分析测定以上各种原因的影响之后,就应该运用价格决策理论,选择一定的方法来计算产品的基本价格,即根据产品成本、市场需求和竞争状况三要素来选择定价方法。

(5)确定定价策略。①定价与产品的关系。产品的质量、性能是制定价格的重要依据。如果产品质量好、功能多、信誉高、包装美,就能把价格定得比一般产品高;相反,价格就要低一些。②定价与销售渠道的关系。企业产品的直接销售对象和定价也有一定的关系。如果把产品大量批发给中间商,则价格应当定得低一些;如果直接销售给消费者,价格就要定得高一些。③定价与促销的关系。产品花费的促销费用高,价格理应定得高一些;否则,价格就可以定得低一些。

(6)确定最后价格。根据定价目标,选择某种定价方法所制订的价格常常并不是该产品的最终价格,而只是该产品的基本价格。为了提高产品的竞争力及对顾客的吸引力,还应考虑一些其他的因素,对基本价格进行适当调整。

价格调整的方向有升有降,调整的时间有长有短,调整的幅度有大有小,调整的方法灵活多样,一切都要以市场为转移。调整也不可能一次就完成,市场环境再变化,价格就要再调整,直至产品生命周期结束,产品退出市场。

二、产品分析和市场分析

企业在进行价格策划时,应进行产品分析和市场分析。

1.产品分析

产品分析主要是对产品成本的分析。产品成本可分为固定成本和变动成本。产品成本是企业价格决策的最低经济界限,企业定价必须首先使总成本费用得到补偿,即价格不能低于平均成本费用。单位产品平均成本费用是平均固定成本费用和平均变动成本费用之和。在一定条件下,生产单位产品的平均变动费用是不变的,而生产单位产品的平均固定费用随着产量的变化呈反方向变化。

影响成本变动的具体因素有劳动生产率、工资水平、物质消耗和其他因素。其中劳动生产率的变化与成本的变化成反比,而工资水平和物质消耗与成本变动成正比。其他因素指原材料、燃料、动力的价格,固定资产占有水平和利用率,以及固定资产估价、折旧率,产品质量,废品损失,等。

2. 市场分析

主要是分析供给、需求、竞争者、消费者等因素对产品定价的影响与制约。

(1) 供求的影响。价格与供求的关系，是一种持续不断互相作用的过程。价格决定供求，供求反过来又影响价格，价格再作用于供求，价格与供求在动态中保持一种相对平衡的关系。供求对价格的影响，表现为供不应求时价格上涨，供过于求时价格下降。而且供求关系不平衡程度决定着价格偏离价值的方向和程度。供求关系严重失调，会最终导致价格大幅度波动；供求关系基本平衡，价格才能围绕价值适当偏离，上下运动。

由于短期内供给不可能大幅度变化，故应多研究价格与需求的关系。在一般情况下，价格与需求之间是一种反向关系。价格越高则需求越低，反之则需求越高。但是，一定幅度的价格变动所引起的不同商品需求变动的幅度并不一致，即不同商品的需求价格弹性不同。因此，商品的需求价格弹性因素也是企业在进行价格决策时必须考虑的因素。对于需求富有弹性的商品，企业可以采取适当调低价格的策略，广泛吸引顾客，扩大销售，获取更多利润；而对于需求缺乏弹性的商品，企业可以在保证质量的前提下，适当调高价格，这样既可增加利润，又不至于对销售产生太大影响。

(2) 分析竞争者的产品和定价。在竞争的条件下，竞争者的价格以及对本企业定价做何反应，也是企业价格策划的依据之一，甚至是很重要的依据。如果本企业产品与竞争者产品质量水平一致，那么价格也要接近，否则会失去市场；如果本企业产品质量低于竞争者，那么定价就不可能仿效竞争者而只能低得多；如果本企业产品质量高于对手，则可把定价提得高些，同时注意对手做何反应。

分析竞争者的产品和价格，方法很多。企业可以进行市场调研，直接从消费者那里了解他们对价格的态度，对本企业产品与对手产品的质量感觉；也可以把竞争者的产品买回来进行实验分析，甚至购买竞争者的生产设备加以研究。这样做的目的，是便于企业利用价格给自己的产品定位，与竞争者竞争。

(3) 分析消费者心理及认知价值。企业进行价格策划时，还应对消费者进行分析。因为价格能否实现，最终取决于消费者能否接受。通常，消费者会在心目中树立对某产品的认知价值，并据此判断价格是否合理，如果企业定价不高于该认知价值，消费者就会接受该价格。所以，企业可以通过一些非价格手段如广告宣传等来提高消费者的认知价值。

此外对消费者心理也应进行分析。消费者心理是一个很复杂的因素，购买同一商品，不同消费者的心理是不同的。所以企业应针对不同的消费者和消费心理进行价格策划。例如，麦当劳在美国市场的顾客，以中下阶层为主，其心理多为求廉，所以价位不高。在我国香港，因为其是世界各国商品货物的转口地，舶来品并不稀奇，加上在香港免税的关系，故麦当劳在香港定价也比较低。但在我国大陆和台湾地区，在消费者或多或少崇洋的心理下，麦当劳则以舶来速食的形象，采取高价政策，且业绩奇佳。

三、确定定价目标

企业价格方案的策划，必须以定价目标为指导。通常有维持企业生存，争取当期利润最大化，保持和扩大市场占有率，保持最优产品质量，抑制或应付竞争等定价目标。企业在不同情况下可以选择不同的定价目标。

（1）维持企业生存通常是企业处于产品销售困难，面临倒闭等不利环境时采取的过渡性定价目标。以此为目标，企业往往降低价格，以保本价格甚至亏本价格出售产品，以求迅速出清存货，收回资金。

（2）当期利润最大化是许多企业的定价目标。在估计需求与成本的基础上定出一种价格，以便产生最大的当期利润、现金流量或投资报酬率。该目标强调的是当期的财务绩效。美国企业往往较重视短期绩效表现，故常采用此定价目标。

（3）保持和扩大市场占有率也是企业常用的目标。以低价打入市场，开拓销路，逐步占领市场是企业普遍采取的方法。此目标适用于以下情况：消费者对价格很敏感，因此低价格能刺激需求迅速增长；生产与分销的单位产品成本随着生产规模的扩大和生产经验的积累而降低；低价格可以阻止实际与潜在的竞争。

（4）在某些条件下，企业为了树立产品在消费者心目中的良好形象，也会以保持最优产品质量为定价目标。这时企业可以采取高价政策，一是弥补为达到最优质量而耗费的较高成本，二是适应消费者高价高质的心理。

（5）抑制或应付竞争多是在竞争激烈的形势下企业采取的定价目标。以此为目标，根据企业不同实际情况，可采取以下四种办法：

①竞争力量较弱的企业，可采取与竞争者相同或略低的价格；

②企业力量较强，又想扩大市场占有率时，可采取低于竞争者的价格；

③具有竞争优势的企业，如实力雄厚、技术先进、产品优质、服务齐全等，则可采用高于竞争者的价格出售产品的方法；

④有的企业为了达到阻止竞争对手进入市场或迫使弱小企业退出市场的目的，故意压低市场现价，甚至以低于成本的价格出售产品。

上述目标是相互联系的，某一目标的实现，在不同程度上也实现了其他目标。在实际运用时既要全盘考虑，又要有所侧重。因此选择时应注意：第一，要充分考虑影响企业定价的内部和外部条件，不能超越实际条件；第二，要与企业经营目标及其他目标（如产品、渠道、广告等）相互协调；第三，要区分定价目标中的主要目标和次要目标、必达目标和希望目标、间接目标和直接目标、长期目标和短期目标，并使之协调，从中选择切合实际的目标。

四、定价方法的比较和选择

1.定价方法的比较

定价方法分为成本导向定价法、需求导向定价法和竞争导向定价法三类。

（1）成本导向定价法是主要依据产品成本来制订价格的一种方法。根据成本形态不同，又分为完全成本加成定价法和变动成本定价法。完全成本加成定价法应用简便，但缺乏竞争性，难以适应市场竞争的变化趋势。变动成本定价法是以单位变动成本为定价基本依据，加入单位产品贡献，形成产品售价。

（2）需求导向定价法是以产品或服务的社会需求状态为主要依据，综合考虑企业的营销成本和市场竞争状况，制订或调整价格的方法。主要有可销价格倒推法和理解价值定价法两种。可销价格倒推法即先以消费者对某种商品愿意且能够接受的价格为市场销售价，再倒推出中间商的价格和企业产品的出厂价格。理解价值定价法是以消费者对商品价值的感受及理解程度为定价基本依据。

（3）竞争导向定价法即以市场上相互竞争的同类产品或服务的价格为基本依据，随竞争状况的变化确定或调整价格的方法，主要有通行价格定价法、竞争价格定价法和密封投标定价法。通行价格定价法即以行业的平均价格水平或竞争对手的价格为基础进行定价。竞争价格定价法是一种主动竞争的方法。密封投标定价法是通常用于建筑承包、大型设备制造、政府大宗采购等投标的交易方式。

2.定价方法的选择

企业应根据以下四种实际情况选择定价方法：

（1）当企业处于卖方市场条件时，制订价格主要考虑产品成本，可以采用完全成本加成定价法。当企业处于买方市场条件时，制订价格除考虑产品成本外，还应考虑需求、竞争等因素，此时应把成本导向定价法和其他方法结合起来使用。

（2）当市场供过于求，企业产品大量积压时，企业为扩大销售、维持生存，可采取变动成本定价法。当企业开工不足，生产能力有剩余时，为避免设备闲置，也可采用变动成本定价法来吸引客户，减少固定成本的亏损。

（3）当企业需要确保产品价格的可接受性时，可以采取可销价格倒推法。当企业实力雄厚，产品具有特色或属于名牌优质产品，或具有独特性能、优质服务时，可利用非价格因素影响消费者，采取理解价值定价法。

（4）在竞争比较激烈的情况下，企业也广泛采用竞争导向定价法。大多数中小企业由于市场竞争能力有限，为避免与生产经营同类产品的大企业"硬碰硬"竞争，可以采取通行价格定价法；而实力雄厚、产品特色突出的大企业可采取竞争价格定价法。

企业在同一产品或服务的价格决策中，可以结合运用几种定价方法，取长补短，相互补充。

五、定价策略选择

1. 新产品定价策略

新产品定价可以采取撇脂策略、渗透策略和满意价格策略。撇脂策略指以高价将新产品投放市场，在短期内获得高额利润以尽快收回投资。渗透策略指以低价将产品投放市场，便于迅速扩大销量，提高市场份额（如表 3-2 所示）。满意价格策略是介于两者之间的中间策略，也是一种保守策略。

表 3-2　新产品定价策略

撇脂策略	渗透策略
市场需求水平高，且缺乏弹性	市场需求水平低，需求弹性大
本产品与竞争产品差异大	本产品与竞争产品差异不大
消费者不在乎市场价格	消费者选购商品时重视价格因素
产品技术独特，难以仿制	产品技术简单，容易仿制
希望快速收回投资	希望逐渐收回投资

2. 组合定价策略

现在，企业总是生产多种产品，相关产品在销售上具有相互关联性，企业就可以利用关联性采取组合定价策略。

（1）替代产品定价策略。生产替代产品的企业可以有意识地合理安排本企业替代产品间的价格比例以保证实现营销目标。例如企业可提高市场潜力小或竞争激烈的产品价格，以促使人们增加对那些市场潜力大的产品的需求，即通过牺牲某一品种，达到稳定和发展另一些品种的目的。

（2）互补产品定价策略。企业为互补产品定价时，应体现错落有致、高低分明的原则。企业可以适当降低价值大且使用时间长的主件产品价格，提高价值小且使用时间短的附件产品价格，以主件产品需求的扩大带动附件产品需求的增加，以销售量大、价格高的附件产品收入抵补主件的低价亏损。但是，运用这种策略的企业，必须采取一定的措施，确保消费者购买本企业的主件产品后会购买本企业的附件产品，否则，非但不能促进自己附件产品的销售，反而会给竞争者制造可乘之机。

（3）组合产品定价策略。对于组合产品的定价，企业应保证整体盈利，但多种产品有赔有赚，从而使消费者感到比单件购买便宜、方便，最终达到促进销售的目的。采用这种策略，必须防止引起顾客反感的硬性搭配。

3. 价格调整策略

产品价格经常处于浮动状态，很少有一种产品的价格能够长期保持不变。因此，企业必须根据自身情况和市场条件对价格进行适时调整。

（1）降低价格分析。降价很有可能引起竞争者的不满和对抗，导致价格战。但处于以下情况时，企业仍需降价：①企业生产能力过剩，产品积压，且运用改进产品、增加销售力量或其他措施都难以打开销路时；②面临激烈的价格竞争，市场占有率下降，为了击败竞争者，保持或扩大市场份额，企业必须降价；③当企业的产品成本比竞争者低但销路不好时，需要通过降价来提高市场占有率，同时使成本由于销量和产量增加而进一步降低，从而形成良性循环。

（2）提高价格分析。提高产品价格会引起顾客、中间商和本企业销售人员的反对，但成功的提价也会为企业带来可观的利润增长。当企业面临以下情况时必须考虑提价：①市场上需求过旺，企业无法满足顾客对其产品的全部需求时，只有提高价格以平衡供求，增加收入；②因通货膨胀物价上涨，企业成本费用上升，但生产率不能相应提高，导致利润率下降，此时企业只有提高产品销价，以平衡收支，保证盈利。提高实际价格可采用限时报价或延缓报价定价，使用价格自动调整条款减少折扣等方法。

第五节　企业营销渠道策划

企业启动之初所面临的一个重要问题，就是通过什么样的渠道销售自己的产品。企业必须根据主观条件和客观情况，合理地进行销售渠道设计。

营销渠道是营销组合中的一个重要组成部分，是实现商品从商家交换至消费者的通道，是传递客户价值、提升经济效益、赢得竞争优势的重要工具（如图 3-2 所示）。

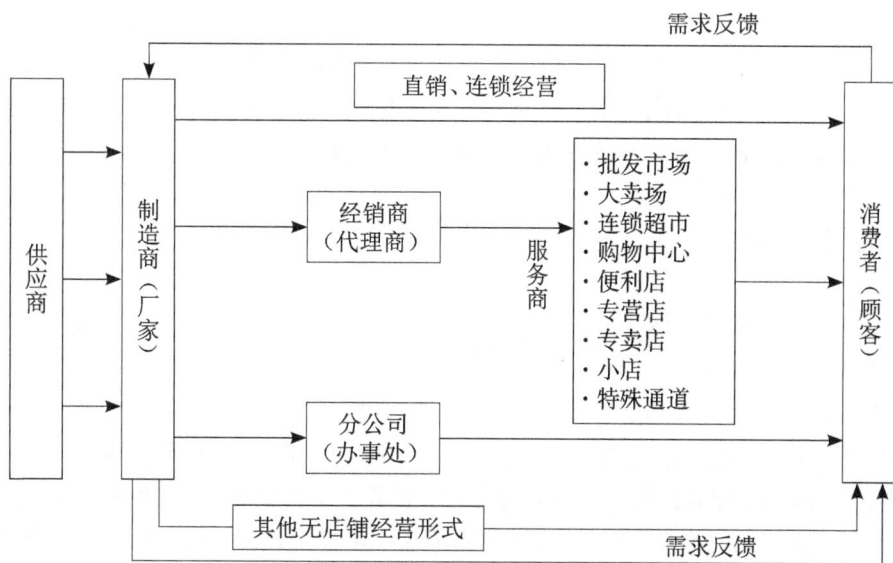

图 3-2　营销渠道运作系统

一、产品特性、企业实态与市场格局分析

企业选择销售渠道时必须考虑以下三个因素：

1. 产品特性

并非所有产品都必须选择同一销售渠道，恰恰相反，产品的性质不同，销售渠道选择也就存在差异。例如，对于易耗品、危险品、体积大的产品，应避免多次转手、反复搬运，适于采用短渠道或专用渠道，对于日用小商品则可选择长渠道和宽渠道；对于单价高的产品、技术性强的产品适合采用短渠道，而价格低的产品则可采用长渠道；对于式样变化大的时尚产品，适于采用短渠道，而款式不易变化的产品则可采用长渠道等。

2. 企业实态

企业选择销售渠道时，必须考虑自身的条件和需要。主要体现在：①企业实力和声誉。企业信誉好，实力雄厚，就有可能将一些重要的销售职能集中在自己手中，例如建立自己的销售系统，以控制营销渠道。反之，则只能依赖中间商来销售产品。②企业营销状态。如果企业拥有足够的销售人员，有丰富的销售经验，就可以少用甚至不用中间商，反之则必须利用中间商销售。

3. 市场格局

市场情况也是影响销售渠道的重要因素，包括市场范围、顾客集中程度、市场规模、市场竞争以及竞争者使用的渠道等。①市场范围大小的影响。产品销售市场范围越大，则分销渠道越长、越宽；相反，则可采用短渠道或窄渠道销售。②顾客集中程度的影响。顾客分布集中，可以采用直接销售渠道；顾客分布比较分散，则可利用较多中间商销售。③消费者购买习惯的影响。对于消费者重复购买次数多的产品可采用较多中间商销售；对于购买次数少的产品，如耐用消费品，则利用较少中间商销售。④市场竞争者的影响。一般说来，企业对同类产品多采用与竞争者相同的分销渠道以便与竞争者相抗衡。但有的企业为了避免竞争便采用与竞争者不同的销售渠道，如雅芳公司决定不和其他化妆品制造商争夺零售商店里稀少的商品陈列位置，而代之以有利可图的上门推销方式。

二、渠道模式的选择

企业可以在多种渠道模式中进行选择：

1. 渠道类型的选择

销售渠道按商品在流通过程中是否经过中间商转卖来分类，可分为直接渠道和间接渠道。①直接渠道。可以直接将信息传达给消费者，也可以及时了解市场需求状况及其变化趋势；可以缩短流通时间，降低流通费用，提高企业利润水平；有利于企业控制销售渠道。生产工业用品的企业，生产鲜活商品、食品、手工业制品、化妆品等消费品的企业可以采用直接渠道。②间接渠道。中间商的介入，减少了交易次数，扩大了销售范围，有利于增加企业销售量。但是，中间商的增多，会弱化企业对销售渠道的控制。对于大多数

生产消费品的企业来讲,间接渠道是主要的销售渠道。

2.渠道长度的选择

渠道的长短是根据产品和服务从生产者向消费者转移过程中所经历的中间商层次的多少来判断的。短渠道能有效地缩短流通时间,加快资金周转、提高经济效益,而且,企业对产品销售的控制能力和信息反馈的清晰度较好。鲜活商品、时令商品及易损耗变质商品的销售可采用短渠道。

长渠道能充分发挥中间商的作用,便于商品的收集、储存、扩散,能做到把分散的货源集中起来,再合理地、及时地分配到广大的消费者手中,方便了消费者就近、及时购买,具有很大的辐射性和纵深性。因此,当企业的产品市场需求广泛、销售量大、货源分散时,适合采用长渠道,长渠道尤其适合生活消费品的销售。

3.渠道宽度的选择

企业在选择宽渠道或窄渠道时,一般有三种策略可供采用:①密集分销策略。即企业选择尽可能多的中间商为其销售产品。这一策略的重心是扩大市场覆盖面或快速进入一个新市场,使众多消费者和用户能随时随地买到该企业的产品。如果企业实施这一策略,对渠道的控制就很少。②选择性分销策略。即企业在目标市场上只选择有代表性的几家中间商作为自己的销售渠道。这一策略的重心是为了维护企业的良好形象,建立稳固的市场竞争地位。③独家分销策略。即企业在某一目标市场上只选择一家中间商销售本企业产品。这一策略的重心是为了控制分销渠道和市场。在这种策略下,中间商往往与企业有较强的相互依赖关系。

通常来说,凡属于选购性产品或有特殊性的产品,一般采取选择性分销策略,而普通商品一般采取密集分销策略。

4.营销渠道组合结构的选择

营销渠道结构因商品类别不同而有差异:①生产资料的销售渠道较短,直接销售和只有批发环节的销售是两种最主要的形式。而且生产企业一般只选用很少的具有专业能力的批发商,他们之间关系密切,依赖程度很高。②消费资料中除关系国计民生的重要消费品外,大部分产品可由企业自择渠道。一般来说,消费资料的销售渠道较长,中间环节较多,广泛和大量采用零售商及批发商是渠道的重要特点。我国消费品销售中最主要也是使用最多的渠道就是生产企业—批发商—零售商—消费者。由于采用的中间商较多,且中间商经营多种多样的产品,生产企业与中间商的关系较松散,生产企业不易控制渠道。

三、中间商的选择

中间商是指介于生产者和消费者之间,专门从事商品由生产领域向消费领域的转移业务的经济组织。中间商有两种基本形式:批发商和零售商。批发商按所有权关系和基本经营方式的不同,可分为:商业批发商、经纪人和代理商、生产商的分店和销售办事处。商业批发商是指独立经营,对其所经营的商品拥有所有权的批发商。经纪人和代理商与商业批发商的主要区别在于，他们没有商品所有权，只是在买卖双方之间起媒介作用，促成交易，从中赚取佣金。零售商是直接向消费者出售商品的中间商。零售商的类型繁多，从国内外零售商发展的情况来看，主要有以下几种：专业商店、综合商店、百货商店、超级市场、方便商店、邮购商店和连锁商店等。

中间商的选择关系到能否实现渠道目标和效率的问题，因而企业总是要选择最有利于产品销售的中间商。在一般情况下，选择最佳的中间商要考虑以下七种基本因素：

1. 中间商的服务对象是否与企业所要达到的市场面相一致

也就是说，所要选用的中间商的经营范围，应该与企业的产品销路基本对口，这是最基本的条件。

2. 中间商的地理位置是否与企业产品的用户相接近

具体地讲，就是选择零售商的地理位置时，最好是本企业产品的顾客常到之处；而选择批发商的地理位置时，则要看其是否能较好地发挥其储存、分销、运输的功能，是否有利于降低销售成本。

3. 中间商的商品构成

中间商的商品构成中，一般不应该有与本企业产品竞争的产品。但从另一个角度来讲，即使中间商的商品构成中有竞争者的产品，只要本企业的产品质量优于竞争者的产品而价格又不高的话，仍可以挑选这个中间商，否则不宜挑选。

4. 中间商的职工情况和服务力量

具体地说，中间商能否在销售过程中，向顾客提供比较充分的技术服务与咨询指导，有没有懂技术、善经营的维修、推销等业务人员，以及必要的技术装备等，这些都与能否扩大产品销路有密切关系，尤其是销售某些技术比较复杂的商品时更应如此。

5. 中间商的储存、运输等设备条件

具体地说，经营鲜活商品，有无冷藏或控温设备；经营有特殊要求的商品，有无保管防护设备，有无必要的或专用的仓库和运输车辆等。

6. 中间商的资金力量、财务状况和信誉情况

中间商是否有足够的支付能力、能否按时付清货款、其信誉情况是否良好都是企业应该考察的因素。

7. 中间商的管理水平和经营能力

中间商的组织、管理能力和工作效率，与企业产品的销售关系极大，必须予以重视。

企业对中间商的选择要根据上述各种因素，观察它的经营能力、经营水平和周转能力等，并进行综合分析。同时应考虑企业自身情况，选择和企业自身条件相匹配的中间商。在选择时，企业可以采取直接观察的方法，也可以通过对消费者、其他企业的调查来了解中间商的情况。

四、渠道业务管理办法

企业在选择了渠道模式后，还应对渠道进行日常的管理。渠道业务管理办法包括以

下四个方面：

1. 选择渠道成员

归结起来，评估中间商要从成本、资金、控制、覆盖、特点、连续性、信用和能力八个方面进行选择。

（1）成本（Cost）。选择中间商首先要考虑的就是成本问题。如果选用中间商效益低下或者成本太高，得不偿失，就不应该选择中间商。

（2）资金（Capital）。生产企业要选择资金力量比较雄厚、财务状况良好的中间商。

（3）控制（Control）。在营销活动中，选择的中间商不同，所享有的控制力也不同。为了使企业能够及时地掌握市场变化，了解营销渠道的情况，就需要增强对分销渠道的控制力。

（4）覆盖（Coverage）。一般而言，营销网络市场覆盖率高、覆盖面广的中间商，其产品推广与市场开拓能力也强。因此，应该尽量选择那些市场覆盖面广的中间商，经销客户企业的产品。

（5）特点（Characteristics）。所选择的分销渠道必须适合客户企业的特点及其产品的特点，中间商的销售对象必须与客户企业所要进入的目标市场一致。

（6）连续性（Continuity）。在市场营销实践中，客户企业选择的一些中间商常常因为各种原因倒闭、转业或拒绝进货，客户企业就可能随之失去在该地区的市场。因此，选择中间商必须考虑其连续性问题。

（7）信用（Credit）。在营销实践中，商品销售状况良好、回款能力极差的中间商应该慎重考虑，否则企业会因资金周转问题陷入困境。

（8）能力（Capability）。能力是指在对中间商进行评价选择时要从其开拓市场的能力、营销能力、管理能力、提供技术支持和售后服务能力及储存运输能力等方面进行考察。

2. 鼓励渠道成员

为了鼓励渠道成员更好地为生产企业推销产品，可以在销售量与经济利益的联系上，给中间商以直接的激励。企业通常可提供下列正面激励：较高利润，特殊条件，允许广告津贴、陈列津贴和促销活动等。有时也使用负面激励，如降低利润或全面终止合作关系等。

3. 协调产销关系

为了使生产企业与中间商的合作关系巩固和发展，生产企业应主动搞好产销关系，应向中间商提供必要的协助和服务。现在有的企业专门设立"分销商关系规划部"，由该部协商处理分销商的各种需要，帮助他们尽可能达到最佳销售水平。

企业可以协助中间商多做广告和其他促销活动，也可协助中间商改善企业管理，经常交流市场情报，及时给予财务支援等。包括给予本企业销售渠道内的中间商以较长时间的付款期限；给予一些折扣或代销办法上的优惠，提供一些免费咨询，邀请商店负责人访问生产企业所在地，与商店负责人共同商讨提高产品质量和扩大销路的措施等。这些办法，既有利于中间商改善经营管理，又有利于生产企业提高声誉和扩大销售量。

有时不同层次渠道的成员之间会出现矛盾，企业作为渠道的领头人必须顾大局识大体,制订明确可行的管理办法以控制矛盾。企业可以采取让利法,此法的关键是生产企业带头让利,并促使批发商向零售商让利。层层让利就可缓解这种矛盾。

4. 评估渠道成员

生产企业必须定期评估中间商的绩效,评估标准包括:①销售配额完成情况;②平均存货水平;③客户交货时间;④破损与遗失货物的处理;⑤对企业促销与训练方案的合作程度;⑥提供给顾客的服务;等等。

评估后对经营绩效好的渠道成员给予鼓励,绩效低于既定标准的渠道成员,要找出主要原因及补救的方法,必要时可予以更换,以保证营销活动顺利而有效地进行。

五、渠道控制与调整

1. 垂直营销系统

垂直营销系统是由生产企业、批发商和零售商形成的统一整体,宗旨是统一规划,协调行动,服从于一个领导者。领导者可以是生产企业,也可以是批发商或零售商。这种组织形式比传统营销渠道更能有效控制渠道行为、管理渠道成员和解决那些因不合作而产生的冲突。垂直营销系统有三种主要形式:

(1)团体式垂直营销系统。它是由同一个所有者名下的相关的生产部门和配销部门组成的。这种渠道系统将制造、批发和零售融为一体,矛盾冲突减少,协调性增加。例如,西尔斯公司出售的商品中,有50%来自它拥有股权的制造厂。

(2)支配式垂直营销系统。它是指不是通过共同的所有权,而是由规模最大或实力最强的一家企业,来管理和协调生产与配销的各个环节的渠道系统。大企业一方面提供资金融通、技术咨询、管理协助等优惠条件,以稳定改善渠道关系,另一方面也以此为手段支配和控制整个营销渠道。

(3)契约式垂直营销系统。它是指由从事生产和配销的不同层次的独立企业组成,以契约为基础来统一行动,以求获得比其独立行动时所能得到的更大的经济效益和销售绩效。契约式垂直营销系统又有三种形式:批发商组织的自愿连锁店、零售商合作社和特许专卖机构。

2. 全面或局部修正营销渠道系统

当市场上出现一些新情况时,如消费者购买方式变化、市场扩大、产品生命周期进入成熟期、竞争者兴起、新的营销策略出现,企业就有必要对营销渠道进行调整,以适应变化的情况。修正营销渠道系统的策略有三种形式:

(1)增减渠道中的个别中间商。对经营不善、绩效不佳、对渠道整体运行有严重影响的中间商,可考虑予以剔除。在必要时,可考虑另选合格的中间商加入渠道。有时因竞争者的渠道宽度扩大,企业自己的销售量减少,也应增加中间商的数量。

(2)增减某一营销渠道。企业有时会发现,随市场的变化,自己的营销渠道过多过杂,有的渠道作用不大。从提高营销效率和集中有限力量等方面考虑,可以适当缩减一些营销渠道。相反,当发现现有渠道过少,不能使本企业产品有效地快速抵达目标市场,影响了产品的销量时，企业可增加新的营销渠道。

（3）改进整体营销渠道。这意味着原有营销渠道的解体。当原有渠道矛盾冲突无法解决，造成了极大混乱，或是企业战略目标和营销组合实行了重大调整时，都有可能对营销渠道进行重新设计和建立。如某冷饮生产企业可能决定以集中装瓶自销的方式，取代某一地区特许装瓶经销商，这不仅改变了营销渠道，而且改变了大部分的营销组合决策。这种较重大的决策，企业必须认真进行调查研究，权衡利弊，慎重施行。

无论是局部的修正还是整体的修正，都必须在经济效益、对渠道的控制标准，以及渠道的适应性上做认真的分析评价。

第六节　企业销售促进策划

一、销售促进策划的含义

销售促进又称营业推广，是企业在一定时期内，采用特殊方式对顾客进行刺激，迅速激发购买欲望，以促进商品销售的一种促销手段。销售促进策划就是指对这些促销手段所做的统筹规划与安排。

销售促进策划的着眼点是促进当前商品销售，其作用主要表现在三个方面：

其一，便于企业选择恰当的营业推广措施来吸引新顾客。强烈而新颖的诱导刺激措施能迅速吸引部分消费者的注意，并在利益驱动下转而购买本企业产品。

其二，有助于迅速扩大商品销售量，加速资金的周转。无论是哪一种销售促进措施，都是围绕迅速激发需求，扩大商品销售量这一中心来进行的。尤其是对于新产品，可以迅速提高知名度；对于将要过时或冷滞的商品，可以迅速脱手，避免资金被长期占压，提高资金利用效率。

其三，各种销售促进措施的选择和精心安排可以配合广告等促销手段，实现企业营销目标。广告的促销效应是长期的、缓慢的，从消费者接受信息到采取购买行动往往有一个较长的考虑、比较等心理活动过程，其购买决策易受各种因素的干扰。而销售促进措施的刺激是强烈的，经常导致消费者冲动购买、即兴购买，其效应是即时的、快速的。销售促进措施配合广告宣传，可以强化广告效应，促进消费者尽快购买、大量购买。

二、销售促进策划的程序

销售促进策划要达到预期效果，必须遵循一定的程序，在此基础上才能做出适当的决策。

1. 确立销售促进（营业推广）的目标

营业推广目标主要根据目标市场的购买者和企业的营销目标而确定。也就是说，不

仅要确定对谁推广,而且要具体确定推广什么。具体分析如下:

(1)以消费者为目标,刺激其反复购买,包括:鼓励续购,促进新用户试用等。

(2)以中间商为目标,刺激大批量购买,包括:吸引中间商购买新品种或大批量重复购买,鼓励中间商销售过时库存的商品,建立中间商对本牌号产品的信任等。

(3)以推销人员为目标,鼓励其开拓新市场,包括:鼓励推销人员推销某种新产品,促使他们开拓新市场,刺激过时产品推销等。

2.选择恰当的销售促进(营业推广)的方式

销售促进(营业推广)的方式甚多,企业应根据市场类型、营销目标、竞争环境、政策法令、道德准则以及每一种推广形式的费用和效率来进行选择。

3.预算销售促进费用

企业应根据活动的目标,销售促进的措施、强度以及企业经济承受能力等,合理地确定销售促进的财务预算,以保证营业推广目标的实现。

4.评价销售促进的效果

销售促进的目的是取得良好的经济效益,因此在销售促进策划中,应重视对销售促进效果进行检查评价,为开展销售促进活动提供依据。

对销售促进活动效果的评价,既要考虑到短期效益,又要考虑到长期效益、产品形象、企业形象、企业知名度等多方面因素,那种只顾短期效益,有损企业形象的销售促进活动,终归会被实践证明是得不偿失的。

三、销售促进方法的选择

针对不同的对象,销售促进方式多种多样,但归纳起来主要的方法有以下十个方面:

1.服务促销

通过周到的服务,使顾客得到实惠,在相互信任的基础上长期开展交易。主要的服务形式有:售前服务、开架服务、订购服务、加工服务、送货服务、售后服务、维修服务、培训服务、代办托运服务、保险服务、信息咨询服务等。

2.互惠促销

生产经营房屋、设备、机器等商品的企业,把商品让渡给买方使用,将其价值分期收回,买方得到固定资产的支配权与使用权,组织生产经营,将提取的折旧逐渐偿还卖方。这种租赁有助于解决某些机器设备特别是价值高的设备"用户买不起,卖主卖不掉"的供求矛盾。

互惠贸易是指交易中的任何一方既是买主,又是卖主,双方互相购买对方的产品,不用花任何促销费用却能取得促销成果。这种互通有无的交易,能促成稳定的经济联合,发展成"三角形""多边形"的互惠交易。

3.订货会与展销

订货会是以产品实物吸引顾客购买的一种有效形式,可以由一家企业举办,也可以由多家企业联办。订货会主要交易形式有:期货交易、现货交易、易货交易、以进带出贸易、样品订购交易、补偿贸易等。

展销也是销售促进的有效形式,通过展销可起到"以新带旧""以畅带滞"的作用,有助于企业缓解和消除积压,使库存结构趋于合理化。展销的主要类型有:以名优产品为龙头的展销、季节性商品展销、新产品展销、区域性产品展销等。

4. 折扣促销

企业为了鼓励中间商更多地经营本企业产品,对于提前支付货款或购买数量较多的客户,在价格方面给予种种优惠,包括批量折扣、现金折扣、特种价格促销、类别顾客折扣、价格保证等。这些办法都能促成中间商大批量购进,并有助于促进购销双方长期友好合作关系。

5. 物质奖励和精神奖励

为了对推销成绩优异的本企业推销人员进行鼓励,充分发挥他们的主动性、积极性和创造性,企业可采取各种物质奖励和精神奖励的形式,激励推销人员为企业促销做出更大的努力。

6. 竞争和演示促销

企业根据目标市场的特点,组织各种形式的竞赛,以刺激和鼓励批发商、零售商、代理商、推销人员努力推销本企业产品,引导和鼓励消费者购买本企业产品,树立良好的企业形象。对消费者举办的竞赛可以采取:购物竞赛、购物抽奖、猜谜比赛、知识竞赛等。

演示促销是指在销售现场或展销会上做商品的使用表演,提供实例证明,使购买者对商品性能产生信任感或激起冲动性的购买。演示促销包括定点演示、流动演示、工艺演示等。

7. 赠品促销

通过赠送低价商品或免费服务,促使消费者立即产生购买行动。在做赠品决策时,要考虑商品的正常销售量和居民的消费量,要把赠送的目标放在提高企业的市场占有率上。送赠品的方式应灵活多样,不能千篇一律。

8. 优惠券

企业对合作者、长期顾客、对本企业有贡献的或社会影响较大的顾客,提供一种可享受优惠的证明,以此来联络感情,开拓潜在市场;或者在一定时期集中优惠销售,以扩大企业或产品的知名度和影响力。

9. 反季促销

一般而言,一些季节性商品往往有销售淡季和旺季之分。顾客的消费心理是"有钱不买半年闲",即什么时令买什么,缺什么买什么,而不会买完东西之后长时间闲置。但是有些商家却反其道而行之,在暑夏的时候将原本滞销的商品如毛皮大衣、羽绒服等拿出来促销,效果还挺好。而消费者中不乏购买者,主要是因为反季节购买差价很可观。

10. 特定顾客

这是一种通过限制消费人群,利用人们的求奇心理和因受人尊敬而产生的心理满足感来促进销售的方法。这种促销方式虽然限制了顾客,但是其他人免不了会因为好奇也加入购物行列中来,从而收到促进销售的效果。目前市场上有许多专业店铺都有明确的特定消费群体,商品陈列颇有特色。借鉴西方的特定顾客法,可为各专业店铺增加不少吸引力,从而促进销售。

四、销售促进的实施与控制

销售促进(营业推广)是一种有效的促销手段,但若使用不当,不仅达不到促销的目的,反而会影响商品的销售,对产品和企业形象造成损害。因此,企业在开展销售促进活动时,要加以适当控制。

1. 选择适当的销售促进措施

销售促进措施多种多样,企业要根据产品属性、市场特点、供求关系等选择适当的销售促进措施。例如,针对中间商的销售促进措施多数就不适用于消费者,反之亦然。对新产品,采用示范表演、展销、免费样品等措施效果较好,通常不采用购物中奖、优惠券、价格递降等措施。而后面几种措施对老产品的促销往往能取得较好的效果。

2. 确定适当的推广时间

人员推销和广告是连续的促销活动,而销售促进则是在特定时间内的促销活动。销售促进时间的确定和长短,是营业推广能否取得预期效果的关键因素之一。销售促进的时间过短,其影响力可能还未波及大多数潜在顾客,轰动效应的积极作用未能充分利用。销售促进的时间过长,轰动效应衰减,顾客自然疑窦丛生,对产品和企业形象将产生不利影响。如新产品酬宾展销,时间不宜过长,时间一过,价格就要恢复原来的水平,否则顾客难免产生上当的感觉,损害企业信誉。

3. 规定适当的销售促进强度

营业推广活动总是伴随着各种优惠条件和强大的宣传攻势,这固然是迅速激发需求所必要的手段,但声势过大或让利过多,可能产生种种副作用。例如顾客产生逆反心理,怀疑企业的动机,怀疑产品质量;营业推广组织费用过大,经济上得不偿失。

4. 符合法规,取信于民

企业无论采取何种销售促进措施,必须符合市场所在国或地区的有关法律。如我国的《反不正当竞争法》规定:"不得以排挤竞争对手为目的,以低于成本的价格销售商品。""进行有奖销售时,不得采用谎称有奖或者故意让内定人员中奖的欺骗方式",不得"利用有奖销售手段推销质次价高的商品"。我国重申禁止实行"还本销售"。西方一些国家对所附赠品的价值也有限制等。在销售促进活动中,企业的让利,要遵守诺言。

5. 制订和执行销售促进措施的预算

企业在销售促进活动前根据活动的目标,销售促进的措施、强度、时限、预测效果以及企业的经济承受能力等,确定销售促进的财务预算,以服从于企业的长远利益。在销售促进的准备和实施过程中严格执行预算,活动结束后应进行核算,以评价效果,总结经验。

▶ 第四章

企业品牌策划

美国可口可乐公司一位经理曾宣称：假如可口可乐所有工厂在一夜之间被大火烧毁，它也能很快起死回生。因为可口可乐的牌子能使任何一家公司财源滚滚，凭此就可以向银行贷款，恢复生机。

名牌是财富的象征，是商战的法宝，也是地位的标志。名牌是品牌的最终目标，许多企业家用毕生的心血去创造品牌。

品牌是什么？美国市场营销协会（American Marketing Association，AMA）对品牌的定义如下：品牌是一种名称、术语、标记、符号或设计，或是它们的组合运用，其目的是借以辨认某个销售者或某群销售者的产品或服务，并使之同竞争对手的产品和服务区别开来。

第一节　品牌策划的程序

埋藏在地下的宝石与普通石头没什么区别，是发现宝石将其公之于世的人使宝石价值连城。同样的道理，世界上能成为品牌的企业和产品有无数个，但只有那些投入名牌怀抱的企业和产品才能戴上名牌的桂冠。

一、品牌业的产生和发展

当代传播学家认为，传播媒介是人体的延伸。报纸是眼睛的延伸，广播是耳朵的延伸，电子技术是中枢神经系统的延伸。现代传播媒介的发展，使人们的感官不断地延长，信息转瞬即至。品牌首先要有知名度。从这个意义讲，品牌的形成过程是企业及产品形象信息向公众传播的过程。谁掌握了它们，谁就握有名牌之门的钥匙。我们把这把金钥匙的持有者称为品牌业。

品牌业是一种致力于品牌制造与交易的行业。许多品牌的脱颖而出证明了该行业的存在；各种广告大战、公关大战此起彼伏，企业及产品形象设计行业炙手可热，表明企业家们在为品牌业推波助澜。

一个企业是一个拥有人员、原材料、设备,有一定的工作程序,能结合起来制造出具有市场价值的产品的集合体。同理,品牌业也拥有一批专家和多种传播手段,针对知名与不知名的企业及产品,设计并树立特有的形象,并进一步提高企业及产品的知名度。近年来风行于我国的各种公关公司、广告公司、策划公司以及营销公司,都是品牌业的一部分。它们的宗旨是设计、制造并交易各类形象,培养并维护各个领域的名牌。这是一个大有前途的行业。正是品牌业的产生、发展,引起了品牌产生过程的变化。

(一)品牌业的产生过程

品牌业的发展有着自己的历史进程,20 世纪 20 年代早期,品牌的产品和交易方法还基本类似于家庭手工业,直到 20 年代后期才开始了工业化的品牌生产过程。随着经济的发展,品牌价值不断增加,"二战"后,品牌业步入成熟的工厂化阶段,60 年代前期进入扩散阶段,品牌业扩散到世界各地,渗入社会生活的各个领域。

品牌业发展的每个阶段不是一个取代另一个,而是并存于当今的社会之中。在某些领域,品牌的生产与交易方式类似于家庭手工业;在其他许多领域,却又进入了工业化阶段、工厂化阶段甚至扩散阶段。想创造品牌的人可以选择各层次的品牌业。一个通过家庭手工业方式获取品牌的企业,必然要尝试工业化阶段的技巧;一个在工业化阶段成功的品牌也会被卷入复杂的工厂化体系之中;甚至它们会几种方式并举来创造自己的品牌。

1. 个人创名过程——家庭手工业阶段

在漫长的历史发展过程中,品牌业长期处于家庭手工业阶段,一直延续至 20 世纪 20 年代。

品牌业的家庭手工业阶段,是指各个厂家和商店基本不雇用专门摇旗呐喊的机构,靠自力更生的手段提高自己的知名度,诸如请来亲戚、朋友、熟人光顾商店等。顾客之间的口头信息传递是创造品牌的重要途径。一个品牌店铺的形成常常是老顾客帮助、鼓励和支持的结果,品牌有很大的地域性,几乎没有全球性品牌。他们只是在店堂和街头用一些招贴画进行具体产品的宣传,还缺乏企业形象的概念。

在这个阶段,几乎可以说没有形成真正的世界名牌,尽管当时有的产品已成为今天的世界名牌。因为依靠家庭手工业的创名方式,其传播方式受时空的多重限制,口碑传播更受语言文字的制约。但当时由于商品不足,要想成为一个小范围内的品牌产品还是比较容易的。

2. 专家创名过程——工业化阶段

家庭手工业模式已经不适应追求品牌者的要求,20 世纪 20 年代末期开始了品牌业的工业化阶段。

在品牌业发展的工业化阶段,涌现出了专家群,包括各种代理商、经纪商、广告商以及金融专家等。这些人能够评估求名企业及产品的实力和潜力,帮助其推销商品、宣传商品,还能协助商谈价格与费用。

在工业化阶段的中期,求名者常常需要专家的帮助,通过专家来调整其努力的方向。

这时的专家还没有达到专业化的程度，一般为松散的个人。此阶段传播媒介已有一定发展，为品牌业提供了发展的条件。

由于专家介入创名过程，一些优秀的老字号开始跨越国界，在世界上享有一定的知名度。但由于信息传递的限制，其普及面还是有限的。

3. 组织创名过程——工厂化阶段

"二战"以后，社会生产飞速发展，市场竞争日趋激烈。企业越来越重视自己的产品及品牌声誉，品牌业进一步发展，进入工厂化阶段。

在品牌业的工厂化阶段，专家们不再是个人行动，出现了协调他们行为的专业化组织。品牌交易过程部分地与创造品牌者分离，而由专门的中介组织负责。品牌业也涌入了新的专家，如通信专家、心理学家、市场行情分析专家和商业经纪人等。原有的专家和新出现的专家联合组织、职业性协会，专门保护、维持和促进专家们自身的利益，并提供职业训练；有人开始制订服务程序与规则；有人开始提供跨国服务，投资越来越大。

在这一阶段，创造品牌者被卷入一个"工厂"之中，这个"工厂"有人设计产品及形象，有广告商进行广告宣传，有经销商购买和销售产品，有各种媒体进行传播和促销。最终他们生产出来的是"品牌"这种特殊产品。

4. 信息创名过程——扩散化阶段

品牌业从 20 世纪 60 年代起进入扩散化阶段。现代化信息技术、通信技术和运输技术的发展，使品牌业跨越了时空的限制，在世界各个角落都显示着威力。

在品牌业扩散化阶段的初期，每一方面的品牌都有一个特殊的集中地。例如：好莱坞是想成为电影明星的演员的圣殿，巴黎是造就大艺术家的天堂。在扩散化阶段的后期，品牌数量大大增加，许多城市都成为某种品牌的诞生地，相继闻名于世。诸如品牌汽车城遍布世界各地，流行时装早已冲破了巴黎的限制，饮料王国辐射亚洲、欧洲和美洲。

品牌业在时间上的扩散化也异常明显。过去，有意创造品牌的企业先取得了某些成功后才会引起品牌业的注意。现在，品牌业已由发现模式转轨至培养模式。它们利用各种方法和技巧使默默无闻的企业和产品名声大振，从中也可获得更多的利润。

当然，无论何种方式的创名过程，都是通过信息沟通来使人们熟悉并喜爱那些产品或企业，这是创造世界品牌的核心手段。

（二）现代品牌业

就像汽车业的发展离不开钢铁业、轮胎业和油漆业的发展。同理，品牌业的壮大也离不开相关的辅助行业。这些辅助性行业既是独立的行业，也是品牌业的重要内容，它们构成了品牌业的基本结构，如图 4-1 所示。

1. 代理业

代理业是指被有意创造品牌者有偿聘用并有合同关系的人或机构。过去代理业仅局限于代理娱乐业，现在已渗入社会生活的各个角落，企业代理或商品代理业的发展尤为迅速。代理业常常处于买卖两者之间，对双方都进行帮助。

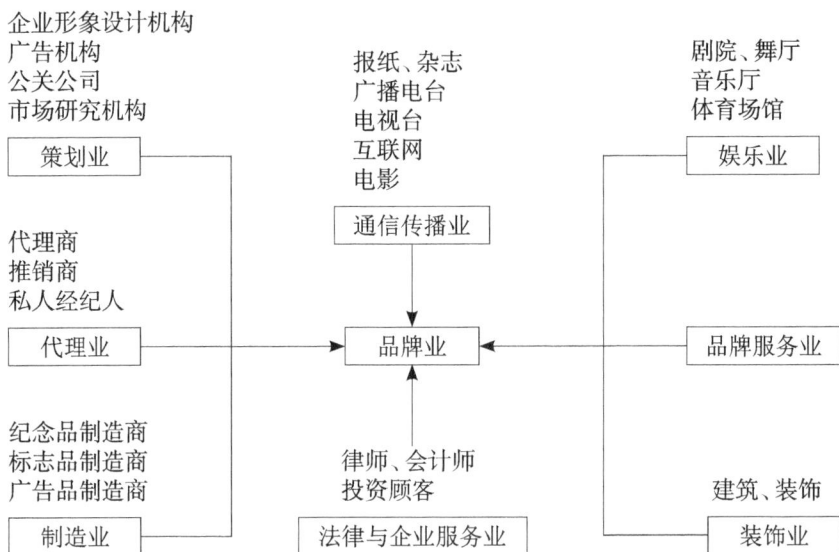

企业形象设计机构
广告机构
公关公司
市场研究机构

报纸、杂志
广播电台
电视台
互联网
电影

剧院、舞厅
音乐厅
体育场馆

策划业

通信传播业

娱乐业

代理商
推销商
私人经纪人

代理业

品牌业

品牌服务业

纪念品制造商
标志品制造商
广告品制造商

律师、会计师
投资顾客

建筑、装饰

制造业

法律与企业服务业

装饰业

图 4-1　品牌业结构

2. 策划业

策划业是品牌业的一个分支,企业通过设计鲜明的企业形象,运用广告技巧、公关手段提高企业和产品的知名度。这些都离不开市场研究人员的辅助。

3. 通信传播业

人们基本是通过新闻媒介来知晓品牌的。品牌的特色与形象、来历与传说,大多是通过各种新闻媒介传播出来的。电视网、通信网、无线电网、互联网、电影、报纸和杂志都与品牌现象密切相关。它们既可以造就品牌,也可以用品牌来提高自己的身价。

4. 其他相关行业

(1)娱乐业。娱乐业包括所有从事娱乐经营的组织和娱乐者的组织。它们可以通过各种娱乐活动来宣传某个企业或某种产品,达到提高该企业或产品知名度的目的。

(2)法律与企业服务业。名牌是众矢之的,很容易被人攻击。商战之中没有诗情画意,名牌极易成为被攻击的目标。名牌产品被假冒的事例层出不穷,就说明了这一问题。法律与企业服务业精通司法程序,善于运用法律手段,可以使品牌避开各种陷阱和圈套。

(3)制造业与装饰业。它们都是为树立企业品牌形象服务的,如广告品、纪念品、标志品,可以向公众传播一个品牌的形象。装饰业也如此,如店铺的装饰风格、厂房办公大楼的建筑风格,无不与品牌形象相统一。

(4)品牌服务业。随着人们对名牌的需求和兴趣的提高,品牌服务业也快速发展起来,出现了一系列品牌服务组织。这些组织能够专门提供品牌产品信息、走势,代购品牌产品,专营品牌产品,以及出版关于品牌企业和品牌产品的图书等。

总之,品牌业通过自身发展渗入社会经济生活的各个方面,人们不能对它熟视无睹,它对企业及产品,甚至社会文化都有着巨大的影响。

二、品牌策划过程

品牌的创立需要较长时间，是因为品牌需要一定的时间去创造与推广。尽管时间长短不一，但创造和推广的程序是规范的。创造世界品牌，要从行业品牌、地区品牌、短期品牌向全领域品牌、世界品牌和长期品牌延伸。

（一）捕捉创造品牌的机遇

就像奥运会中每个项目都有自己的体育明星一样，在每个产品区域，如电视机、冰箱、时装、化妆品等，每一种产品都有可以仰视的品牌。同样，在工业、商业或服务业等各个领域，也都有自己的知名企业。这些知名产品或企业被行业内知晓，但不一定被外界所知，一些尖端性产品，特别是与人们实际生活需要相关较远的产品更是如此。一个企业必须根据产品及服务特征来捕捉创造世界品牌的机遇，决定知名度大小及名声寿命的长短。

1. 世界品牌并不适合所有产品和品牌企业

企业和产品千变万化，形态各异，它们对品牌的要求也不尽相同。创造品牌是需要花费金钱和精力的。假如创造品牌花费的金钱超过了品牌给其带来的利益，就不必花费重金去创造品牌。换句话说，有的企业名声越大越好，而有的企业并非如此，要依据具体情况而定。

（1）不求名。对于一些初级产品、简单产品等，可不刻意追求品牌，诸如食盐、蔬菜、水果以及某些机械产品等。消费者在选择这些产品时，基本不考虑其是不是名牌，购买时对其质量一目了然，消费时也不体现什么身份、地位。如果企业刻意创造这些产品品牌，一般不会取得非常好的效益。

另外，创造品牌会增加产品成本，使产品成本超速增加，从而使产品价格大大提升，不利于产品整体营销。

（2）求小名。对于一些选择性产品或生产经营规模不大的企业应力求小名，即按照自己产品销售的范围来设定品牌区域。在中国销售的产品，就没必要去创法国品牌；在广州开办的商店，就没必要在全国范围内三天两头地大做广告。

因此，各个企业必须首先确定目标市场，选定自己产品的销售区域，而后划定自己产品的品牌区域。

（3）求大名。有些行业及产品，求大名、创造大范围的品牌区域会取得最佳效益，或者说品牌度与其效益成正比例。对于这类产品和企业来说，品牌区域越广越好。例如一个妇女时装品牌，不仅在妇女杂志上刊登广告让女性知晓，还应通过电视媒介让男士了解。因为女装不仅是给女士穿的，更可能是给男士看的。

品牌对于时装、电器、饰物等产品是十分重要的，对于这些产品的生产、经销企业也是十分重要的。

2. 品牌的机会点

品牌不是一夜之间形成的，需要长时间的完善与宣传，但这并不否定在名声建立与扩大的某一时段，机会起着不可低估的作用。这种机会不是偶然的，而是企业及产品的历史积累。

（1）企业品牌的产生。企业品牌是指著名的厂牌或店牌。企业品牌的产生有许多途径：产品优质独特、名人支撑、继承老字号、偶然事件或情感行为等。其中产品优质独特是取得高知名度的基本途径。

①产品优质独特。每一个领域都是一个金字塔形的结构。大多数企业只生产普普通通的产品，它们聚集在金字塔的底部。中层是那些生产较好产品、有一定名声的企业。只有少数生产优质独特产品的企业才能站在金字塔的顶端。例如世人皆知的皮尔·卡丹时装店，为创造并保持品牌时装，努力在产品优质独特上下功夫。法国最高级的传统女装，一律在大师们的工作间里完成，包括绣花、羽毛、纽扣、打褶和女帽，全部手工制作。例如在某女装大师工作室的工作人员总数为 2200 多人，他们为全世界 2500 多位女顾客服务，这些大师生产出的服装当然著名。其他行业无论大小，也都有自己的知名企业。如果哪个行业还没有知名企业，那正是企业投资、进入的最佳场所。

②名人支撑。企业品牌可以通过各类名人来取得。名人有名人效应，如果将这种效应移植到企业牌号中就会取得品牌。"体操王子"李宁加盟健力宝集团，使健力宝饮料名声大振；后又创造出"李宁"牌运动服装公司，该公司一建立，其知名度就高于其他已经营多年的服装生产企业。当然，企业品牌不仅是以知名度为衡量标准，更重要的是信任度和美誉度。

③继承老字号。例如，福特·洛克菲勒和肯尼迪家族企业之所以闻名遐迩，是由于历史上的家庭荣誉。企业一旦继承和发展了老字号，就容易创造企业品牌。

老牌并不一定就是名牌。但老牌常常有较高的知名度，形成了较稳定的顾客群。只要在产品质量上下功夫，就会得到众人认可，一传十，十传百，口碑不绝，成为人人喜爱的优质品牌。

④偶然事件。偶然事件能改变人的命运、历史的进程，也包括企业的声誉。有名望的人并不一定是最有才干和天赋的人。一个歌星曾经说过："我之所以出名并不是因为我比别人漂亮、比别人嗓音好，而是因为比别人幸运。"一些人会因偶然事件而出名，一些企业会因偶然事件而浮沉。

1893 年，马克西姆·加亚尔买下了一个位于巴黎协和广场旁夏天卖冰激凌的小店铺，并以他自己的名字命名。当时的马克西姆餐厅仅是一个供马车夫吃饭的小餐馆。突然间好运降临。一天，巴黎一位有名的歌剧女演员，带领她的朋友及崇拜者偶然来到这个小小的餐馆，并发现这里的饭菜不错，服务周到。从此她就和她的上流社会的朋友们经常在此聚会，随着当时新闻界对他们的大肆报道，马克西姆餐厅的名气也越来越大。

⑤情感行为。有些人通过参与带感情色彩的活动而获取名声。他们猎奇冒险、漂流周游，以引起世人的注意。一些企业也争相仿效，它们抛出重金去购买某名运动员的金牌，为某电影明星购买别墅，拿出上万元奖励奥运健儿等。

企业创品牌的途径有许多，但其效果是不同的。由偶然事件得来的品牌，保持它并拓展它常常是困难的或是不可能的；仅由名人支撑的品牌会因名人的生老病死而消失；

由情感表现得来的仅是持续时间相当短的名声。名声进化为品牌还需要付出许多努力。企业品牌的基础在于创造品牌产品。

（2）产品品牌的产生。产品品牌可称为著名的产品商标。产品品牌的产生同样可以通过多种途径，但有些产品更容易通过人们的努力而获取品牌的佳誉，诸如流行品、奢侈品、服饰品和大众品等。

①流行品。流行，即时髦。它是大多数人在一个时期内接受的一种特殊的式样和风格，诸如拜占庭式（东罗马常用式）的建筑风格，印象派的绘画，表现奇异风格的巴洛克音乐，等等。

每年的服装节有特定的流行款式，也使相关饰物流行起来。山地车、皮挎包等的风靡，都是消费者感情流露的沉积物。

流行品能聚拢大量的消费者，最容易形成品牌效应。但是，开多少花就结多少果，一旦风行的东西极可能一日消退，流行品可能造就一个品牌，也可能毁灭一个品牌。

②奢侈品。奢侈品常常是由领袖人士和富裕人士使用的，因此比大众品更容易造成品牌效应。

1709 年，一位意大利人在科隆开办了一家化妆品商店，向欧洲各地推销由果汁与酒精调配而成的香水，称为科隆香水。19 世纪初，法国国王拿破仑一世对其赞不绝口，天天洒用。上层贵族纷纷仿效，并推崇备至，香水生意日益红火。至今，香水仍同高贵密切联系在一起。品牌香水十分昂贵，一小瓶容量仅有 15 毫升的让·巴杜公司的"欢乐"牌香水，价格高达 350 美元，被认为是世界上最昂贵的香水之一。在法国，不少人像收藏名画一样珍藏着各种品牌的香水。

③服饰品。如果向众人提问知道哪些品牌产品，他们列举的品牌产品中一定会有若干个服装品牌。服装不仅人人都要穿，而且需要常换常新；服装不仅有保暖的实际效用，而且有对人体的美化功能。因此，关注服装市场、了解服装品牌的人很多，这种顾客优势又刺激了服装品牌的涌现。

"服装之都"巴黎有被世人公认的众多时装品牌，巴尔曼、皮尔·卡丹、CK、香奈儿等的名字几乎妇幼皆知。服装业比其他行业更容易创造品牌，当然也更容易毁灭一个品牌。它是一个最冒险的行业，风险性恐怕不亚于证券交易。

④大众品。时下，一些人把品牌等同于高档品，这是一种误解。当然，许多品牌是高档品，诸如法国的 XO 酒、德国的奔驰轿车等。但是，大众品中也不乏品牌，如麦当劳、二锅头等。

高档品有高档品的成名之路，大众品有大众品的创牌之道。大众品是老百姓日常生活中不可缺少的，人人需用，个个得买。如果质量好，迎合顾客口味，也很容易创出品牌。

（二）品牌的提升

品牌有着不同的等级差别。空间和时间的相互交织可以为任何一个事物在广阔的宇宙和历史的长河中找到位置，同样也可以为品牌打上等级的标志。从这个意义上说，品牌创造过程就是企业和产品名声扩展和延续的过程。

1. 衡量品牌等级的两把尺子

时间和空间是衡量品牌等级的两把尺子。空间是物质存在的容量大小,它回答我们企业以及产品的知名度触及多远的范围,即品牌效应是局部性的还是地区性的,是国内性的还是国际性的。时间是物质运动过程的距离长短,它回答我们企业及产品的知名度能持续多长的时间,即品牌效应仅为一天、一周、一年,还是十年甚至永恒。

以空间和时间两把尺子为标准,可以把品牌的知名度划分为二十个等级,如表4-1所示。

第1类产品或企业是在小范围内产生短暂新闻的产品或企业。第7类产品可在全国性新闻中持续半年。第15类是那些在一个国家获得一个时代名声的企业或产品,例如我国永久、飞鸽等品牌自行车。第20类是那些取得名声最高峰的少数产品和企业,它们举世闻名,诸如可口可乐等。

表 4-1　品牌知名度等级

持续时间 级别 区别	一月	半年	一年	一个时代	永恒
国际	4	8	12	16	20
国内	3	7	11	15	19
地区	2	6	10	14	18
当地	1	5	9	13	17

在表中,第1类知名度级别最低,而第20类知名度级别最高。知名度的级别从表左下方至右上方而升高。但左上方和右下方的品牌效应难以比较,因为知名度的区域与持续时间是两个不同的尺度。

2. 区域

品牌在多大范围内为人所知,这是品牌的区域概念。各种品牌辐射的区域是不同的,辐射全球的品牌可称为世界级品牌,辐射全省的品牌可称为省级品牌。品牌区域的扩大一般由小到大,由内到外,但"墙内开花墙外香"的例子并不少见。品牌区域可以品牌金字塔来表示,如图4-2所示。

由图4-2可知,非品牌是产品的大多数。随着品牌区域的扩大,相应区域的品牌产品越来越少,国际品牌则屈指可数。

(1)当地品牌。人们通常认为品牌是少数人享用的东西,但是,在每一个区域内都有自己出类拔萃的产品。一个小镇仅有一家酒厂,它生产的酒对于小镇居民来说就是品牌产品,居民或许宁愿喝

图 4-2　品牌区域金字塔

家乡酒，也不愿喝茅台酒。一个县城内有一家百货商店，与大都市里的店相比不过是个小店铺，但县城的人不知道什么是王府井，却非常熟悉县城的这家百货店，它就是当地人心目中的名店。

许多当地品牌所有者满足于现状，缺乏向上个等级发展的动力和勇气，只有极少数的当地品牌走上地区品牌的台阶。

（2）地区品牌。地区品牌相当于我国的省内品牌，享有较高的知名度，受到消费者和新闻媒介的关注。消费者已对它们产生好感和偏好，地区内销售势头较好。

由地区品牌跃升为国内品牌还需要付出艰苦努力，必须打入新的领域，开拓新的市场，利用已取得的地区性知名度基础和经验争得有影响的大城市市场，尤其是大型百货商店。

随着新经济的发展，互联网为品牌扩展了传播区域，当地品牌和地区品牌会逐步减少或消失。

（3）国内品牌。国内品牌有两种类型。一种是那些仅为购买者所知，而鲜为非购买者所知的品牌或企业，这些购买者常常是某一方面的爱好者。例如音乐发烧友可能对建伍音响更为熟悉，烟民们对略有名气的香烟可能一清二楚。另一种是那些早已成名的产品和企业，例如中国人无论喝不喝酒都知道的茅台、五粮液等。

（4）国际品牌。知名度从国内跨向国外，似乎并不困难，参加一次博览会、参加一次评奖，就有可能如愿以偿。但是要成为真正的国际品牌并非易事。许多企业及产品在国内名声显赫，在国外却不被人知晓。

世界上许多著名服装设计师都到巴黎去发展，因为在巴黎出名了就等于在全世界出名了，该服装品牌可以一跃成为国际品牌。然而，在名师荟萃的时装之都争得一席之地比登天还难，这也是品牌无价的一个重要原因。

3. 持续时间

仔细观察一下市场就会发现，前些年很著名的一些品牌不见了，有些虽然存在，但产品无人问津，情况今非昔比。优质品牌区别于其他品牌的关键之处，不仅在于它的辐射范围广大，而且在于持续的时间长久。按持续时间长短划分，品牌有一月品牌、半年品牌、一年品牌、一个时代的品牌和永恒的品牌。

（1）一月品牌。报纸、广播、电视等新闻媒介的大爆炸，有可能使某种产品风靡一时，世人皆知；也有可能使某个企业成为"一月明星"。诸如在中秋节之前很容易推出生命为一个月的月饼品牌。

（2）半年品牌。某些产品在刚投放市场时，企业大肆宣传，吸引顾客购买；某些商店在开业之初，生意异常兴隆，顾客不断。随着时间的推移，由于没有新招出台，产品、商店流于平淡，人们就会渐渐淡忘它们。这种半年品牌在许多产品和商店中经常产生。另外，也有些企业有意识地推出半年品牌，使产品常换常新。

（3）一年品牌。每年都会有些产品或企业成为这一年的知名者，从而引起新闻媒介的关注和顾客的兴趣，但谁也难以独领风骚。

一两年的品牌生涯，这是许多产品的经历。熬过这一极限，就会使品牌持续下去。遗憾的是企业大多半途而废。

（4）一个时代的品牌。我们通常所说的争创品牌中的"品牌"指的是时代品牌。一些优秀的产品，能在一个时代占据消费者的心灵，长期不消失。创造时代品牌必须有与时代相适应的产品。

（5）永恒的品牌。永远保持产品或企业的品牌，是人们的良好愿望，但很难实现。社会的发展和技术的进步常会改变人们的生活方式与消费习惯，必然会有新的品牌来适应人们的需要。但是，现实生活中也有一些品牌持续了较长时间，诸如可口可乐、CD香水等。

我们既应努力延长品牌寿命，又应看准时机该弃则弃，再创新牌。

（三）巧用品牌的生命周期

品牌如同人生，同样有发生、成长、成熟、衰落的生命周期。但是，每个品牌在各个阶段的时间不同，从而形成了各种不同的模式。有的典型地反映了生命周期，有的呈现出起伏不定的曲线，有的恰似一条直线，有的则大起大落。

1. 稳定上升型

有些产品或企业的知名度稳定上升，它们在顾客心中永不消失。这种发展是造就世界品牌的理想模式，企业既可顺利地提升知名度，又可以避免较大的风险。

2. 瞬间爆发型

有些产品或企业或是由于突发事件，或是由于某种机遇，陡然间获得知名度。这种形态带有很大的随机性，难以有计划地刻意追求到。幸运的企业可能在初期就遇到良好机遇；不幸的企业也许十几年、几十年才有一次机遇。

3. 两步型

某个产品或企业取得了初级声誉，便停顿较长时间，然后又进入高知名度领域。一些知名企业就走过这样的路，"中华"牌牙膏就有类似的发展经历。这种发展形态在现实生活中比较常见，要想登上第二步台阶，需要做出艰苦努力。

4. 流星型

有些产品和企业很快打响知名度，但很快被遗忘掉。这种发展形态只会造就一夜明星，而不可能造就世界品牌。因此，如何将其知名度保持下来，是创造品牌的一大课题。

5. 重放光彩型

有些产品和企业取得一定知名度后，沉寂了，但一段时间后重放异彩。诸多老字号产品或店铺前些年曾因不适应竞争形势而走入低谷，这几年又有回升趋势。

6. 波浪型

波浪型品牌的特点是产品或企业知名度上升、下降、再上升、再下降……纵观世界品牌的形成与发展，也都曾走过大起大落的阶段，落后了并不可怕，怕的是落而不起。当然这种起落也不能太过频繁和持久。

在创造品牌的过程中必须认真考虑上述因素，根据具体情况进行选择，找到属于自己企业或产品的位置，同时根据品牌的发展规律进行运筹，最终取得成功。

这里的品牌生命周期与产品生命周期并不完全一致,有时产品的衰退是不可避免的,但品牌可以通过推出新产品使其长盛不衰。诸如可口可乐、百事可乐和麦当劳等声誉一直是上升趋势。在某一时点它们都受过煎熬,甚至名声大损,但在全球仍受到无数人的喜爱。创造品牌的过程,核心在于提高知名度和美誉度,即创名过程和名声保持过程。一旦走下世界品牌的宝座,大势就难以挽回,任何营销手段都变得无用,只有等待时机,再放光彩。

第二节　品牌的战略策划

创造品牌是一项劳心、费力、耗资的系统工程。企业可根据自身的状况,采取自创品牌、购买品牌、繁衍品牌等战略来创造品牌。

一、自创品牌

自创品牌是一项耗资费力、异常艰难的系统工程。这个工程包括五大步骤:品牌的营销观念、品牌的市场定位、品牌的品质控制、品牌的销售管理和品牌的市场推广。它们互相联系,互相影响,一损皆损,一荣皆荣,是创造品牌的五大要素。

（一）品牌的营销观念

企业对品牌的营销观念不是固定不变的,它会随着社会经济的发展和市场形势的变化而发展。从商品经济发展的历史来看,企业品牌营销管理的指导思想大体上有五种:品牌生产观念、品牌产品观念、品牌推销观念、品牌市场营销观念和品牌社会营销观念。

1. 品牌生产观念

品牌生产观念就是企业的一切经营活动以品牌生产为核心,围绕着品牌生产来安排一切业务。

品牌生产观念适用于两种市场条件:一是市场产品供不应求,卖方竞争较弱,买方争购,没有什么其他产品好选择;二是产品成本和售价太高,只有从生产入手,通过提高效率、降低成本来降低售价,方能畅销。这就是说,当市场上的主要问题是品牌产品有无和价格贵贱时适用品牌生产观念。例如,20 世纪 70 年代以前,我国的一些品牌产品,就是在供不应求的市场条件下,用生产观念指导企业行为的产物。

随着经济的发展和竞争的加剧,只重视生产的经营观念已不适应企业发展的需要,必须启用新的经营观念。

2. 品牌产品观念

品牌产品观念就是企业的一切经营活动以品牌产品为核心,重点在于提高产品质量,创出产品特色。

品牌产品观念是一种与品牌生产观念相似的经营思想。它主张,只要产品质量好,就会顾客盈门;只要产品有特色,就会销路畅通。例如,我国一些企业抱着"酒香不怕巷子深"的古训不放,死守着"家传秘方"和传统特色,尽管在过去曾赢得一时的竞争优势,但现在已根基不稳。

3. 品牌推销观念

品牌推销观念就是企业的一切经营活动以品牌推销为核心。它假定如果企业不大力刺激顾客的欲望和购买兴趣,顾客就不会购买它的产品。因此,奉行品牌推销观念的企业一般都会建立专门的推销机构,启用各种推销招数,把品牌产品推向顾客。

品牌推销观念是生产观念的发展和延伸。但其本质仍是以生产为核心,"生产什么就销售什么"是这一观念的主旋律。例如,一些单位利用行政手段推出产品品牌,就是为了向顾客推销品牌产品,但大多忽视了消费者的实际需要。一些获得许多金牌的产品却被消费者冷落,根源即在于此。

4. 品牌市场营销观念

品牌市场营销观念就是企业的一切经营活动以消费者为核心。它主张首先了解消费者需要,按照消费者需要组织生产和经营活动。

品牌市场营销观念是企业经营思想的一次根本性的革命。它抛弃了原有的"制造产品并推销出去"的观念,发展了"发现需要并设法满足它们"的观念。这种观念盛行于"二战"后的欧美各国,与供过于求的买方市场相适应。

在这种观念指导下,才出现了真正的世界品牌——真正属于消费者的世界品牌。因为企业在这种观念指导下,才有可能按照消费者的需求设计产品,核算成本,制订相适应的价格,使消费者对产品产生偏好,形成共同的好感。美国的麦当劳和 IBM 公司等企业就是用市场营销观念来创造品牌的,它们在市场营销观念的指导下,在了解顾客需求的基础上进行产品开发。

5. 品牌社会营销观念

品牌社会营销观念就是不仅要满足消费者的需要和欲望并由此获得利润,而且要符合消费者自身和整个社会的长远利益。

品牌产品不仅要优质,要符合消费者一时的需要,还要符合消费者的长远利益,更要符合社会利益,使其在消费者心目中形成一个完美的形象,否则就不是一个名副其实的品牌。近些年来,企业形象设计行业异常红火,这从另一个侧面反映出品牌社会营销观念越来越成为企业行为的指导。

总之,无论是产品品牌,还是企业品牌,都是以消费者为基础的,消费者为品牌提供了生存和发展的空间。因此,企业在争创品牌的过程中,一定要紧紧环绕消费者这个核心。同时,社会形象如何,是决定其能否成为顶级世界品牌的重要因素。综观名列前几位的世界品牌,它们都有一个良好的社会形象。

(二)品牌的市场定位

消费者的偏好千奇百怪、千变万化,处于不同地区、不同行业的消费者,对品牌会有不同的看法和评价。任何一种品牌都不能满足一切消费者的需求。因此,一个产品、一个企业在哪方面出名,是创造品牌的关键所在,必须首先定位,即在消费者心目中确定一个什么样的形象。例如中国香港合兴公司是以经营食油起家的,其最有名的产品是"狮球唛",价格最贵。但在内地市场上最畅销的是"骆驼唛",因为价格适中。所以"狮球唛"就成为合兴在中国香港和海外的品牌,而在内地则以"骆驼唛"闻名。

品牌的市场定位需要从分析市场机会入手,然后进行市场细分化、目标化,最后完成定位。

1. 分析世界品牌的市场机会

市场机会是市场上未满足的需要,是做生意赚钱的机会,也是创造品牌的机会。只有找到市场机会并抓住它,才能创造出品牌。成功希望越大的机会,竞争者越多,机会消失得也越快。谁能及时抓住像闪电一样瞬间消失的机会,谁才会成功。

(1) 寻找营销机会的意义。营销者为了得到市场机会,必须进行专门的调查研究,寻找、发掘、识别有关资料,进行具体的分析和评估,区别哪些是环境机会,哪些是营销机会。

市场上一切未满足的需要都是环境机会,但并不是一切环境机会都能成为某一企业的营销机会。例如,市场上需要高质量的图书,这是一个环境机会,但它并不是食品商的营销机会。营销机会是指对企业的营销活动具有吸引力,享有竞争优势和获得差别利益的环境机会。换句话说,适合本企业的环境机会才是营销机会。

备受青年人喜爱的牛仔裤诞生于美国加利福尼亚淘金热(1850年左右开始)的时代。发明者李维·施特劳斯(Levi Strauss)最初抓住的营销机会,就是满足淘金者对坚固耐用服装的需要,用褐色帆布裁剪出世界上最早一批牛仔裤。后来他又改用一种叫"尼姆斯粗哗叽"的棉布来制作工作裤,并染成了靛蓝色。

不久后,裁缝戴维斯为了使裤袋更结实,在裤袋四角上钉上了铆钉。李维又抓住时机,立刻买下了这一发明,并于1872年申请了专利。最终他完善了"李维斯"牛仔裤,赚了大钱。虽然李维·施特劳斯已于1907年逝世,但牛仔裤仍风靡世界,成了国际青年服。"李维斯"牛仔裤也成为世界品牌。

当然,现代市场远比李维·施特劳斯所处的时代复杂得多,营销机会的捕捉更需要建立在科学研究和定量分析的基础上。

(2) 分析营销机会的方法主要有以下两点:

①营销者需要分析自己的微观环境和宏观环境。创造品牌的实践证明:适者生存。许多品牌产品和企业的发展,就是因为善于适应环境;而某些产品和企业的品牌的毁灭,就在于对环境的变动预测不及时。我国一些品牌自行车的销声匿迹就证明了这一点。

企业的微观环境分析,包括分析企业内部情况、供应商情况和营销中介情况,以及顾客、竞争者和公众等因素。企业的宏观环境分析,包括分析人口、经济、自然、技术、政法和文化环境六大因素。这些宏观力量及发展趋势既给企业提供创造品牌的机会,也有可能造成威胁。就文化因素而言,比利时有一个地毯商,在地毯上镶嵌了一个指针,无论在哪里,无论怎样平放这块地毯,指针一直朝向圣地——麦加城方向,结果这款地毯畅销阿拉伯世界。可见文化环境因素对创造品牌有重要影响。

②营销者要研究消费者的行为和特点，这是捕捉市场机会的关键一环。研究消费者，需要了解消费者行为的模式，研究影响消费者行为的各种因素，以及购买者决策的类型和决策过程的各个阶段。世界上任何一个品牌，无不是满足了消费者的某种需要。许多烟民喜欢购买万宝路香烟，是因为它与牛仔形象联系在一起，使男性阳刚之气得到自我满足；格力空调在商战中之所以占有优势，是因为它比别的空调噪声低，更能让消费者睡个好觉。相反，名噪一时的各种矿泉壶之所以趋于冷落，在于与消费者的要求和习惯发生脱节。

2. 选择品牌目标市场

品牌营销者在创造品牌前必须选好目标市场。具体地说，在选择营销机会以后，就要对创造品牌的产品和企业的市场容量、市场结构做进一步分析，逐步缩小范围，选出本企业及产品的目标市场。德国的奔驰汽车公司是一个有百年历史的汽车制造厂。该厂生产的品牌高级轿车奔驰600，选定的目标是政要和富豪，因此昂贵、豪华，现已成为许多国家元首和知名人士的重要交通工具。

选择目标市场包括三个步骤：

（1）测量和预测市场需求。对所选定的市场机会，要具体测量和预测市场需求，诸如它能辐射的范围、包容的数量和持续的时间等。

（2）进行市场细分。市场上的顾客是复杂多样的，依其标志不同可以划分出若干个子市场。按照不同的需求特征把顾客分为若干部分，即把市场分为若干部分，称为市场细分化。例如按性别可分为男性市场和女性市场；按年龄可分为老年市场、中年市场、青年市场和儿童市场；按收入和文化层次也可分出相应的细分市场。

（3）选定目标市场。营销者在市场细分的基础上，选择一个或几个细分市场作为自己的营销对象，这些被选定的营销对象称为目标市场。在选定目标市场时，要考虑企业资源、产品、市场供求及竞争者战略等多种因素。

"二战"结束时，日本尼西奇公司仅有员工30多人，生产雨衣、游泳帽、卫生带和尿布等，经营很不稳定。战后的经济恢复和发展为企业发展提供了契机。有一次，尼西奇公司的董事长多川博在考虑市场定位问题时，看到一份日本人口普查的报告，得知日本每年大约出生250万个婴儿。如果每个婴儿用2条尿布，一年就需500万条，如果把眼光放到国外，市场就更大了。于是，多川博决心放弃尿布以外的产品，把尼西奇变成尿布专业公司，集中力量，创立品牌，最终取得了成功。现今尼西奇公司已被称为"尿布大王"。

3. 定位

营销者在选定目标市场后，还要决定如何进入市场。寻求进入市场的突破口就是市场定位问题。一个企业可以有多种定位，诸如低价定位、优质定位、优质服务定位、先进技术定位等。但最根本的是建立它所希望的、对目标顾客具有吸引力的竞争优势。

（1）定位营销的步骤。

①确认潜在的竞争优势。竞争优势有两种基本类型：成本优势和产品差别化。前者是指在同样条件下比竞争者定出更低的价格，后者是提供更多的特色产品以满足顾客的特定需要。全方位地获得竞争优势是困难的，因此不断发现潜在的优势、积少成多是重

要的。

②准确选择竞争优势。要放弃那些优势微小、开发成本太高的活动，而在具有较大优势的方面进行扩展。例如，一家公司有几个潜在优势可供挖掘，就应一项一项地进行优势对比分析。仅以目前市场上的方便碗面市场为例，现存碗面大多形成了批量生产，价格具有一定优势，各家技术不相上下，成本水平相似，质量相对均衡，服务水平一般。其中的某品牌碗面在维持原有价格、成本、质量和服务水平的基础上，加大了技术上的投资，推出了儿童面系列，树立了儿童食品企业形象，赢得了优势。

③准确地向市场传播企业定位观念。再强的竞争优势也不会自动在市场上显示出来。选择竞争优势后，企业就需要通过广告宣传将其定位观念传播开来，渗入顾客的心灵。例如，一家商店要确立优质服务的形象，首先要增加服务人员，并施以严格的培训，然后开始广泛宣传。

（2）定位策略的选择。定位策略的选择应贯穿整个定位过程。这些策略是多种多样的，任何一家企业，无论其规模大小，技术先进与落后，产品多与少，都能找到自己的市场位置。常用的定位策略有五种：

①第一定位策略，即追求企业活动某一方面的第一位。常用的有销售量第一、营业面积第一等。然而，虽然众企业相互争夺第一位，但是只有具有某一方面巨大优势的企业才能如愿，因此该策略不适合一般性企业。

②加强定位策略，即在消费者心中加强自己现有的地位。这种定位策略适合那些竞争力较强、特性明显的企业和产品。

③空当定位策略，即寻找那些消费者重视而未被开发的市场空间。这种定位策略既适用于实力雄厚的企业，又适用于小型企业，但必须找准市场空位。同时，空位不是永存的，解决的办法是巩固已有定位，夺得第一或前列位置；或是追求新的空当。

④为对手重新定位策略，即把竞争者占据在人们心中的位置重新定位。这种策略表面上是回避同位竞争，实质上使竞争更为激烈，大多针对竞争者产品进行广告。采取这种策略时要慎重，否则容易引起法律纠纷。

⑤高级俱乐部策略，即强调自己是某个具有良好声誉小集团的成员之一。如果企业不能取得第一或某种独特的属性，采取这种高级俱乐部策略，也不失为一种良策。美国三大汽车公司的概念就是由排位第三的汽车公司——克莱斯勒汽车公司提出的，其效果是使人感到三大公司都是最佳的。采用这种策略时应注意，过分扩大俱乐部范围不会取得理想效果。

（三）品牌的品质控制

德国奔驰汽车公司曾刊登广告："如果有人发现奔驰牌汽车发生故障，被修理车拖走，我们将赠送他一万美元。"可见奔驰之所以成为品牌，与它的优良品质相关。品质是品牌成功的基础。没有精良的品质，就不会有众口皆碑的品牌。

1. 品牌的核心品质

品牌的核心品质是指顾客所要购买的实质性东西，它与一般产品略有不同。服装的核心是满足遮体和保暖的需要,而品牌服装的核心却是给人以高贵感;食品的核心是满足充饥和补充营养的需要,而豪华名宴的核心却是给人以显富优越感。

2.品牌的有形品质

营销人员必须把品牌核心品质转变为有形品质,才能卖给顾客,形成现实品牌。有形品质包括质量、功能、款式、品牌、包装等五大因素:

(1)质量是品牌的关键性内容。松下电器行销世界的重要原因就在于优质。

(2)功能是品牌的依托。品牌产品的功能要独特。录音和收音功能的合一,使夏普品牌更广为人知。

(3)款式是品牌的体形。品牌产品的款式要新,在造型上要吸引顾客。诸如许多高档品牌时装就是以独特的款式闻名于世的。

(4)名牌是品牌产品的脸谱。名牌产品的品牌,应该有个响亮、易记、新颖的名字和美观简洁的标志。

(5)包装是品牌的衣着。品牌产品应针对不同产品选择不同档次的包装。高档品牌的包装一定要富贵豪华,低档品牌的包装一定要古朴自然。

3.品牌的附加品质

品牌的附加品质是指顾客在购买品牌产品时所得到的附加服务和利益,如提供信贷、免费送货、免费安装、保修、保换和售后服务等。一般而言,品牌厂店的产品附加品质更为重要。

(四)品牌的销售管理

再好的产品,如果卖法不当,也会砸了牌子。有些品牌,在国内市场刚刚开了个好头,就急于卖掉挣钱,买来别人家的产品贴上自己的商标,一来二去,品牌被搞砸了。有些企业在激烈的竞争中,步入竞相压价的误区,使品牌产品越卖越便宜,结果品牌产品成了积压货。可见,品牌需要科学的销售管理,甚至可以说有些品牌就是卖出来的。

1.品牌价格的学问

给品牌产品定价大有学问。价格过高,容易得罪顾客,在创造品牌的过程中需要慎重;价格过低,有损品牌身份。定个整数价格,顾客会觉得价廉;定个零数价格,顾客又会觉得营销者玩"钓鱼术"。

在确定品牌价格时,首先要考虑各种影响因素。内部因素有营销目标、营销组合策略和成本等,外部因素有市场和需求状况、竞争状况和其他环境因素。在分析各种影响因素的基础上,选择品牌定价的方法。这些方法包括成本导向定价法、需求导向定价法和竞争导向定价法。

高档品牌常常采用需求导向定价法,即根据买方对产品价值的理解和需求强度来定价。这类定价方法主要是理解价值定价法,即根据顾客在观念上所理解的价值,而不是实际价值来定价。例如中国香港市场中,一件英国品牌的男衬衣售价约 500 港元,港产品牌的衬衣约 180 港元,而无名的普通衬衣则只卖几十港元。这里的差价主要不是来自成本和质量,而是根据顾客所理解和认可的价值。某些商场的高价格也正是迎合了某些人的理解价值。

在选择品牌定价方法时,要注意运用各种品牌产品定价策略。诸如可以制订高价,以提高产品身价,身价一高自然就有了名气;也可以实行低价渗透,购买的人多了,也会创出产品品牌。

品牌定价可以参考折扣定价、差别定价、心理定价和地区性定价等策略,并根据竞争状况对品牌价格进行适当调整。

2.品牌分销的途径

在什么地方卖品牌,这是个值得研究的问题。同样的东西,在地摊上卖就被认为是处理品、次等品;在豪华商店卖就会被认为是高档品。因为在人们眼里,装饰豪华的店铺里出售的当然是高档品牌产品。

品牌在选择分销途径时要考虑多种因素,包括产品的特点、生产情况、市场情况和国家的有关法律规定。在分析决策过程中主要是确定分销渠道的长度和宽度。长度是指经过多少中间环节,宽度是指经同一个环节选用的中间商的数量。最后一步是确定要经过哪家中间商,要评估它的地位、声誉及在公众中的形象。

(五)品牌的市场推广

市场推广是品牌的美容室和传播器,它使企业和产品形象惹人喜爱,为人知晓。它像魔法一样,将默默无闻的企业和产品推向品牌金字塔的顶端。当人们闭上眼睛,想想美国,跳入脑海的常常是可口可乐和麦当劳;日本常常是松下;德国是奔驰;法国是圣罗兰和香奈儿。这一切,都有市场推广的一份功劳。

中国香港品牌产品金利来领带,在市场定位准确和质量可靠的前提下,凭借着市场推广,在中国香港和国际上打响了知名度。例如,该公司曾花3万港元赞助李富荣、庄则栋赴港表演乒乓球。由电视台转播后,金利来领带名气大增,价格扶摇直上,由每打45港元增至100多港元。

当然,市场推广不仅仅是公关活动,它包括促销的全部内容,即营销者将有关企业及产品的信息通过各种方法传递给消费者,促进其了解、信赖并购买本企业的产品,达到扩大销售的目的。它的实质是营销者与顾客之间的信息沟通过程。它的形式包括广告、人员推销、销售促进和公共关系。

1.品牌信息沟通过程

品牌信息沟通一般包括六个步骤:

(1)识别目标受众。根据目标市场定位,确定品牌产品及企业信息沟通的目标对象,测量他们对企业及产品的熟悉度和喜爱度,从而决定沟通目标。

(2)确定沟通目标。消费者或顾客对信息的反应会经历知晓、了解、喜欢、偏爱、信服和购买六个阶段。沟通目标要依照目标受众所处的反应阶段来确定,或者说依照品牌被认知的程度来确定。

(3)设计信息的内容、结构和形式。信息内容是指为目标受众提供什么品牌信息,即说些什么;信息结构是指如何组织信息,使之更合乎逻辑,更有说服力,即如何逻辑地去说;信息形式是指表达信息的方法,诸如颜色、图案、语言和声音等。

（4）选择信息传播媒介。信息传播媒介有人员沟通和非人员沟通两种形式。人员沟通可以面对面交流,也可通过电话和信件交流;非人员沟通包括大众媒介、气氛和活动等。

（5）选择信息发送者。品牌产品或企业必须给顾客以信任感。信任度如何,在很大程度上取决于受众对信息发送者的看法。因此,品牌信息的发送者应该具有专业权威性、可信性和吸引力。

（6）信息反馈。品牌信息发出后,应调查了解目标受众的反应,诸如接受了哪些信息,记住了哪些信息,有没有产生偏爱等。

2. 品牌的促销组合策略

（1）品牌促销组合内容。品牌促销组合包括四种方式:广告、人员推销、销售促进和公共关系。广告具有公众性、渗透性、表现性和非人格性等特点,既可用来树立企业和产品的形象,又可用来刺激品牌产品销售。人员推销具有直接对话、培养感情和迅速反应等特点,有利于争取顾客对品牌的偏好和信任。销售促进具有吸引顾客、刺激购买等短期效果,可以增加品牌产品的销售。公共关系具有可信度高、传达力强等特点,对提高品牌产品及企业知名度极为有效。

（2）品牌促销组合决策。根据以下不同的划分标准,企业可采取不同的促销组合,其中的促销方式各有侧重点。

①产品种类。消费品品牌最主要的促销方式是广告,其次是销售促进,然后是人员推销,最后是公共关系;工业品品牌促销方式按其重要性排列为:人员推销、销售促进、广告和公共关系。

②促销总策略。促销总策略有"拉"和"推"两种。拉的策略是先设法吸引消费者,消费者向中间商要货,中间商向制造商提出购买要求;推的策略是以中间商为主要促销对象,把产品推向市场和分销渠道,再推上最终市场。拉的策略中广告作用最大,推的策略中人员推销作用最大。

③顾客所处的购买阶段。在知晓阶段,广告和公共关系作用较大;在认识和喜欢阶段,广告作用较大,其次是人员推销;在偏好和确信阶段,人员推销作用最大,其次为广告;在购买阶段,主要靠人员推销。

④产品生命周期。在品牌引入阶段,功效最大的是广告与公共关系,其次是人员推销和销售促进;在品牌成长阶段,广告和公共关系仍需加强,销售促进适当减少;在品牌成熟阶段,增加销售促进,减少广告,广告仅保持一种提示性作用;在品牌衰退阶段,仍保持较多的销售促进,其他促销形式减少到最低点。

总之,自创品牌是一项工程、一种事业。市场定位准确是品牌的"受孕",品质控制和销售管理是品牌的"怀胎",最后的市场推广才是品牌的"分娩"。哪一个环节出现差错,品牌都不会降生。因此,谁想创造自己的品牌,谁就将时时处在"失败"的边缘,成功只属于具有创造精神和冒险意识的人。

二、购买品牌

购买他人品牌，一是购买现成商号，包括品牌和企业；二是仅购买某个品牌的使用权。下面分别进行具体研究。

（一）购买品牌策划

如果两个奔跑速度相同的运动员在不同的起点进行比赛，无疑是更接近终点的起跑者最先到达终点。因为他处于起跑的优势点。对于比赛来说，起跑点不一致是不公正的，但对于市场竞争来说，起跑点不一致却是合理的。购买品牌就类似于寻求赛跑的优势起跑点，起点高才能发展快。因此许多企业家热衷于购买品牌。

1. 购买品牌的形式

购买品牌，是将他人的品牌转化为自己的，或是部分所有，或是全部所有。前者是与某一品牌企业合并，共同推出有影响力的品牌；后者是将某一品牌企业买断，借助他人已有的声誉开拓自己的事业。

（1）横向并购。奔驰是世界十大品牌之一。论销量，奔驰在德国排名仅为第四位，在世界范围也无法与丰田、菲亚特和标致相比。但它在世界排名中却稳居第三位。奔驰成功的原因固然很多，但早年奔驰与戴姆勒合并是重要原因之一。

奔驰和戴姆勒是德国最大的两家汽车商。20世纪初，它们共同受到来自美国汽车商的威胁。1914年夏天，第一次世界大战爆发了，处于中立地位的美国与交战各方交易活跃，汽车工业得到迅速发展，"福特"牌汽车大量涌进德国。为了摆脱竞争威胁，1926年，奔驰与戴姆勒合并，成立了戴姆勒奔驰汽车公司（中国翻译简称奔驰汽车公司），共同推出了"梅赛德斯"牌汽车，在世界汽车市场稳居一席。时至今日，奔驰在人们心中仍是等级、地位和权力的象征。

品牌企业合并包括同等名声企业的合并，如奔驰和戴姆勒的做法，从而造就了更大的名声；同时也包括非同等名声企业的合并，一个名声不是很大的企业完全可以与一个名声很大但显现出衰落迹象的企业合并，用新企业的活力使老品牌再焕发出生机。

（2）纵向并购。纵向并购已不是简单的合并，而是出巨资购买著名的企业。其目的是迅速获取世界品牌产品及商标，而对所购公司的财产不是十分感兴趣。

20世纪80年代，世界众多品牌纷纷易主，这与产品竞争日趋激烈有关。一个产品品牌的形成需要大量的资金和风险投资，事倍功半的现象屡见不鲜。一方面，一种新产品从投入开发到完成投产，大约需要七八年时间，而将其锤炼为世界品牌则需要十几年，甚至几十年的时间，资金投入之巨大，周期延续之长久，使诸多企业望而生畏；另一方面，产品更新换代的速度日益加快，一些新发明的孕育期在不断缩短。电视由设想到问世用了63年，速溶咖啡用了22年，而录像机仅用了6年。可见，新产品开发如履薄冰，企业投入巨资开发的产品转眼之间就可能被市场淘汰，创造品牌的风险极大。这就迫使一些拥有实力的公司购买品牌企业，走出一条创品牌的捷径。

20世纪80年代末90年代初,世界曾掀起汽车行业的并购高潮,几乎波及了所有的世界品牌汽车公司,并伴随着著名商标的转手与波动。例如,标致兼并雪铁龙,福特吞并杰奎亚,通用买下萨博等。1998年,德国宝马汽车公司收购英国劳斯莱斯汽车公司,1993年法国雷诺公司有意与瑞典沃尔沃公司合并为雷诺沃尔沃公司,但最终未获成功。1993年,沛绿雅公司以27亿美元收购了世界最大的食品公司——瑞士雀巢集团,目标也是使用雀巢商标。

这些事例表明,不少新老企业已将世界品牌作为一笔巨大财产,为了获得世界品牌产品及商标,不惜花费重金,走出一条新的创品牌之路。

2. 购买品牌的利弊分析

购买现成的品牌,有利也有弊,营销者必须进行具体分析。

(1)购买品牌利的方面。

①购买现成的品牌,比自己独创节省资金。同时,品牌待售时,容易用低价买到。

②购买现成的品牌,可以减少投资风险。品牌大多有种种优势,形成了一定的市场氛围,成功的希望较大。

③购买现成的品牌,可以利用原有的业务关系。它们常常已有较高的顾客信誉和稳固的流通渠道等。

④购买现成的品牌,可以利用原有的经过培训的雇员,租用固定的物质设施。

(2)购买品牌弊的方面。

①品牌之所以出售常常因为面临困境,经营不善,或是与各方面关系不融洽,这些都会影响新的购买者。

②品牌或是地理位置不好,或是现有设施难以改变,使新的经营者无能为力。

③品牌的店员素质往往不理想,辞退又会受到多种因素限制,反之则影响服务质量。

④有时很难买到称心如意的品牌,或者是需要花很多钱才能买到。

3. 购买品牌的决策

购买品牌要等待机会,发现机会后进行具体分析,通过可行性研究后再决定是否购买。一般的决策程序为:分析品牌出售的原因,了解品牌的物质条件及所在市场的情况、品牌的财务状况和有关法律问题,以及评估品牌的真正价值等。

(1)分析品牌出售的原因。出售品牌有多种原因,或是因为出售者有更大的生产机会,或是其经营面临着无法摆脱的困难。出售者会掩饰其不足以卖个好价钱。购买者需要在调查上多下功夫,切不可花高价买"死马"。

(2)了解品牌的物质条件。品牌的物质条件一方面是其总价值的体现,另一方面也是衡量其潜力的一把尺子。通过察看物质条件,计算再投多少资金才能使这个品牌重新起飞,也有可能会得出投多少钱也白费的结论。

对于库存数量和结构,影响品牌形象的店容厂貌,厂商的机器设备和商店的位置等,都应该在购买时慎重考虑。

(3)了解品牌的市场状况。市场决定着每一家品牌商号的兴衰。购买品牌不能不了解它的市场状况。要分析它的市场区域以及市场区域内的人口组成,最终确定该市场可能形成的顾客人数。要分析它的市场状况，诸如有多少个直接竞争对象，竞争对象的优势和劣势如何，按强弱进行排列。要进行市场抽样调查，了解新老顾客对该品牌的态度和看法，以分析该品牌有无前途，以及购买后应采取什么措施。

（4）分析品牌的财务状况。要调查研究品牌的历史和现实经营状况，诸如利润、销售额、资产评估和资金效益等。要通过分析财务统计表，通过研究销售、支出、存货记录等来判断该品牌的价值。

（5）注意购买时的法律问题。购买时要查看卖方的所有权凭证；有无债务需要由买方承担；品牌的专利权、商标和版权等是否受法律保护；品牌有无任何独家经销权需要移交给买主；有无联合契约、雇佣契约以及店房设备的租赁契约。若无视这些法律问题，就可能造成经济损失甚至企业倒闭。

（6）评估品牌的真正价值。品牌购买者要在分析上述各项问题的基础上，借助已有的信息判断品牌未来的效益，评估它的价值，最终决定是否购买，以什么价格来购买。

1981年，著名的时装设计师皮尔·卡丹购买了马克西姆餐厅，事实证明他的决策异常英明。他使马克西姆餐厅大展雄风，先后在纽约、里约热内卢、布鲁塞尔和东京等大城市开设分店。

随着竞争的激烈、市场的多变，许多品牌在商海中浮沉，敏锐的企业家购买貌似萧条实藏生机的品牌，使这些品牌很快东山再起。当然也有愚钝者成了品牌破产的替罪羊。因此购买品牌一定要慎重行事，有百分之百的把握才行。

（二）购买品牌使用权策划

俗话说，机会难得。购买品牌商号固然是一条捷径，但这条路并不容易走。在正常情况下，除非经营不下去了，否则谁也不会心甘情愿地卖掉自己千辛万苦创建的品牌。另外，"壳""瓤"一块买，投资大、风险大，购买品牌后飞速发展者很少见。相比之下，租"壳""弃""瓤"——仅购买品牌使用权，是更为妥当的创品牌之路。

1. 购买品牌使用权的利弊分析

世界上总是难以找到十全十美的事物，购买品牌使用权也有利有弊。

（1）购买品牌使用权利的方面。

①风险小。购买正在上升时期的品牌使用权，可以借着发展的势头从中获利，亏本的风险不大。

②费用低。创建一个品牌，耗时耗资，非朝夕可成；购买一个品牌，人、财、物俱收，包袱和费用太大；购买品牌使用权，费用较低。

③名气大。购买品牌使用权，可以借助品牌效应，发展自己的事业，最终创立自己的品牌。

④麻烦少。支付一定的品牌使用费，就可以按合同规定使用品牌，手续事务简便，各方关系较清晰。

（2）购买品牌使用权弊的方面。

①雇佣感。使用他人品牌，总感觉是为人作嫁，而不是在开创自己的事业。

②受约束。使用他人品牌，必须按照他人的要求从事生产经营，自己的独创见解和妙法难以得到整体实施。

③连带性。使用他人品牌，其经营起落常常随着该品牌浮沉而变化。

因此，一些实力雄厚、有魄力的企业家更愿意冒险购买品牌来一显身手。

2. 购买品牌使用权的方法

购买品牌使用权的方法，概括地说，就是分析所购品牌的特征、名声及市场状况，确定自己能支付的合理价格。签订合同后，按照品牌的质量、标志及其他要求，组织生产和经营。

（1）熟悉品牌。熟悉品牌的各种情况后，才能估算出品牌的无形价值。宁波的欧罗兰服装有限公司曾从意大利购回"金狮"商标使用权。购买前，他们认真了解了"金狮"商标的各种情况。"金狮"在意大利是一个著名的男士用品商标，在欧洲名声很大，"金狮"牌西服、皮夹克，无论在面料的选择、产品的外观还是工艺的品质上，都已被欧洲人认可，产品畅销欧洲各国及日本等地。由此看出"金狮"品牌仍处于顶峰时期，值得考虑购买。

（2）评估价值。决定购买品牌使用权后，就要考虑花多少钱才值得。评估品牌的无形价值是做出购买决策的基础，要考虑使用他人品牌能否带来利益，分析品牌主人开价的合理性，最终在双方互利的基础上达成协议。欧罗兰服装有限公司经过分析研究后，在1993年花600万美元，买下了"金狮"牌商标在东南亚地区的使用权。合同规定，欧罗兰服装有限公司每年至少生产3万套"金狮"西服，使用权为15年。这就是说，欧罗兰服装有限公司每年必须从盈利中拿出40万美元的外汇支付给意方的品牌主人。

（3）按质生产。购买品牌使用权后，并非万事大吉，更重要的是按照品牌的要求组织生产。品牌主人均对此严加控制，绝不允许因为卖了牌子的使用权而毁了品牌。自欧罗兰服装有限公司使用"金狮"商标之日起，服装的工艺技术就由意方品牌主人加以严格规定，产品质量由他们认可后方能出售。意方还负责为欧罗兰服装有限公司提供服装样板、服装面料，每年推出欧洲流行的款式以保证产品的层次、风格达到"金狮"牌的标准。

（4）推向市场。按照购买品牌使用权的要求生产出产品后，就要将其推向市场，进行价值效用检验，评估品牌产生的效应。欧罗兰服装有限公司使用"金狮"商标后，除了直接向国外出口产品，还将"金狮"牌西服、皮夹克推向国内市场。虽然价格较高，但仍受到消费者的欢迎，销售看好。600万美元花得值得。

3. 购买品牌特许经销权

购买世界品牌特许经销权，有利于事业发展，但不利于创造自己的品牌，很可能会使企业成为有利无名的企业。它是购买世界品牌使用权的主要方式。

特许经销权是指特许人允许特许经销者使用自己的生产方法、服务方法、商标或专利从事生产经营活动，并从中收取一定费用。特许经销者有权在指定地区生产经营特许产品。

快餐、音像商店、保健中心、理发、汽车租赁、汽车旅馆和旅行社等服务业适合采取特许经销方式。

（1）特许经销方法。特许经销者用特许人授予的品牌提供产品和服务，并接受特许人的管理和控制。

特许经销店按特许协议使用统一商标、符号、设备、店面,以及提供同质的产品和服务。例如麦当劳的"M"标志、肯德基的老爷爷形象各店都一致。

特许经销者拥有经营权利,同时在组织、培训、销售和管理方面得到特许人的帮助,特许人收取费用。特许人收取的费用有:首期使用费;按特许经营者每月毛销售额一定比例提取的服务费;对提供设备装置核收的租金;利润分成;定期特许执照费;必要时加收管理咨询费。

麦当劳公司要求新的特许经销者到汉堡包大学上课三周,学习管理业务,并要求他们在购买原料、制造和销售产品时必须严守一些程序。

(2)特许经销利弊分析。经销者了解特许经销的利与弊,在决定是否购买品牌产品和服务的特许权时,有着十分重要的意义。

①特许经销利的方面:

A.特许人统一组织培训,有利于造就品牌企业的生力军。

B.使用公认的商标和服务,顾客易于辨认和接受,有利于提高声誉。

C.产品和服务标准化,有利于通过产品和服务质量赢得顾客,在全国乃至全世界树立统一形象。

D.特许人利用统一品牌进行广告宣传,可使特许经销者从中受益,但费用要分摊到各个特许店。

E.财务上可能会得到一些帮助,诸如贷款、提供设备等方面。

F.可靠的经营方式,使特许经销者不必一切从头做起。因为该品牌已有成功的经营史、良好的企业形象和定型的产品与服务。

G.特许人可集中进货,分销给各个特许店,因此特许店可以得到价格便宜的原料或产品。

H.失败风险小于自创品牌企业,同时还受益于经销区保护方针,没有针锋相对的竞争对手。

②特许经销弊的方面:

A.费用和利润分成。特许经销者需向特许人支付多种费用和分成利润,无论经营状况如何都不能免于支付。

B.受特许人的严格管理,经营上稍有差错就会影响公司整体形象,因此可能会被取消其特许经营权。

C.不能自由采购,有时会失去得到廉价货源的机会。

D.经营产品受到特许人限制,不能扩大或缩小范围,自身发展受到影响。

但是,无论如何,特许经销权仍是利用他人品牌的好方法之一,在快餐业等行业有较大发展。

三、繁衍品牌

品牌的创造常常需要竞争，但品牌的形成往往是合作的结果。特别是那些满足人们日常生活的用品，市场占有率是这些品牌的重要标志。想要实现产品的全球化，仅靠自己的力量需要经过艰难和漫长的过程，而采取多种合作方式，宣扬和推广自己的品牌，则会达到"借他人之腹怀自己之胎"的功效。

综观世界品牌，除自创品牌之外，常常通过并购方式取得品牌商标，再通过多种合作方式繁衍品牌，向全球蔓延。假如将购买品牌视为创品牌的第一步，那么繁衍品牌就是第二步。

（一）横向合作——可口可乐的扩展策划

无疑，可口可乐已成为世界品牌的代名词，它像一个魔术师，使全世界的人快乐地张开嘴巴，尽情地饮用。可口可乐100多年来的发展史令人着迷，人们挖空心思地寻觅其中的奥秘。焦点集中在那神秘的配方上。不可否认，独特的配方是可口可乐成功的基础，但使其真正成为全球产品的重要原因，还在于数以百万计的饮料管理人员用机器将可口可乐原浆与苏打水混合在一起。其中，可口可乐的合作者付出了巨大的努力，做出了不朽的贡献。在一定意义上也可以说，可口可乐的发展史就是可口可乐公司与其他公司的横向合作史。

从可口可乐公司在中国的发展，足可以看出其借力之道和繁衍品牌的动力。其核心是给人以利，借人之手，共同开创可口可乐的事业。早在20世纪30年代，可口可乐公司就以特许经销形式在上海建立了瓶装厂。1979年重新进入中国市场时，可口可乐公司首先采取委托寄售贸易方式，使中国的代销者无本就可以得利。80年代初，可口可乐公司年寄售量达到200吨左右。1981年，又分别向北京和广州等地的粮油进出口公司无偿赠送整套装瓶用的生产设备，交换条件是中方必须购买可口可乐公司的原浆，由中方配兑，贴上可口可乐商标。这种优惠方式使中方当年灌浆量就达万吨以上。1988年，中美合办申美饮料公司，在上海建立了两个车间，一个是由美方独立管理生产配方保密的原浆车间，另一个为兑水灌瓶车间。此举使可口可乐公司在中国市场取得了优势地位。

美国著名杂志《金融世界》评选可口可乐为世界上最具价值的商标，国际性刊物《广告时代》将可口可乐评为"世界上最受尊重及最有活力的品牌"。

（二）特许繁衍——肯德基、麦当劳的成名策划

美国麦当劳、肯德基的专卖店几乎遍及世界各个角落。它们不仅开在市中心，也向郊区发展；不但开在高速公路旁，也向大学校园、公园、军营等人员密集地区渗透。其优质的服务、整洁明快的用餐环境和可口的快餐口味都享有盛誉。它们的成功有许多相似之处，其中最重要的一点在于它们都是特许专卖权所有者，由此获得名声和利益。同时，特许专卖权的购买者们也依靠麦当劳和肯德基的名声财源滚滚。

麦当劳的特许加盟制度有一套严格的标准和规范：

（1）分店的建立。每开一家分店，麦当劳总部都是自行派员选择地址，组织安排店铺的建筑、设备安装和内外部装潢。

（2）特许费用。特许经营者一旦与公司签订合同，必须先付一笔特许权使用费，总额为2.25万美元。其中一半现金支付，另一半以后上交。此后，每年上交公司一笔特许权使用费和房产租金，前者为年销售额的3%，后者为年销售额的8.5%。

（3）合同契约。特许权合同使用期为20年。公司对特许店经营者负有以下责任：在公司举办的汉堡包大学培训员工，该大学位于伊利诺伊州埃尔格罗夫镇；管理咨询，协助经营，负责广告宣传、公共关系，财务咨询，提供人员培训所需的各种阅读材料、教具和设备等；向特许店供货时提供优惠。

（4）货物分销。麦当劳公司不是直接向特许店提供餐具、食物原料，而是与专业供销公司签订合同，再由它们向各个分店直接送货。

麦当劳在海外发展连锁店主要采取三种方式：

（1）直营方式。公司直接投资海外，建立分店。

（2）特许经销。公司或子公司将经销权授予特许人，由特许人办店经营。

（3）联合投资。公司投资50%或50%以下，其他股权由当地人投资。

（三）联盟战略——品牌繁衍的新型策划

除了前面论述的可口可乐和麦当劳的品牌繁衍方式以外，世界品牌的繁衍还有其他途径，其核心仍是合作与借力，利益均沾。概括起来可称为联盟战略。

1. 战略联盟的类型与趋势

关于战略联盟，理论界和产业界并没有一个明确的定义。它一般是指两个或两个以上的企业间或者特定事业、职能部门间的联合或合作关系。战略联盟已成为诸多世界品牌扩充市场势力的重要途径。

战略联盟包括两种方式：紧密型和松散型。紧密型战略联盟是指以兼并和收买为主的牢固的联合方式，企业之间结合程度较高。专家认为，企业间的合作效果随着企业间结合程度的增高而增大。从这个意义上讲，兼并与购买可以获得最大的效益。但紧密联合的结果，常会因过度重视投资风险而限制联盟关系，使合作效果下降。松散型战略联盟是指以联合开发、生产、技术及市场合作、合资办厂等形式为主的联合方式，企业之间结合的程度较低。

从历史的发展过程来看，兼并和购买等紧密的联合方式盛行于20世纪80年代。世界品牌企业战略联盟的目的是积极利用剩余资本，通过企业兼并与收买来扩大销售规模。特别是在国际竞争异常激烈的汽车、计算机等尖端技术领域，单靠一家顶级世界品牌公司，不可能完全覆盖全球市场，因此购买和兼并曾掀起一个小高潮。

进入20世纪90年代以后，以兼并和购买为宗旨的紧密型战略联盟正在被松散型战略联盟代替。这种松散的联盟尊重各自的经营权，企业各自分别实现世界品牌的目的。其联盟的目的已不是开拓新领域和向多种经营方式发展，而是重新确立企业在本行业中的市场地位,保持世界品牌优势。例如飞利浦公司与索尼公司的联合曾涉及激光唱盘、袖珍光盘等方面;1991年10月,美国两大计算机公司——苹果公司和IBM公司签订了结盟协议,分享它们各自最先进的技术,发挥整体优势参与市场竞争。

2. 全方位的合作

松散型战略联盟有各种各样的合作方式,或是商标合作,或是技术合作,或是市场开发合作。种种迹象表明,世界品牌的繁衍已离不开大企业之间的合作。

(1)可口可乐借雀巢之名。可口可乐公司与雀巢公司联合竞争由来已久。1994年8月29日它们宣布达成一项新协议,改组已经营三年的即饮冰茶和咖啡的合资企业。这使两家的伙伴关系进入一个新阶段,可以直接利用各公司的核心力量。可口可乐公司得到许可,100年之内在日本以外地区销售即饮产品时,可以使用"雀巢"商标。

(2)通过合作输出品牌。世界品牌企业向海外扩张,大体会经历产品输出、资本输入和品牌输出三个阶段。通过合作进行品牌输出,可以不必花费投资就获得巨额利润;同时可以将品牌侵入他国消费者心中,扩展品牌效应。

世界品牌进入中国时,几乎无一例外地采取了合作手段。外商在中国开办合资企业,将中国品牌作价入股,然后便将其打入冷宫,推出自己的世界品牌商标。美国的宝洁公司运用这种战略几乎将中国洗衣粉品牌一网打尽。

(3)通过技术互补保持品牌优势。在高技术领域,松散型战略联盟已成为世界品牌企业的时尚。20世纪90年代初,IBM公司已与英特尔公司签订合同,帮助改进英特尔公司的微处理器;苹果公司与索尼公司已联合起来生产笔记本型计算机。随后,IBM公司、苹果公司和摩托罗拉公司进行技术合作。尽管它们仍是竞争对手,但有限的合作使三方各自的品牌在市场上都具有一定的地位和优势。

世界品牌企业合作的领域是广泛的,各自也品尝到了合作的甜头。这种世界品牌的繁衍方式将会保留下来。

四、互联网时代的品牌战略

互联网时代是有实力的品牌支配世界市场的时代。特别是在B2C领域,企业要以品牌为中心,转换经营模式。下面是信息时代企业制胜的品牌战略:

1. 独占鳌头

在互联网时代,很难像原来那样有多个品牌共存,唯有"全球第一"的品牌才能在市场上生存下去。消费者可以从全球范围挑选自己最喜欢的品牌的产品。品牌排行榜将迅速传向全世界,最具实力的品牌人气最旺。

2. 定做产品

批量销售的方式将改变。今后企业将根据每个顾客(包括以公司为单位的顾客)的喜好和要求为其定做产品,定做产品的市场价值将增加。将来的供给体制将变成少量多品种型,以最低的成本、最短的时间向顾客提供定做产品将成为各个企业的竞争目标。

3. 消费者掌握主导权

由于消费者通过互联网可以自由地从全世界获取所需的市场信息,市场运作的主导权将从生产厂家转向消费者。消费者可以通过各种交流方式就各个品牌相互交换意见。人们已步入消费者选择品牌和企业的时代,价格的决定权也转到了消费者一方。

4. 一对一的服务

信息技术使生产厂家掌握顾客个人信息和与顾客对话成为可能。企业将通过互联网以单个顾客为对象,解答他们提出的疑问,提供他们满意的产品。企业将在产品上体现顾客的个人价值,为单个顾客提供具有较高市场价值的"独一无二的服务和产品"。企业还将为顾客建立"个人购买履历",生产"个人化产品",提出"相关购买建议",较高的品牌价值也将由此产生。

5. 感性化外观设计

从功能上体现产品的差异将越来越难。产品的差异化将由产品本身转向信息附加值。在产品的外观设计上突出感性魅力,从而吸引消费者,这一点是非常重要的。

6. 灵活运作

售前根据生产厂家的情况制订的销售计划将很难实现。生产厂家通过与消费者多次对话,不断地对产品进行修改和更换,这种适应状况型市场运作方式将取代销售计划。在这种市场运作方式下,生产厂家之间的竞争表现在接到消费者的订单后,根据订单上的要求,尽可能在短时间内制成产品并送到消费者手中。其中,生产厂家在继续与现有顾客保持关系的同时,还要抓住顾客需求的变化,为生产新的产品做准备。

7. 开放式经营

改变企业的封闭式经营,具有专长的各个企业之间可以跨越行业和国境,进行开放式战略合作。

8. 双向联系

企业单方面与顾客联系的状况将迅速改变。由于信息技术的全面利用,为与消费者建立对话型联系,企业将设置有关品牌的主页招揽顾客。消费者可以使用检索软件,选择适合自己的产品和服务。此外,通过双向联系,企业可以随时了解消费者的追加要求,满足他们的需要。这种机动灵活的经营方式将会吸引更多的消费者。

9. 直接销售

原先那种经过中间流通环节的经营,规模将逐步缩小;生产厂家与消费者直接对话,向每个顾客提供事先预定的商品和服务,这种直接交易将增加。既有与消费者直接接触的渠道,又拥有品牌专利等知识产权的企业将对市场发挥支配力量。

10. 全球市场

只以一个国家为对象的市场运作方式很快将行不通了,取而代之的是在全球范围内同时展开经营的市场运作方式。企业将通过全球媒体,向所有消费者推销自己的品牌。此举将成为创造世界知名品牌的关键。

第三节　品牌的推广策划

一、品牌的市场切入点

品牌不是天生的，最初入市都是无名小卒，市场上没有它们的席位，竞争中没有它们的优势。它们不能像已占领市场的老品牌那样，对进攻和防御两种策略进行选择，它们无阵地可守，无城池可防，只有进攻一条路。

向哪儿进攻？一般有两大市场：一是空白的新市场，需要去创造；二是被占的老市场，需要去抢攻。前者虽不会遇到对手抵抗，但创建新城池并非易事；后者虽有建好的城池，但从别人手中夺下会异常艰难。对前者一般采取"钻空子"的战略，对后者则采取"楔钉子"的战略。

（一）"钻空子"：创造新市场的顶级品牌

是开创一个新市场，还是做旧有市场的分享者，这是顶级世界品牌与非顶级世界品牌的一个重要区别。在顶级世界品牌中，无论是 20 世纪初上市的产品，还是 20 世纪中期出现的品牌，运用的几乎都是"钻空子"战略。

1. 创造市场的高手

随着社会的发展和人类的进步，人们的需求已发生了翻天覆地的变化，市场趋于无限制发展。在连日常生活都没有保障的情况下，人们最需要的无非是粗茶淡饭、土布草鞋；生存有了基本保障后，人们开始追求鸡鸭鱼肉、绫罗绸缎；现代，人们渴望购买和消费的是电子产品、豪华轿车和花园别墅等。这种变化，除了人本身欲望的诱使之外，还由于厂商们不断推出新的产品。具体地说，一些品牌厂家在不断地创造着新的需求与市场，即创造世界上还没有的产品引发消费者的需求。

由童话组成的乐园——迪士尼，在世界品牌排行榜中稳居一席。华特·迪士尼（Walt Disney）以他非凡的想象力创造了米老鼠和唐老鸭等许多动画形象，他的动画片以神奇的魅力吸引着全世界的观众。

迪士尼瞄准了人人都需要的娱乐业，并且用童话的独特感染力创建了举世闻名的迪士尼乐园。在乐园之中，古城堡的恐怖、大雪山的惊险、小人国的神奇、爱丽丝的梦幻……都能使人们在娱乐中获得知识。父母与子女能在一起共度欢乐时光，老师与学生在这里能发现理解与教育的途径，老人们能重温过去的好时光，年轻人能尝到未来的挑战。迪士尼乐园包容了历史、现实与未来，充满了浪漫与神奇，它是独一无二的。创始人找到了一个巨大的市场空白点，而别人很难在这个点上再有所发挥，因为他们把乐园几乎发展到了完美的程度。

当今世界，每天都有奇妙的发明，似乎到了一按按钮就有新产品问世的时代。许多品牌厂家不断地变换角度,不停地推出新产品,使那些反应稍微迟钝的厂家无力模仿。模仿一个新产品,还没来得及喘口气,下一个新产品又已问世。

当今社会,变化成为这个世界的主旋律。厂商们正是利用变化来开辟新的生存空间,造就新的世界品牌。

2. 有效的入市法则

新产品的切入点应放在市场开创而非市场分享上。这是有效的竞争法则或者说是入市法则。市场开创战略与市场分享战略不同。市场分享战略的目标是与人分享市场,手段是强调做广告、促销、定价和分销等促销组合。顾客的兴趣在于价格和可否获得,获胜者常常是拥有雄厚资金实力的厂商。市场开创战略的目标是开辟自己的新市场,手段是强调应用技术、培育市场并打好行业基础以及创造新的标准,顾客的兴趣在于新需求的满足,获胜者常常是革新最快、创造力最强的公司,它们的目光集中于将来,而不是过去。

企业都在寻找"市场分享机会"。它们分析现存市场,模仿某一畅销产品,然后设计出能在市场上取得一席之地的产品。其战略宗旨是从本行业的其他公司那里赢得市场份额。这是不少中小公司常用的战略,但不利于造就品牌。

实际上,任何产品进入市场都面对着两种饱和。在多数情况下是多供给的饱和,即许多竞争者都生产同种产品,并吸引着新的竞争者加入。主要市场趋势表现为竞争者之间的争夺,市场属于众多竞争者共有。有少数情况下是无需求的饱和,即无生产,无需求,市场处于零点饱和状态。当某一厂家要推出新产品时,等于创造了一种新的供给,要使其成功必须创造新的需求,谁创造了新的需求,谁就会首先成为这种需求的最大受益者。

人们对各种商品的需求都可以归纳为某种欲望。换句话说,商人们拥有无穷无尽的创造产品的空间,来创造消费者各种各样的需求。人们无法对不存在的产品产生需求,但这并不等于他们没有潜在需要。小汽车、电视机、洗衣机等种种产品问世后,马上就打开了人们需求的闸门。不创造需求,就不会有新产品的诞生。

(二)"楔钉子":分享旧市场的次级品牌

正像一个家庭中的孩子只有一个老大一样,每个行业中的霸主也只有一位。第一,令人羡慕;领先,十分主动。然而,并不是每个企业都能争占龙头地位。从市场容纳度和实际意义两方面看,分享市场也是创造品牌的途径之一。

先入市的企业已部分或全部地占领了市场,后起企业再想打入,必须寻求市场缝隙,像楔钉子一样挤进市场。

到 1902 年,可口可乐的广告预算开支已达亿万美元,这使其一跃成为美国最有名的饮料产品。在整个 20 世纪 20 年代,可口可乐几乎没有真正的竞争者,它成为饮料市场的领袖。百事可乐与可口可乐历史一样长,但名声不大,直到 30 年代以后,百事可乐公司打了几个漂亮的侧击战,才奠定了其品牌地位。

(1)价格侧击。低价是最明显的侧击形式。其优势在于适应顾客求廉的心理特征,动摇市场领袖者的地位,扩大自己的市场份额。百事可乐公司在 1934 年开始实施低价侧击战略,直到 1939 年才取得明显成效。其中心诉求点是"只要 5 美分"。具体内容是:推出容量为12盎司的瓶装饮料,只卖5美分;而可口可乐定型瓶子容量为6.5盎司,也售5美分。此举赢得了那些重视数量而不太重视质量的年轻人。"二战"期间,百事可乐公司成为仅次于可口可乐公司的美国第二大饮料商,取得了第一个侧击战的胜利。

(2)形象侧击。可口可乐是第一种可乐饮料,名气大,历史长,但也给人一种"老"的印象。年长者比较喜欢喝可口可乐,但年轻人有偏爱百事可乐的倾向。百事可乐公司抓住老人渴望年轻化的心理,在1961年开始了形象侧击战略。其广告语是:"您想使自己年轻吗?请喝百事可乐吧!"1964年形象主题更为鲜明:"多么快活,您是百事的一代。"其结果是可口可乐的消费者日渐减少,而偏爱百事可乐的人与日俱增。

(3)口味侧击。口味本来是个人习惯问题,百事可乐公司却将其渲染为产品问题。他们于20世纪70年代中期别出心裁地掀起一场试饮百事可乐和可口可乐的侧击性活动。百事可乐甜度比可口可乐高9%,味觉的第一感觉当然对百事可乐有利。结果,百事可乐和可口可乐的欣赏者之比为3∶2。百事可乐公司把有利于自己的录像拿到电视台反复播放,一时间,百事可乐名声大振,销售量直线上升。

由于百事可乐公司多次成功地运用了侧击战略,市场份额迅速增大,百事可乐销售量时而竟超过可口可乐,其品牌价值也向可口可乐靠拢。

可见,挤入市场不是硬碰硬,需要以己之长克人之短;同时,取得成效后,不可盲目转移目标,而应集中兵力,进一步完善特色。这是后起品牌给我们提供的宝贵启示。

(三)品牌的市场切入策划

1.选择分销路线

新产品在切入市场时,选择分销路线是重要一环。分销渠道不畅或不相适应,新产品就不可能成长为品牌产品。综观世界品牌,在入市时大致分为直线型、曲线型、综合型三种分销渠道。

(1)直线型:自我销售创品牌。"山中无老虎,猴子称大王",尽管产品分销的主力军是各种类型的中间商,但在某些领域,中间商这只"老虎"还没有涉足的地方,厂商这只"猴子"可自称为"分销之王",在创造出一系列独特分销方法的同时,也造就了一个个多彩纷呈的世界品牌。

自我销售有多种方法,如邮购销售、网络销售、电话销售、电视销售、上门推销、租赁柜台和自办专卖店等。上述几种方式都可以创造品牌。但是邮购销售、网络销售、电话销售、电视销售等有专业化独立的趋势,因此这里着重讲述上门推销、租赁柜台和自办专卖店。

①雅芳成名之谜——上门推销。上门推销也叫直接销售,它由有几个世纪历史的行商发展演变而成,是一种由推销员挨门挨户推销的销售形式。

雅芳公司最初无法打入正规的百货商店,便不得已选择了挨门挨户推销其化妆品的方法。这种被迫选用的古老方法,使雅芳化妆品走入美国的千家万户,遍及世界的各个角落。与其说雅芳化妆品有名,倒不如说雅芳小姐更有名。正是上门推销这种分销形式使雅芳成为世界品牌。

雅芳的推销组织犹如一座金字塔。每个主妇推销员负责的地区以 300 个为限，主妇推销员之上为女性代理人，负责 100～200 名主妇推销员的监督和训练。而女性代理人的顶头上司是地区经理，通常是由雅芳公司的男性职员担任。最高领导由雅芳公司的会长和董事长组成。为了调动主妇推销员的积极性，主妇推销员可以从推销化妆品收入中得到 40% 的报酬。同时公司定期组织推销竞赛，成绩优异者可得到各种奖励。

上门推销对于创造品牌化妆品、保健品和特制品等具有较好效果。

②华歌尔创名之路——在百货商店租赁柜台。华歌尔创造了销售额每年递增 20% 的纪录，成为世界品牌。华歌尔的名声是自己卖出来的，主要是靠在百货商店租用专柜。日本华歌尔的社长冢本幸一认为百货商店是都市化的象征，人口集中于都市，都市发展会带动百货商店发展，而衣料又是百货商店的主要商品。另外，女性购买动机与购买地点有着密切的关系，特别是衣着类，妇女挑选的场所仍以百货商店的专门柜台为中心，因此租借百货商店一块宝地会效果良好。果然，他大获成功。

在世界许多著名的百货商店之中，都有租借柜台的名厂和名品。时装商抓住时机，打入百货商店，建立了品牌。同时，也有厂商盲目承租百货商店柜台，与一些个体商贩并排而立，不仅未创出品牌，反而损害了形象。

③时装走红之道——自办专卖店。专卖店是专业商店的一种形式。它的特征是生产厂商自设店铺，专门售卖自有品牌的商品。世界各大品牌时装在切入市场之初及后来扩展市场时，都借助于自办专卖店形式。

世界著名的专卖店常常是由时装品牌厂商开办的。巴黎是世界品牌时装荟萃之地，自然成为品牌时装店云集的都市。这里有皮尔·卡丹、香奈儿、克丽丝汀·迪奥（CD）等时装专卖店。服装大师们借助于专卖店，会很快地将新款时装推向市场，并及时获得反馈，随时追逐市场潮流。因此，有人说，要想创造时装品牌，成为时装大师，就必须开办一个自己的专卖店。当然，聪明的时装品牌创造者们，不仅借助于自办专卖店提高知名度，而且常在豪华百货商店、购物中心租用柜台。这样双管齐下，很快就提高了知名度。

（2）曲线型：中间商销售创品牌。生产商并不是专门的销售商。一般来说，中间商对市场需求和消费者偏好更为熟悉，在促销方面也有着丰富的经验。特别是某些中间商在市场上和消费者心目中具有较高的声誉和威望，属于明星企业。因此，生产商在创造品牌过程中，完全可以借用名店的品牌来大造声势，提高知名度，打开市场。

当然，并不是每一个生产商都能轻易找到理想的中间商。有些生产商物色中间商毫不困难，例如福特汽车公司就轻易为其"埃德塞尔"牌汽车招募了 1200 家经销商。相反，有些生产商却找不到满意的中间商。例如，宝丽来公司创办之初，竟然无法说服摄影器材商店经营其新型的照相机，而被迫将照相机送到大型综合商场销售。小食品商也常常难以找到食品杂货商销售自己的产品。因此，寻找中间商的确是一件艰苦而又复杂的工作。

但是，不管寻找中间商的难易程度如何，营销者必须对中间商从业年限、经营的其他产品、发展和利润、偿还能力和声誉进行评估。选择中间商，必须评估其经营其他产品的种类和性质、销售规模以及人员的素质。如果选择独家经销的百货商店，还必须评价该店的位置、发展潜力和顾客类型等。

（3）综合型：多条腿走路创造品牌。直线型与曲线型分销路线，主要是从分销渠道的长度方面来选择的；综合型分销路线则涉及分销渠道的宽度方面。这个宽度是依据某一层次经手该产品的中间商数量来决定的。如果一种产品在某一层次通过尽可能多的中间商供应尽可能广阔的市场，这种分销渠道称为宽渠道；如果通过的中间商少，则称为窄渠道；如果只通过一个中间商，则称为超窄渠道。世界品牌入市时，采用哪种类型渠道的都有。

①宽渠道。宽渠道又称为密集分销。这种方法常常需要利用许多批发商和零售商。一般日常用的方便商品品牌采取这种方式，例如，品牌酒、小食品、牙膏和洗衣粉等。宝洁公司的产品大多采取这种渠道。IBM 公司常采用宽渠道做法，迅速地将其新研制的个人计算机投放到多家商店，包括 IBM 产品中心、西尔斯百货商店和其他计算机商店、办公用品经销店等。

宽渠道的特征是费用高。零售商对从任何地方都能买到的品牌产品，一般不会花钱做广告宣传。通过全国性广告推销其产品，促销费用几乎全由生产者承担。但宽渠道辐射面广，影响大，容易使品牌产品很快让人知晓并尝试消费。

②窄渠道。窄渠道又称为选择分销。品牌生产者并不把品牌产品出售给所有的零售店，只选择少数几家为其供货。一般价格较高、选择性较强的品牌产品采取这种形式，例如品牌手表、电器和服装等。高档白兰地、威士忌也常采用这种形式。

采用窄渠道分销，可使品牌厂家得到相应的市场覆盖率，并且比宽渠道更容易控制，成本较低。

③超窄渠道。超窄渠道又称独家销售，即在一个特定的区域内，只通过一个零售商或一个工业用品批发商出售产品。例如，品牌汽车、家庭用具以及家用整套品牌娱乐用品常采用这种形式。美国加州冷饮的成功，就在于只选择无所不在的啤酒销售商进行分销，他们可以把冷饮分销到每一个小店，在批发环节是超窄渠道，在零售环节是宽渠道。麦当劳、肯德基等快餐店采用的也是超窄渠道。

独家经销可密切厂家和商店的关系，并保证零售商有一定存货量，厂家能控制销售价格，规定降价的幅度和时间。

2. 借势造势

攻占一座城池，需要先选择突破口，然后选择进军路线。在进攻之前和进攻过程中还需要适时造势，长己方士气，撼敌方军心。新产品切入市场也离不开借机造势的过程。造势的直接效应是使消费者理解品牌、偏爱品牌，逐渐取得品牌地位。

（1）广告开道：攻心为上。新产品入市，绝大多数都离不开广告的配合。在可口可乐入市之初，作为创始人之一的法兰克·罗宾森（Frank Robinson）就曾设计短小精悍的广告刊登在报纸上。到 19 世纪末，广告牌、日历卡和报纸上的可口可乐广告触目皆是。铺天盖地的广告使公司取得了巨大的成功。时至今日，广告更成为新品上市的护卫和开路先锋，没有广告，几乎就没有世界品牌。

（2）公关助推：借冕播誉。尽管广告在新产品入市时的作用甚大，但局限性也越来越明显。主要原因是各种广告已使人目不暇接，几百万元的广告投入常常石沉大海。一些品牌产品的入市成功，都不同程度地借用了公关手段，引起新闻效应，迅速地提高其品牌知名度。

①借名人扬名。名人常有众多崇拜者，受到大众的喜爱，他们或是在人们心目中留下了深刻的记忆，或是影响着人们的生活方式。一个刚刚上市的新产品，默默无闻，借着名人的知名度可以较快地进入市场。

19世纪初，埃芒纽·库瓦瑟与路易·盖洛合伙在巴黎经营正在兴起的葡萄酒和烈性酒的生意。他们借助与帝国元帅的关系，开始为皇帝拿破仑一世供应酒，生意兴隆起来。

1835年，两个合伙人的儿子费力克斯·约瑟夫·库瓦瑟和路易·约勒·盖洛，在雅纳克成立了库瓦瑟白兰地公司。1869年，库瓦瑟白兰地公司被命名为"特别指定给拿破仑三世宫廷的供酒商"。

1909年，西蒙家族买下了这家公司。他们为使库瓦瑟白兰地走向世界，创立了库瓦瑟商标，标志是一个拿破仑的剪影，名称为"拿破仑的白兰地"。由于使用了名人商标，并在宣传中进行了传奇式的渲染，库瓦瑟白兰地很快进入市场，并成为质量和精品的永恒标志。

②借品牌扬名。俗话说，大树底下好乘凉。品牌就像一棵大树，上市的新品就像是一个乘凉人，追逐品牌，从一个切入点将自己与品牌联系起来，会收到意外的连带效果。

A.斗名鸡出名。若干年前，肯德基在北京东四十字路口开办了一家炸鸡店，生意红红火火，顾客络绎不绝。上海荣华鸡店采取正面进攻战术，特意买下了它对面的地皮，开办了一家荣华鸡店。"两鸡"虎视眈眈，引起了新闻界的注意，媒体广泛地进行报道，使荣华鸡一下子就出了名，时常与肯德基相提并论。结果并未出现两败俱伤，而是引来了大批顾客。

B.攀可口可乐高枝。可口可乐出名后，一些后起的饮料商想方设法借其名声，提高自己的身价。

百事可乐捷足先登，从命名上就大胆地借用"可乐"二字，容易使人认为可口可乐又推出新产品。可口可乐提出抗议，反而提高了百事可乐的知名度。谁也不能否认，百事可乐是在可口可乐的光彩照耀下成长的。

七喜汽水一上市，就高喊着"非可乐也"，明着把自己从可乐队伍中拉出来，实际上又让新闻界和消费者把它与可口可乐联系起来。否则何必说"非可乐也"，只说"我是汽水"足矣。正是与可口可乐联系起来，它才很快地提高了知名度，占领了一定的市场份额。

总之，产品上市之初，或是与名人联系起来，或是与品牌联系起来，大都能顺利地启动市场。名人经常消费的商品，往往会成为品牌产品；常与品牌产品一起被人们议论，久而久之也就成为品牌的一员了。

(3)灵活促销：短兵相接。常有一种不正确的看法："品牌何用促销？"然而，不促销，何来品牌？品牌不是从天而降的，而是促销的结果。即使成为顶级世界品牌，各品牌厂家也丝毫没减少促销活动，如可口可乐、麦当劳、奔驰、宝马和人头马等。我们这里强调的是入市时的促销活动。

①限量销售。促销是促进销售,卖更多的东西。而限量销售,是抑制人们的购买欲望,使其产生更强烈的购买动机,加强其对该品牌产品的偏爱。同时,人为造成某些商品只有一部分特殊的人能享有的状况,自然会提升它们的身价。因此,这是一种反向的促销方法,被一些品牌产品在上市之初采用。

劳斯莱斯轿车从一开始就是限量生产、限量销售,使人产生望尘莫及之感,最终登上豪华车的顶端。该车大部分零件都是手工制作,拒绝现代全自动生产系统。因此,名气虽大,但效率不高,月产仅为60多辆。购买者必须预订排队等候,经过严格筛选才能成为劳斯莱斯的主顾。拥有一辆劳斯莱斯轿车,是许多富豪、政界首脑和演艺明星的梦。据说,艾森豪威尔总统很早就对金碧辉煌的劳斯莱斯轿车梦寐以求,但最终只获得一辆普通级的,成为其终身遗憾。

法拉利轿车也采取了同样的方法。法拉利公司主要生产跑车和赛车,为保证信誉,采取定量配销策略。每辆车的生产都是在接到合同后才开始,买主付款后,要等数月才能得到心爱的跑车。配销量按国家和地区分配,美国年配销量为300辆,亚太地区年配销量仅有30辆。这使法拉利跑车在市场上炙手可热,身价倍增。车主常常为皇室成员、贵族、商业巨子和明星。

②灵活销售。每个企业都想在入市之时一鸣惊人,但不能个个如愿。这需要遇到机会并抓住机会,巧妙地利用它。有些品牌产品,在入市时是靠偶然机会成名的,但也有些品牌产品是靠创造机会成功的,灵活性显得非常重要。

众所周知的例子是贵州茅台酒的成名故事。1915年,在国际巴拿马博览会上,美酒如云。中国送展的茅台酒无人知晓,自然问津者极少,备受冷落。促销人员顿生一计,提着一瓶茅台酒,走到展览大厅最热闹的地方,故作不慎将酒瓶摔碎,顿时浓香四溢,众多顾客赞不绝口。因此,有人说茅台酒的牌子是"摔"出来的。

赠送样品是在顾客购买商品以前,免费向顾客赠送一部分样品,以此介绍产品的性能、特点和使用方法等。这既可以使顾客得到免费试用的样品,以此刺激购买,又可以起到广告的作用。宝洁公司生产的"飘柔"洗发护发液问世后,厂家向广州市81万户市民赠送试用品,三个星期后,"飘柔"在广州市民中的知名度已达94%,免费试用样品使广州人很快接受了"飘柔",其销售量直线上升。该公司生产的玉兰油护肤品,在打入北京市场时也是通过居委会免费发送给适龄小姐和太太们的,一夜之间就引起反响,知名度大大提高。因此,有人说宝洁的牌子是"送"出来的。

当然,灵活销售的方法还有许多,诸如入市前一周的优惠销售、实行完美的售后服务和有奖销售等,都曾成为一些品牌产品切入市场时的辅助手段。

③文化销售。广告的增加,公关活动的普及,使消费者越来越难以产生应有的正向反应,甚至对广告和公关活动产生了一种逆反心理。针对这种现象,一些品牌产品入市时,有意不直接推出自己的产品,而以一种文化营养给予者的身份出现,事实证明效果颇佳。

德国人阿道夫·阿迪·达斯勒(Adolf Adi Dassler)从1920年起全力投入研制运动鞋的事业,最初仅有一个家庭作坊,没有名气,发展缓慢。1936年,奥运会在柏林举行,达斯勒设计了一种专为短跑运动员穿的钉鞋,并把它无偿赠给了美国短跑名将杰西·欧文斯(Jesse Owens)试穿。欧文斯一下子夺得了 4 枚金牌。达斯勒与他的鞋随欧文斯一起成名,顺利地切入市场。

1948 年,达斯勒与其 47 位同事共同创建了阿迪达斯公司。从此,阿迪达斯成为世界级体育明星的忠实伴侣。1954 年德国队夺得世界杯足球赛冠军时,运动员穿的是阿迪达斯运动鞋;在 1976 年蒙特利尔奥运会上,83% 的运动员穿用阿迪达斯产品。正是体育运动使阿迪达斯成名,也正是由于达斯勒向欧文斯赠送跑鞋,他的产品才真正进入市场。

综观世界品牌产品,常与文化有着千丝万缕的联系,并借助文化完成自我形象的塑造,最终成为特色明显的顶级品牌。例如,可口可乐的美国文化、百事可乐的新一代文化、麦当劳的温情文化、万宝路的牛仔文化和白兰地的田园文化等。毋庸置疑,文化销售是新产品上市的最好切入点之一。这也常是品牌与非品牌的区别之处。

二、品牌的市场扩展

人们在分析当今世界品牌时,常常会看到它们已遍布市场的各个角落,实现了最大程度的市场覆盖率。然而,这种结果并不是一步到位的。在切入市场阶段,企业往往采用集中营销战略,选取一个点进行重点开拓。一旦切入市场,站稳了脚跟,企业常采取差异营销策略,进行多方面的市场扩展,最终实现产品行销全球的目标。

世界品牌的成功之路,为我们提供了扩展市场的策划思路。

(一)将气球吹大——内部膨胀策略

如果只扩展市场而不从内部进行实力扩充,企业最终不可能达到扩展市场的目的。扩展市场,需要从品牌企业内部延伸开始,具体来说包括品牌延伸和企业延伸。其核心是将提供给市场的这块蛋糕——产品做大,先把一个气球吹大,再考虑多吹几个气球的问题。

1. 品牌延伸

要进行品牌延伸策划,首先要弄清楚品牌决策策划。在品牌决策策划过程中,应决定产品要不要品牌。如果要品牌,需解决品牌归属问题,即是自创品牌,还是用中间商的品牌,或是购买使用他人的品牌。我们更为关心自创品牌。自创品牌的延伸策划是本书所讨论的内部膨胀策划的重要内容。

(1)纵向延伸。所谓品牌的纵向延伸,就是采取单一家庭品牌拓展策略。企业生产的若干产品皆使用一致的品牌,使品牌纵向延伸至众多新开发的产品。统一食品和索尼电器等都是采用这种策略。统一企业的产品皆冠以"统一"之名:统一沙拉油、统一肉燥面、统一蜜豆奶等。下面以索尼公司为例,进行具体的策划说明。

①创一个自己的品牌。索尼公司原有的名称是东京通信工业株式会社。1953 年,社长盛田昭夫到美国考察,发现竟然没有人能把这个名称读下来并记住。随后,他决定将东京通信工业株式会社名称改为 SONY(索尼)公司。这一名称全球统一,便于人们识

别。它既是公司的名称，也是产品商标的名称，有利于宣传和节省广告费，同时可以树立公司形象和产品形象。

保持自己的形象是索尼公司坚持的一贯原则。1955年第一台"索尼"牌晶体管收音机问世。打开日本市场后不久，盛田昭夫亲自到美国市场推销，跑了许多家零售店，均遭拒绝。困境中，宝路华公司订购10万台，条件是必须在收音机上打上宝路华的名字。尽管宝路华公司已有50年历史，名气很大，但盛田昭夫最后还是拒绝了。因为他要创自己的品牌。事实证明他的决策是非常英明的。"索尼"名气很快大了起来，甚至有人将其视为晶体管收音机的代名词。

可见，纵向延伸首先需要选择一个自己的品牌，简单易记，有利风行全球，同时在商业活动中要守住品牌，不能因一时之利而放弃，坚守才有机会成为著名的品牌。

②向其他产品延伸。假如旧有品牌在市场上失败了，就必须放弃品牌延伸策略。相反，假如旧有品牌取得了成功，就可以利用这一成功品牌向新产品延伸。其好处是新产品一下子就能成为顾客认可的品牌，天生就拥有了知名度和美誉度，有利于切入市场取得成功。

原东京通信工业株式会社在使索尼品牌成功后，于1958年正式将公司名称改为索尼公司，并将索尼商标延伸至几乎每一个新产品。可见，索尼商标在前，索尼公司名称借用了商标名称。索尼公司将索尼商标"SONY"在170多个国家和地区注册，产品不局限于电子方面。

当公司推出微型放音机时，一方面为其起了个Walkman（随身听）的名字，另一方面也将"SONY"标志附在新产品之上。后来虽然Walkman成了人们对微型放音机的通用称呼，但SONY仍清楚地表明了厂家与质量。随后，索尼公司相继推出了Betamax（微型录像机）、Palm Top（掌上电脑）、迷你彩电等，但都附有SONY商标。SONY使一个个新产品走向成功，同时，众多高质量的产品又使SONY商标价值大增。1991年，美国兰道联合公司组织进行了一项规模巨大的国际品牌调查，调查对象是从美国、日本以及西欧8个经济发达国家选出的10万人。其结果是SONY列在第二位，仅次于可口可乐，这表明了SONY品牌延伸策略的成功。

诸多世界品牌公司都采用单一品牌策略，最为典型的是三菱和飞利浦等公司，几乎没有其他牌号。一些著名的法国白兰地公司、化妆品公司和时装公司也常运用此种延伸策略。这容易使本公司的产品形成集合力量，对市场构成较大的冲击力。

（2）横向延伸。所谓品牌的横向延伸，就是采用多个品牌的拓展策略，即公司生产的产品使用若干个品牌。这在世界品牌中也较常见。下面分几种形式进行具体说明。

①个别品牌策略。所谓个别品牌策略，即一种产品使用一个品牌。其好处是不会因个别品牌失败而影响整个产品线的产品；同时，一家公司推出多个品牌，会给人实力雄厚的感觉，有利于树立企业形象。但其缺点也是异常明显的，单个宣传费用昂贵，而一起进行宣传，品牌印象又不深。因此，不少品牌厂家的多个品牌常常是相继推出的。尽管有些厂家同时推出多个品牌，但存活下来的为数不多。

宝洁公司和一些著名饮料公司也是运用个别品牌策略的高手。宝洁公司的著名品牌有飘柔、海飞丝、碧浪、汰渍等；可口可乐公司的品牌有可口可乐（Coca-Cola）、雪碧（Sprite）、芬达（Fanta）、皇廷（Krest）等；百事可乐公司的品牌有百事可乐、七喜、美年达、激浪等。

②分类家族品牌策略。所谓分类家族品牌策略，是指按产品类别分别命名品牌的策略。这既有利于企业不断扩大产品线，推出新产品或新品牌，也有利于消费者购买时清楚地选准想要的商品。因此，不少品牌产品企业采用这种品牌延伸策略。

美国西尔斯百货商店常推出自己的品牌，并对不同大类的商品采用不同的品牌，分别以 Kenmore、Kerryhrook、Homart 为品牌应用于家用电器、妇女时装和家庭用品系列。

有些品牌公司，用企业名称加个别品牌名称的方法。从企业名称的一致性看，属于前面提到的纵向延伸品牌策略；但如果后加的个别品牌名称是按产品类别命名的，也属分类家族品牌之列，例如，味全公司推出的乳酸饮料分为味全亚当和味全夏娃两类。日本丰田汽车公司的系列汽车命名，皆有差异，又都与"冠"字有关。最初的是皇冠（CROWN）、随后的是卡洛娜（CORONA），接着又推出卡罗拉（COROLLA）。无论字形，还是词义，都有联系，并置于丰田统一品牌之下，使消费者产生联想，加深印象。

采取分类家族品牌策略时，应注意其适用性和方法选择。对同类产品采用同一品牌，对不同类商品采用差别品牌；同档次产品可考虑同一品牌，不同档次产品用不同品牌；目标市场相同可使用相同品牌，目标市场不同可用差异性品牌；所选择的零售商相似（分销渠道相似）可考虑用同一品牌，否则可用差异性分类品牌。

③多品牌策略。多品牌策略是指在同一种产品上使用两个或两个以上的品牌，使其相互竞争，互相促进。美国的宝洁公司是开创多品牌策略的厂家。他们在 20 世纪 40 年代推出的汰渍（Tide）洗衣粉颇为畅销，1950 年，又推出 Cheer 洗衣粉，上市后虽然夺走了汰渍的一部分销路，但二者销量之和远远大于单一品牌时的销量。其后，宝洁公司不断推出其他品牌的洗衣粉，最多时达 8 个品牌，每种均含有不同成分和不同功效，极大地促进了宝洁公司洗衣粉的销售，取得了理想的效果。

采用多品牌策略有诸多好处：一是抢占店铺的陈列空间，多一个牌子，就会在柜台上多占一个位子，挤掉一个他厂的竞争品牌；二是吸引流动购买者，对于一些日用品，消费者的品牌忠诚度不太强烈，有的人偏好变换品牌，多品牌会吸引他们购买；三是引入竞争机制，使企业内部各品牌员工相互竞争，提高工作效率；四是扩展市场空间，使厂商在不同的细分市场上都能拥有吸引特定消费者的商品；五是取代老化的品牌，给顾客以新的形象，是逐渐淘汰旧品牌的良方；六是加大竞争力度，保护旧有品牌，使其成为主品牌的附品牌，汇成整体力量。

进行多品牌策划时，需考虑诸多相关因素。一是新品牌能否获得预计的理想销售量，因为零售店不会容许不赚钱的商品长期占据其有限的陈列空间，达不到一定销售量的商品只能被淘汰；二是新品牌能从对手那里夺回多大市场份额，如果夺回的销量远远大于自家兄弟品牌失去的销量，可予以推出，否则必须放弃；三是投资回报率是否合理，因为新品牌需增添多种推广费用，如果实现理想销量付出的推广费过大，也不必勉强为之；四是新品牌上市时要有一个说法，或是新一代产品，或是独特配方，或是迎合新的潮流，等等。

综观世界品牌，各自品牌延伸策略差异很大，因此很难笼统断定谁优谁劣，而应根据市场及企业情况进行谨慎选择。

2. 企业延伸

据统计，世界80%以上的品牌产品源自规模较大的企业，而行业集中化的企业造就了最著名的世界品牌。因此，企业是世界品牌的创造者，那些规模较大、专业性较强的企业是世界品牌的摇篮。企业延伸的深度与广度，制约着创造品牌的等级。

（1）深度延伸。品牌企业的发展，大多经历了一个发展误区。它们常常是在某一个行业中成名的，成名以后就过于自信地向多种行业扩展，直至品牌变得平庸和危机四伏。

①"攥紧拳头"，即只生产一类产品。企业集中于某一个产品领域，进行全力拓展，是造就品牌的惯用方法。

可口可乐是世界品牌，其品牌拥有者可口可乐公司，产品领域相当有限。可口可乐公司基本上是饮料公司，它一直领导着世界的软饮料行业，产品行销至多个国家和地区，全球特许装瓶厂逾1400家。可口可乐及其系列产品占全世界软饮料市场销售量的45%，是世界最畅销的饮料。集中在饮料行业深入发展，是可口可乐保持不败的原因之一。

百事可乐公司、法国白兰地公司、世界名车公司，以及麦当劳和肯德基等，都是集中一类产品深入拓展的品牌公司。

②有限扩张，即生产相关的两三类产品。人们的消费不是唯一的，而是综合性的，常常在两类或几类商品之间产生内在的连带性，而在生产和销售上也极为相似。一些企业对这些产品领域进行相关的有限扩张，也会创造著名品牌。

最为典型的是时装品牌与香水品牌的联姻。诸如香奈儿、克丽丝汀·迪奥、莲娜·丽姿等都是因时装而成为品牌。由于高档时装是叫好不叫座的行业，易于成名却不利于发财，因此，借用已成名的品牌向相关赚钱行业扩展是最佳选择。香水与时装有着天然的联系，都是为了美化人们的外表。香水行业常会带来300%的利润，因此是最佳选择。时装与香水，在行业发展中互补短长。世界上几乎没有高档时装品牌不经营香水的。

索尼公司的扩展范围也相当有限。索尼公司的宗旨是保持高级品牌形象，产品领域仅限于电视、音响及相关的软件，而不像一般电器公司那样将冰箱、洗衣机也列在产品之列。20世纪80年代初，索尼公司销售额中各种产品所占比例为：电视机23%、录像机27%、收录机17%、音响设备7%、其他26%。领域相对集中，使索尼公司不断开发出领先产品，保持了品牌优势。

宝洁公司集中于洗涤剂和化妆品的经营，兼营部分食品，使其在洗涤剂领域保持着巨大优势。相似的还有雀巢食品公司、施乐公司及一些计算机公司等。

③"伸开巴掌"，即生产多类产品。尽管今天的某些品牌归属一些综合性公司，但并不是综合性的产物。一方面是自创品牌，即在公司初期进行专业化经营时，集中某一行业创造的品牌；另一方面是收购品牌企业，将现成的品牌产品及生产系统买断。万宝路品牌拥有者菲利普·莫里斯公司，除经营烟草外，还经营食品（卡夫）、啤酒、房产和财务信贷等。

（2）广度延伸。种种迹象表明，世界品牌等级并不是完全与企业规模成正比的，但也并非完全无关。在世界 100 家大企业中，囊括了 70% 以上的世界品牌；在世界 500 家大企业中，则囊括了 80% 以上的世界品牌。但是在前 100 位中，我们却找不到可口可乐公司、劳斯莱斯公司的影子，但谁也不能否认可口可乐、劳斯莱斯是著名的品牌。

①大规模受益。1844 年，英国通过法律，允许合股公司成立。19 世纪末产生了一大批巨型企业，至今成为品牌拥有者的有埃克森、花旗银行等。20 世纪初，出现了许多卓越的制造厂商，如奔驰、松下、丰田等都是伴随着规模扩张而成为品牌的。综观世界品牌，大多属大型或巨型规模的企业所有。

在过去，规模常与实力相关。一个企业规模较大，一方面表明其历史悠久，知名度的提高已经过相当长时间的努力，有了一定的品牌基础；另一方面，规模大表明该企业资源、财富、资本充裕，有可能将一个无名的品牌用金钱累积为品牌。这也是大企业拥有品牌较多的原因。

②小企业争宠。从企业发展史中可以看到，品牌与企业规模的联系越来越少。专家们认为，如果一个企业除了规模，没有其他竞争优势的话，规模并不能提供长期的保障。而对于掌握竞争优势的企业而言，缺乏规模丝毫不妨碍其发展。

进入 20 世纪 90 年代，一些大企业纷纷面临困境，美国通用汽车公司奋力挣扎，IBM 公司步履维艰，泛美航空公司衰败……规模已不是产生竞争优势的原因，相反是竞争优势带来的结果。新技术的飞快发展，市场的瞬息万变，为中小企业提供了机会。微软公司（Microsoft）在几十年前根本没人听说过，目前微软却成为世界十大著名品牌之一。其竞争优势在于 MS-DOS 及视窗软件的专利权，其功能在于提升其他产品的制造能力和附加价值，而并非制造能力。可口可乐、任天堂和贝纳通同属于制造业，但其成功并非规模所致，而是另有原因。对可口可乐而言，配方是重要的；对任天堂来说，技术标准是主要的；对于贝纳通而言，关键在于协调能力。因此，未来拥有品牌的企业，会比今天的规模更小，也无须雇用许多人来获取利润。

未来世界品牌的创造将不取决于规模，而取决于竞争优势。市场定位和产品特色难以保持长久，但技术秘密和文化内涵等附加价值优势较易长久保持。因此可口可乐、麦当劳和迪士尼会具有永久的魅力。规模不大的小企业更容易形成特色优势。

（二）多吹几只气球——外部扩展策略

再用力吹气球也不可能很大，充气过多就会爆炸。发展的方法，是多吹几只气球，从外部进行扩充。对于品牌产品或企业来说，内部膨胀的目的是外部扩张，即在空间上打开市场。

1. 点、线、面：战略性扩展策略

世界品牌在初入市场时，常在某一重要点进攻，取得成效后再向另一个点进攻，两点连成一线，接着攻下第三点形成面。各点广度延伸，最终布满各个角落。这种打点法可视为碉堡战。

（1）碉堡的选择与建立。在营销战中，碉堡战具有普遍适用性。它可以使竞争者花费较少的投入，取得尽可能好的扩展效果；它可以集中营销兵力于重要的市场点，使其成

为市场扩展的支柱。

打点法的一般规则是：由点到线，由线到面，最终形成包围圈。具体地说，就是先打第一点，再打第二点，然后做出连接这两点的线。在打第三点时，将三点连接即形成面。可见，打出三点以后，就形成了包围圈。当然，扩展市场的打点不是天上掉下块石头，仅把地砸个坑，而是落入水中，激起扩展的涟漪，每个点的涟漪交合才能形成真正的包围圈。并不是任何市场点都能激起涟漪，应用打点法，点的选择是至关重要的。假如连续打点均不起涟漪，那么市场难以形成，意味着市场扩展的失败。世界品牌常用的方法是先在本土打点，第二点选择美国或欧洲，第三点向日本或第三世界国家扩展。

第一个点是营销战中的制高点。它可能已被占领，也可能未被占领。前者称之为黑点，后者称之为白点。营销者在打白点时相对容易，在打黑点时相对而言比较困难。就像可乐"点"，被可口可乐公司部分占领，但总处在百事可乐公司的猛烈进攻之中。

扩大市场的目的是提高市场占有率，而非单纯地增加点数。专家指出，仅以点来掌握占有率，最多只能掌握一成的市场占有率；以线来掌握，最多只能掌握两成的市场占有率；以面积掌握时，才能掌握三成以上的市场；要掌握到安全的四成市场，就必须形成包围态势的面积。

（2）碉堡战的进攻与防御。碉堡战常常不是没有对手的自由进攻，而是有对抗发生，需要采取一定的策略进行扩展。

①躲避策略。在尚未做好充分准备之前，不去惊动那些竞争力较强的对手，以免引火烧身。至少不要过早地与对手面对面地直接竞争，不要无防卫地卷入激烈的竞争之中。躲避不是逃跑，而是保护自己，等待时机成熟时再进攻。

②进攻策略。经过一定时期的市场扩展后，实力与气势已大大超过竞争对手，就可以由躲避策略改为进攻策略，冲出自己的碉堡，向竞争对手的碉堡发起进攻。这样可以逐渐缩小竞争对手的地盘来扩大自己的市场。日本本田公司经过了10年以上的时间，才正式与哈雷公司在大型摩托车市场上进行较量。

③包围策略。当向竞争对手发起正面进攻时，必然会引起对手的反击。为了对付这种反击，进攻方需采取包围策略，使对手无反击之力。包围策略是指从产品、价格、分销和促销等多方面取得优势，使对手难以全方位地进行反击。

④迂回策略。迂回策略的核心是，不与竞争者正面交手，通过自己广阔的竞争视野，去寻求没有竞争者的市场，从而更好地保护自己。具体方法有：开发对手没有的新产品，把产品打进新开辟的市场等。

⑤游击策略。商战中的游击战术不是大的进攻计划，影响范围也比较小，一般是弱者采取的策略。它是从不同的位置和角度给对手以间歇性和小型的打击，目的是骚扰对手，使其陷入混乱，弄不清另一次打击将在哪里出现。

碉堡战中的各种对抗策略并非全是互相排斥的，可以在不同的战场采取不同的策略，也可以在不同的时机启动不同的竞争杠杆。品牌企业不要一味地追求某种策略，而是要根据实际情况加以选用；也不要片面模仿别人的做法，而是要努力注入自身色彩，采取机动灵活的战略战术。

2. 没有硝烟的争夺：非商业性扩展策略

诸多世界品牌在进行空间扩展时，常常带有很大的非商业性，使其所切入并扩展的新市场悄悄地打开，使目标消费者在毫无戒备的心理状态下接受陌生的品牌。这种方法在扩展异地市场时常被使用。

（1）美军成了可口可乐的推销员。"二战"期间，可口可乐公司坚持每天向每个美国军人提供一杯可口可乐，只需五美分。这不仅使可口可乐深深扎根于美军的生活，巩固了美国的市场，而且使可口可乐随美军走欧洲、进日本，开辟了第二市场、第三市场。美军撤退以后，可口可乐却留了下来，建立了自己的桥头堡，成了国外许多地方能买到的首批美国产品之一。

可口可乐的顺利扩展，在于巧妙的策划。

①可口可乐不是以商人姿态，而是以爱国者姿态出现，首先赢得了美军的喜爱。不管士兵在什么地方作战，都有简易的装瓶厂跟随。可口可乐技师被授予与他们在公司薪金水平相当的荣誉军衔，被称为可口可乐上校。战时士兵对可口可乐的巨大需求，导致黑市价格飞涨。在"二战"档案中充斥着要是没有足够的可乐将会发生何种灾难的描述。可口可乐成了"二战"的功臣和最具知名度的爱国者。

②可口可乐利用了"二战"的机会点。战争时期，美军以援军的身份自由地进出欧洲和日本，特别是在欧洲所建的可口可乐工厂战后依然在。实际上，战争帮助了可口可乐在全世界推广。在战争期间，饮料必需的食糖是实行配额制的，但由于可口可乐以军用品的面目出现，因此是唯一不受食糖配额限制的软饮料，使其知名度和普及率大大高于了竞争对手。

③可口可乐不是以商人面目而是以消费者面目出现的，因为美军不是推销员，而是可口可乐的消费者。因此，可口可乐扩展市场不必在市场上与竞争对手大肆厮杀，在商店里你争我夺，而是首先影响了消费者，让消费者知晓可口可乐而不知如何才能买到它，或者不能很容易地得到它。战争一结束，和平一回归，当然有许多人偏爱可口可乐。可见，利用美军——这一特殊推销员打开市场可谓精妙绝伦。

（2）白兰地广播文化火种。人们总是习惯于将白兰地同文化联系起来，因为它们每次打开一个新市场时都是靠文化开道。文化使白兰地变得高雅、友善、充满温情，人们总是笑眯眯地欢迎它们，不会有丝毫的抵抗。

①送给美国总统的寿礼。20世纪50年代，法国人想把白兰地打入潜力巨大的美国市场。如何打入？颇费了一番心思后，策划出一个给美国总统送寿礼的活动，让美国人拍着双手将白兰地迎进了国门。

美国和法国历来有互赠礼品的历史。自由女神像就是法国政府送给美国政府庆祝独立100周年的礼物，后来美国也曾回赠了一个自由女神给法国。送寿礼似乎在情理之中。策划的宣传时机是美国前总统艾森豪威尔的67岁寿辰之时。法国人民为了表示对美国人民的友好，精选了2桶极名贵的酿造67年的白兰地酒作为贺礼。贺礼由专列送到美国，白兰地公司为此付出了巨额保险金。在总统寿辰当天，举行了隆重的赠酒仪式，2名宫廷侍卫抬着酒桶步入白宫。由于事先对此事件进行了全方位的报道，赠酒仪式当天，众多的人前来观看，华盛顿竟出现了万人空巷的景象。白兰地自然成为美国人议论的中心，从此法国白兰地走上了美国的国宴和市民的餐桌。

②走进中国的文化使者。中国几乎是法国白兰地最后开辟的市场，却成为最大的市场。它们进入中国市场之时，几乎都先对准了具有欧洲情调的中国第一大城市——上海，不是以商人的形象出现，而是以文化使者的身份介入。

1992年6月7日，三桅快速帆船"轩尼诗精神号"（spirit of Hennessy）抵达上海黄浦港，重演了120年前第一批60瓶XO级科涅克（干邑）白兰地酒运抵上海租界时的情景，这是纪念性促销活动的一幕。通过举办轩尼诗画展、建立轩尼诗影院和举办各种文化评奖活动，白兰地树立了文化传播使者的形象，顺利地打入中国市场。

尽管人们也常见法国白兰地的广告，但常常没有看一般广告的那种戒备心理。白兰地的广告画面和广告语常给人一种享受之感。诸如马爹利在宣传造势上结合古典音乐，采用非商业场合的文化环境，突出典雅与高贵；路易老爷展示了古老的宫殿式建筑，并通过举办各种酒会和大型文化活动，突出极佳的企业形象。

当然，非商业性的市场扩展还有更为广阔的空间，远不只可口可乐和白兰地采用的方法。例如，体育品牌（阿迪达斯、耐克等）常是由体育明星借助于赛事将其传播开来的，时装和化妆品品牌更多的是通过时装发布会或名人使用来扩展市场，汽车扩展市场的方法是举办博览会，富士、柯达扩展市场的妙招是举办摄影艺术展览或大赛。总之，非商业性的市场推广活动无处不在，效果也日趋明显。

3. 冒着"炮火"前进：商业性扩展策略

商业性扩展，即直接运用分销、广告和销售促进等手段进行扩展。尽管其商业性明显，但容易造成声势，迅速赢得消费者。世界品牌的扩展，常常是商业性和非商业性策略结合运用。

（1）分销扩展策划。从实质上看，市场扩展是消费者购买量的增加；但从形式上看，却是分销渠道的扩展。利用现成的分销网络，进行市场渗透，是诸多世界品牌的成功之路。

①施放诱饵：可口可乐进中国。可口可乐将市场扩展至中国，除了巨大的广告投入外，还有分销策划上的配合。广告并不等于切入，而分销活动开始运作，才标志着已经切入某一市场。

可口可乐切入中国市场，首先向经销商投放了一个巨大的诱饵，即免费向中国的几家粮油进出口公司提供可乐饮料的装瓶设备。条件只有一个，需要购买可口可乐公司的原浆。这无异于天上掉馅饼，大大地刺激了中国经销商的积极性，很快地打开了市场。市场打开后，可口可乐公司选择中国有实力的公司合资办可口可乐装瓶厂，组建分销公司，顺利而又迅速地使可口可乐饮料遍布街巷。

②优化代理：索尼产品入美国。现代市场已进入营销时代，好的产品与创意要求有好的分销渠道，才能打进并占领异地市场。分销渠道由各个分销商组成，分销商类似于古老的驿站，它们对商品转移起着重要作用。索尼公司运用的分销术异常成功。

A. 寻求"仙人"指路。20世纪50年代在美国纽约做生意的日本人很多，一般的企业在分销时常依赖在美国设有办事处的日本大贸易商。但索尼公司另辟蹊径，寻求地道的美国代理商。因为索尼没有找到一家了解其产品和策略的日本公司，相反，一个美国代理商却对跨国事业极感兴趣，并对索尼公司的最终成功提供了帮助。他熟识美国的商业实务、分销路径及相关法律。他把美国介绍给索尼，又把索尼介绍给美国。

B. 分销量适当。索尼公司总是将分销量与产量能力协调起来，不盲目增加产量。一个美国商人拥有 150 家连锁商店，对收音机的需求量很大，而且不要求在产品上打上连锁店的名字，他只让索尼提供 5000 台、1 万台、3 万台、5 万台以及 10 万台的报价。盛田昭夫并没被大宗订货冲昏头脑，因为当时索尼年产量仅为 1 万台，如果订单数额过大，必然要扩大生产规模、增加员工，进行大量投资，这是有风险的。因此，盛田昭夫画出了一条 U 形曲线，5000 台为一般价格，是曲线起点；1 万台给折扣，是曲线的底端；3 万台的价格开始回升；10 万台的价格就高出许多。最终美国商人订购了 1 万台。索尼公司稳稳当当地进入了美国市场。

（2）广告轰炸策划。铺天盖地的广告虽然产生正向效应的为数不多，但仍是产品扩展新市场的利器。有人曾经预言，有广告，不一定就产生世界品牌；但假如没有广告，就不可能出现世界品牌。

①巨大的广告开支。一般来说，人们要对一个广告重复看 7 次，才能留下一定的印象。但真正树立起信任度和美誉度，还需要非常大的广告投入。就拿中国市场来说，前些年 100 万元广告费能使一个品牌成名并畅销，现在情况则大为不同。广告的资金效益率大为降低，消费者抵御广告的心理进一步强化，广告信息量膨胀使某个广告很难鹤立鸡群，媒体费用也翻着跟头地上涨。一些产品每年广告投入远远超过 1000 万元，结果在市场上还是没有反响。世界品牌在扩展新市场时的广告投入是十分巨大的。

可口可乐被某些人称为"钱堆起来的品牌"。它平均每年花费在商标上的广告费高达 1.84 亿美元。每当可口可乐扩展一个新的市场，总是伴随着宏大的广告策划和巨额的广告开支。

诸多世界品牌进入中国时，无一例外地伴随着巨大的广告投入。20 世纪 80 年代，是日本品牌大出风头的时代。尽管当时日本电器对中国人是可望而不可即之物，凭票才能买到，但松下、索尼、日立、三洋等品牌企业着眼于未来，天天占据着电视台的黄金广告时间，其结果是影响了一代人。巨大的广告投入获得了超级回报，日货一直走俏中国市场。20 世纪 90 年代，欧、美品牌争宠中国，最典型的是洗涤用品。美国宝洁公司的碧浪和汰渍，英国利华公司的奥妙，德国汉高公司的威白，在中国掀起了一场广告大战。各家投入的广告费相当惊人。法国白兰地、贝克啤酒、雀巢咖啡和摩托罗拉也都运用了广告轰炸策略。

②入乡要随俗。不少世界品牌在向中国市场扩展时，采取了入乡随俗的广告创意。日本丰田和三菱车广告"车到山前必有路，有路必有丰田车""有朋自远方来，请您乘坐三菱牌"，早已成为脍炙人口的广告绝句。它们借用中国俗语，敲开中国市场之门。法国白兰地人头马的广告词"人头马一开，好事自然来"，与名车广告有异曲同工之妙。

可口可乐在扩展中国市场的第二阶段，也曾一改"洋味十足"的做法。1992 年 3 月

28 日，中央电视台新闻联播之后，播放了"可口可乐时刻"广告片：以一系列中国老百姓所熟悉的生活片段渲染出温情脉脉的"中国味"，给中国消费者留下了极其深刻的印象。这部广告片由中国演员、摄像人员参与摄制，实景也选自中国，从策划到完成历时 9 个月。在中国 18 个大型城市同时首播，并在首播之前专门发了 2 辑预告，足见策划之精心。1995 年夏季，在北京街头的饮料摊上，人们见到了设计一致的宣传帆布围栏。红色帆布和白色的"可口可乐"标志异常耀眼，这又是入乡随俗的精彩创意。

③创意要独特。世界品牌产品都拥有独特的个性，广告宣传也必须形成自己的风格，以吸引那些追求新奇的消费者。

德国贝克啤酒的广告词是"喝贝克，听自己的"。起初让人费解，但很快就让人熟知和喜欢了。因为它倡导了一种个性文化：尊重自己的意愿，而不随波逐流。这恰恰是当今社会人们实现自我价值的内容之一。马爹利 XO 在中央电视台经常播出的广告是"干邑艺术，似火浓情"，体现出奉献干邑艺术的永恒理念。各个名车广告更是强调自己的独特个性，如富贵的劳斯莱斯、庄严的奔驰、舒适的宝马和高贵的法拉利等。

（3）价格策略选择。价格对于产品上市与市场扩展有着重要的影响。当年可口可乐就是凭借"5 分钱喝一小瓶"取得成功的，后来百事可乐又凭借着"5 分钱喝一大瓶"挤进市场。美国高露洁牙膏、牙刷登陆中国，尽管广告投入巨大，但因其价位偏高，入市极为不顺，不得不采取优惠促销手段进行补救。可见，对于日常用品来说，低价进入市场扩展才是有效的，日常用品的品牌创造必须采取低价策略。然而对于非日常用品，例如烟、酒、化妆品、时装、汽车和电器等，价格因素不很重要，而商品独特性常使附加价值增大。因此，世界品牌中的大多数采取的是高价策略。品牌总是与优质联系在一起的，而高价能增强消费者的信赖，并给企业带来明显的利益。

当然，价格高至何种程度，取决于人们对产品附加价值的估计和广告程度。人们往往愿意以高价购买广告中的产品，而对非广告产品只愿付低价，非日常用品品牌更是如此。

世界品牌的扩展策划，除了内部和外部扩展外，还有时间的延续。时间延续是守住碉堡的问题，是品牌成名后如何继续扩大和保持品牌形象的问题。

第五章

企业形象策划

第一节　企业形象的基本内容

一、企业形象的含义

企业形象是指社会公众对企业总体的、概括的、抽象的认识、态度和评价。它是由企业行为创造的，是由公众舆论评价的。具体地说，企业形象是指一切与企业直接或间接发生关系的个人或组织，如企业员工、股东、债权人、顾客、中间商、竞争者、社区居民、民间组织、金融机构、新闻媒介、政府机构及政府官员等，对该企业经营行为的综合看法或总体评价。它是企业经营运作表现与特征在公众心目中所形成的印象的反映，表明社会公众对企业经营业绩承认与否及承认程度，在一定程度上也表明社会公众对企业是否持支持态度。企业形象的含义，还包括以下四个方面的内容：

（1）企业形象是企业经营运作状况和特征的反映，是社会公众对企业总体的、概括的、抽象的印象，通过社会公众的主观印象来表现，反映社会公众对企业总体的认识、态度和评价。

（2）企业形象是一种与社会公众评价相联系的观念状态，表明企业在社会公众心目中的地位和普遍看法，是一种为大众所普遍接受的社会舆论。这种观念状态或社会舆论是一种不以企业意志为转移的客观存在，一经形成便长时期地发挥作用。

（3）企业形象是以企业行为为基础的折射反映，企业形象的好坏取决于企业行为本身，关键不在于社会公众怎样看，而在于企业怎样做，或者说企业用什么行为去塑造自己的形象。良好的公众形象是企业多种内在因素共同作用的结果，是企业整体素质和管理水平的综合反映。企业公众形象的好坏主要取决于企业多方面、全方位的投入，否则，不可能产生良好的企业形象。

（4）企业形象塑造是一项长期的系统工程，不可能在一朝一夕或通过一事一物建立起来，企业只有经过有计划、有目的、坚持不懈的长期努力，才能有效地培养起良好的公众形象。公众形象虽然不可能很快树立，也不可能短期内由坏变好，但很容易由好变坏。

总之，企业形象是一种宝贵财富和战略性资源，与人力、物力、财力资源一样应被视为企业经营运作的重要基石。企业形象与其他资源的主要区别在于，它是一种无形的、看不见、摸不着，但又实实在在发挥重大作用的资源，是一种在质上难以界定、在量上无限扩展的资源形式，具有取之不尽、用之不竭的资源效用。

企业形象的有效性取决于公众舆论，取决于企业行为是否符合公众的需要和期望，只有将企业行为的经济效益与社会效益有机结合起来，才能建立符合社会大众需要的良好企业形象。

二、企业形象的特征与作用

1. 企业形象的特征

（1）企业形象的整体性和多维性。企业形象是由若干不同要素构成的一个总和的、整体的形态反映，它不仅局限于企业提供的产品数量、质量及相关服务，而且反映企业经营理念、人员素质、内在凝聚力、技术开发、经营管理、社会公益事业、环境治理、职业道德等方面的综合表现，是企业各种要素的整体性反映。然而，企业形象的整体性并不排斥它的多维性，即每一要素都相对独立地传播信息，都会直接影响公众对企业的看法和评价，无论哪种要素出现失误或造成不良影响，都会直接损害企业在公众心目中的形象。

（2）企业形象的客观性和主观性。企业形象的形成基础和过程是客观的。公众感知和认识的是企业行为及其产生的结果。因此，良好的企业形象根植于良好的企业行为，任何弄虚作假或倚重宣传来树立企业形象的做法只有百害而无一利，在时间和事实的检验下，都会使企业声名狼藉。然而，由于企业形象是社会公众对企业的主观看法和评价，公众在认知能力、价值观念、思维方式、审美标准及时空条件上的差异性，又决定了社会公众对企业行为评价渗透着明显的主观色彩，留下鲜明的价值观念的烙印。

（3）企业形象的动态性和相对稳定性。企业形象不是一成不变的，它会随着企业行为和公众认知水平的变化而变化。动态变化是绝对的，只是变化的方向和速度不同而已。一般来说，由坏变好或由一般变好需要漫长的过程；而由好变坏往往有一泻千里之势。然而，企业形象一旦形成，便具有相对稳定性，特别是当这种评价为社会舆论所普遍接受时，社会公众在心理定式的作用下，对企业的看法或评价不会轻易改变。

（4）企业形象的表层性和深层性。企业形象有其内在的层次性。企业表层形象是指人们可以直接感知的企业外在形象，如企业名称、企业标志、品牌、包装、产品、办公用品、企业建筑物、机器设备、厂区及办公环境、员工服饰、销售活动等，这种表层形象属于低层次形象，对公众的影响是直观的和短暂的。企业深层形象是指人们不能直接感知的企业内在形象，如企业经营理念、价值取向、职工综合素质、职业道德、市场竞争力、经营管理水平等，这种深层形象属于高层次形象，对公众的影响是长期的和持久的。企业表层形象与深层形象和谐统一，才能在社会公众心目中树立一种长期发挥作用的完美形象。

2.企业形象的作用

在市场经济条件下,良好的企业形象已成为企业一种不可缺少的无形财富和战略性资源,是企业生存和发展的重要基础性条件,也是企业创造竞争优势的可靠保证。

(1)良好的企业形象有助于企业赢得顾客的信任和进行市场开拓。当企业显示出强烈的社会责任感,注重维护公众利益,为市场提供实用、便利、经济、安全、卫生的高品质的产品和服务时,便在市场上树立起了良好的企业形象,增强了顾客对企业的美誉度和信任度。这种经验、感知、印象在顾客购买行为中,往往起着决定性和长期性的作用。它不仅使企业保持原有的忠实顾客群,而且能吸引更多的新顾客;不仅能在原有产品销售中赢得更多的货币选票,而且能加快新产品推进市场的速度,减少销售推广费用和市场风险;不仅能巩固原有的购买信心,而且能在广度和深度上影响公众态度,形成新的顾客群。

(2)良好的企业形象有助于增强企业的凝聚力和吸引力。具有良好形象的企业,尊重知识,尊重人才,尊重职工个性和创造力的发挥,承认每个员工的劳动和贡献,创造一种团结进取、竞争向上的和谐氛围,为员工营造施展聪明才智的良好环境,从而产生强大的磁铁效应,培育起"企业如家""荣辱与共"的归属感和使命感,形成强大的向心力和凝聚力。正是这种强大的向心力和凝聚力,不仅形成内聚的黏合效应,而且吸引各类优秀人才加盟企业,为创造市场竞争优势提供人才支持。

(3)良好的企业形象有助于提高企业的竞争能力。由于科技进步和劳动生产率的提高,产品制造业进入成熟化和标准化阶段,产品成本、功能、质量、款式及服务日益趋同,企业之间差距日益缩小,由此导致企业之间的竞争从质量、功能、价格、技术、规模转向企业声誉和企业形象。在其他情况基本相同的情况下,具有良好形象的企业更容易为市场承认和接受,具有良好品牌声誉的产品更容易为广大消费者所喜爱和竞相购买,从而大大提高企业竞争实力,使其在激烈的市场竞争中立于不败之地。

(4)良好的企业形象有助于企业获得广泛的社会支持和帮助。企业经营运作不仅仅是企业自身的行为,它涉及社会的方方面面,离开社会各界的喜爱、信任、支持和帮助,企业很难生存和发展。经过长期努力建立起企业与各界公众之间令人满意的关系状态并以此为基础形成良好的企业形象,是企业最宝贵的无形财富。企业凭借它,可以得到股东、金融机构在资金方面的支持;可以得到与中间商合作的机会,提高市场份额,赢得更广泛的社会支持;可以借助新闻媒体之冕,传播企业美名之誉;可以得到政府在财政、税收、政策等方面的扶持与帮助。

(5)良好的企业形象有助于提高企业营销管理水平。传统营销管理理论强调产品、定价、促销和分销渠道的整体组合管理,旨在顺从和适应企业的外部环境。现代营销管理理论在"4Ps"基础上,重点强调了另外两个"P",即权力(Power)和公共关系(Public Relations),旨在综合运用经济、政治、心理和公共关系手段,树立良好的公众形象,以影响和改变企业经营环境,寻求社会各界更广泛的支持与合作,创造一种有利于企业长期发展的社会氛围和外部环境。企业公众形象如同"4Ps"一样是企业的可控因素,但它是一种高层次管理。其一,企业形象以"4Ps"为基础,不仅反映"4Ps"的经营管理水平,而且综合反映企业整体实力以及先进的经营思想和管理方式。其二，企业形象是一种高层次竞争策略，说"虚"其实并不虚，而是一种可感知的客观存在，就像室内的空气一样可以使人感到清爽，也可以使人感到郁闷。良好的企业形象同样能够带来丰厚的利润回报。其三，企业形象绝非自然形成，从规划设计到传播塑造必须进行科学的管理，也要得到包括消费者在内的社会大众的承认和喜爱。因此，企业形象塑造属于高级、复杂、综合的营销管理。注重企业形象的塑造和管理，对提高管理人员素质和营销管理水平具有十分重要的推动作用。

三、企业形象系统

企业形象作为一个整体的、综合的抽象概念，是由多种要素构成的系统，没有各要素相互联系、相互制约、相互配合的联动运作，整个系统就难以运行并发挥其应有的功能。

1. 产品形象

产品形象是企业形象的基础和最重要的表现形式，产品形象的好坏直接关系到企业形象的优劣。新颖的产品开发、独特的产品构思和精心的产品设计，能充分体现企业开拓进取的精神和强劲的技术实力；产品安全可靠、使用方便的内在质量，可以大大提高企业的信誉；新颖美观的造型、亮丽的色彩、引人注目的包装、难以忘却的品牌，可以传播名誉，进而在社会公众心目中塑造出良好的企业形象。

2. 价格形象

价格是企业形象的衡量标准和强有力的传递信号。产品价格与功能配比的高低，直接向顾客传递该厂商生产的产品是优质产品还是劣质产品的信息，成为社会公众首要的评判标准，特别是在产品种类繁多、质量优劣不易判别的情况下，高价格往往意味着高品质、高功能、高效率，在一定程度上可以提高企业及产品的品牌形象。"一分钱，一分货""好货不便宜，便宜没好货"的认同心理，意味着顾客将产品价格与企业形象自然地联系起来，在支付能力允许的条件下，将购买力投向价格高的商品。事实说明，当人们手中货币增多时，那些质量好、安全、便利、功能新而全、服务周到的产品，尽管价格高，也是消费者竞相追逐的热点，在购物潮流中起着示范导向的效应。

3. 广告形象

广告对传播企业形象具有显著而有效的作用，这是大多数人都承认的事实。但很多人忽略了另一个事实，即广告构思、文案撰写、媒体选择、制作技巧、发布时机等都直接影响企业形象。一个高雅风趣、富于想象、意味深长的广告，反映了企业管理人员的经营管理水平，能给企业形象增光添彩，在公众心目中留下美好而深刻的印象；一个粗俗平庸、荒诞离奇、格调低下的广告，使人望而生厌，会给企业形象抹黑，甚至造成难以挽回的消极影响。在现代市场营销中，社会大众已经习惯于通过广告认识企业及其产品。顾客消费之后，感觉与广告宣传相一致，企业形象系统便得以确立和巩固，购买者就会成为企业的忠实顾客。因此好的广告不仅能及时有效地打开市场，使产品一炮而红成为"明星"，而且能成为提高企业知名度和塑造企业形象的有效手段。

4. 顾客服务形象

顾客服务是塑造企业良好形象的重要手段。在今天的购物群体中，那种为价格所左右的情况会趋于减少，人们除了看重产品品牌、产地、质量外，更看重厂商为他们提供的服务，如免费送货、安装和调试、电话订货、售后服务、保退货、商品保险、分期付款、技术咨询和培训、用户信息反馈、定期上门服务、更换零配件等。这些服务不仅为顾客购物增加了安全便利感，使其享受购买、使用整个过程的服务，而且培养了顾客对企业的感情；不仅减少了顾客对企业的成见和怨恨，而且降低了顾客对价格的敏感度，提高了企业的销售业绩和经营效益；不仅密切了与客户的关系，稳定了客户群，而且通过"客户宣传效应"，吸引更多新客户加入购买行列，大大提高了市场占有率。提供周到全面的服务，已经成为具有良好形象企业的重要特征。

5. 环境形象

环境形象是企业生产条件和工作氛围的总体表现，从外在直观的视角反映企业的经济实力、精神面貌和管理水平。厂区环境、办公设备、运输工具、生产自动化水平、使用的各种有形物体，都会给社会公众留下最直观的印象。一个垃圾成堆、污水四溢、臭气熏天、灰尘扑面、到处堆放原材料和半成品的厂区环境，与一个绿树成荫、草坪成片、整齐干净、各种物品排放有序、令人赏心悦目的厂区环境相比，谁好谁坏，不言自明。

6. 员工形象

员工的精神面貌、工作态度、言谈举止、服饰仪表是企业形象人格化的直接表现，它综合反映企业员工文化修养、职业道德、教育培训和管理水平等方面的总体素质。企业员工特别是各级管理人员、公关人员、推销员是企业形象的直接培育者。具有良好形象的企业，一般都十分注重员工素质的培训，使其彬彬有礼、自然大方、不卑不亢，具有严谨求实的敬业精神，高超的处理复杂问题的能力，娴熟的谈判与公关技巧，以及灵活应变，追求高质量、高效率的工作态度。当社会公众与这些训练有素的员工接触时，自然就会通过他们对企业产生良好的印象并做出好的评价。

7. 公共关系形象

公共关系是企业沟通与社会公众的联系、塑造良好形象的重要手段。企业不仅是一个经济组织，而且是一个社会组织，不仅要为目标市场顾客提供满意的产品和服务，而且要与学校、社区居民、民间团体、慈善机构、宣传媒介组织、政府部门建立良好的公共关系，通过举办大型文化娱乐活动、资助慈善事业、修建公共设施、教育投资、募捐、赈灾、开展志愿者服务等公益活动，承担一定的社会责任和义务，获取社会公众的喜欢、信赖、支持、合作。企业只有通过一系列行之有效的公共关系活动，成为合格的企业市民，赢得良好的公众口碑，才能在市场竞争中大有作为。

8. 企业家形象

企业家的政治思想水平、文化素质、知识结构、组织能力、工作作风、精神个性，都会成为企业最具代表性的形象，在塑造企业形象的过程中起着核心和关键作用。一个成功企业的背后必定有一位成功的企业家。企业家作为企业的旗帜，对内形成强大的凝聚力和向心力，对外产生强大的影响力和感召力。企业家声誉的好坏与企业形象息息相关，直接影响企业的荣辱兴衰。

第二节　企业形象策划

企业形象策划是一项极具挑战性的系统工程，具有客观的内在规律性。企业要进行形象策划，实施企业形象战略，就必须准确理解企业形象策划的科学内涵，遵循企业形象策划的原则与方法。

一、企业形象策划的内涵

企业形象策划具有双重含义：一方面是指一门科学，即以企业形象策划活动为对象的学科；另一方面则是指一种策划行为、一种实践活动，即一种为达成企业的整体经营目标而开展的创造性的思维活动。它同企业文化建设、市场营销存在着明显的区别。

企业形象策划简称 CIS（Corporate Identity System），是指针对企业的整体经营目标，为企业争取有利的市场空间，获得竞争优势，将企业经营理念和企业精神传达给社会公众，从而达到塑造企业个性、显示企业精神，使社会公众对企业产生认同感的理论体系及其实践活动的总和。

企业形象策划首先是一门科学，是在现代经济发展和企业成长过程中，为适应新的需要而形成的一门集市场营销、工艺美术、工业设计、语言艺术、逻辑学、社会行为学与经济学之精粹的新型的综合性学科。

企业形象策划同时也是一门艺术，极具艺术创意性，市场的变化和竞争的加剧，迫使企业突破常规发展而呈现千姿百态。企业的差异化战略要求企业形象策划构思富于奇思妙想。没有别出心裁的策划，就没有令人耳目一新的企业形象，就没有独树一帜的企业差异化战略。

二、企业形象策划的操作工具——CIS

企业形象的好坏，已成为当今企业生存与发展的重大制约因素，千金买名、万金买誉已为广大企业家普遍接受，塑造良好企业形象被视为竞争制胜的重要法宝。如何科学地设计企业形象，正是 CIS 战略所要研究和解决的问题。

1. CIS 战略的含义

CIS 即企业识别系统。对 CIS 的理解可谓仁者见仁智者见智，尽管表述的内容基本一致，但在具体文字上仍存在明显的区别。

中国台湾学者林磐耸认为：CIS 是指企业的经营理念或经营哲学等企业文化，透过传播媒体以增进社会认同的筹码系统。

日本野村综合研究所的上野明认为：CIS是将企业个性鲜明地表达给外界，换句话说，就是将企业个性或特色广泛地传达给外界，使外界产生固定的印象。

曾经为50多家企业导入CIS理念的日本PASO公司创办人中西元男认为：简单地说，为企业改头换面、换血强身，就是CIS。

中国大陆学者孙黎、甘波认为：CIS是企业将自身的理念文化、行为方式及视觉识别进行系统的革新、统一的传播，以塑造出富有个性的企业形象，并获得国内外公众认同的经营战略。

中国大陆学者于显洋、廖菲认为：CIS战略是一种专门用于企业知识系统的经营管理战略，其宗旨是通过特定的传播媒体将企业经营理念和经营行为转化为公众印象和公众态度，在社会公众心目中树立起良好的企业形象，取得良好的认同和支持。这一实质性的转化过程，依赖于企业与社会大众之间的有效沟通。在现实生活中，这种沟通往往出现梗阻，企业信息传递有的是自发的、盲目的，缺乏明确的目的性；有的是杂乱零散的，缺乏整体的系统性；有的是表层次的、现象性的，缺乏本质上的深刻性；有的是扭曲的、虚假的，缺乏真实的可信性；有的是雷同的，缺乏鲜明的企业个性；有的是未经过整理加工的，缺乏具体的针对性。诸如此类的信息传递，不是产生识别误差，就是难以准确清晰地进行识别，很难给社会公众留下深刻和美好的印象。为了克服信息传递的失效性，CIS战略应运而生。

2. CIS战略的要素

CIS战略由企业的理念识别系统（Mind Identity System，MIS）、行为识别系统（Behavior Identity System，BIS）和视觉识别系统（Visual Identity System，VIS）三个系统构成。实施CIS战略，就是通过MIS、BIS和VIS整体性的协调运作，借助各类传播方式和媒体，将有创意和鲜明个性的企业经营理念和经营行为传递给社会公众，使社会公众对企业及产品与服务产生偏爱、信赖的心理效应和舆论氛围。

（1）理念识别系统——MIS。企业经营理念是企业文化的重要组成部分，也是企业文化最本质、最核心、最深刻的反映，是企业生存与发展的灵魂和精神支柱。企业理念作为企业的世界观和经营管理的指导思想，渗透到企业各个部门、每位员工、每个环节、每项工作之中。企业理念主要从企业使命、经营哲学和道德行为规范等方面，揭示企业的本质特征和整体素质。

①企业使命。企业使命是任何企业无法逃避、必须首先明确的最高原则，表明企业存在的意义和价值，规范企业各种行为，揭示企业应承担的经济与社会责任，是企业一切行为必须依据的"宪法"。具体来说，企业使命至少包含两个内容：其一，企业作为一种经济组织，必须在满足消费者需求的前提下把获取最大限度的高额利润作为最基本的使命之一，离开了经济获利性，企业便失去了存在的价值和发展的动力；其二，企业作为一种社会组织，必须承担一定的社会责任，一味追求利润而逃避社会责任，甚至为了利润而损害公众利益、破坏生态环境，不要说发展，就连生存的条件都会失去。无数成功企业的经验表明，企业生存和发展的决定性因素是企业具有正确的使命感，企业在对他人、对社会做出应有贡献的同时，自然得到丰厚的利润回报。

②企业经营哲学。企业经营哲学是企业行为的世界观和方法论，是指导企业经营管理的思想和灵魂，是企业经营运作的行动纲领和行动宣言。如果说企业使命决定了企业存在的意义和价值，即为什么做，那么经营哲学决定了企业的价值观念、企业精神、企业风尚和经营战略，即做什么、如何做。

③道德行为规范。道德行为规范是指企业内部员工之间、企业与外部关系之间各种行为规范的综合。作为企业及企业员工的行为规范，是从企业伦理道德的角度，如企业职业道德意识、道德关系、道德行为等方面，制订的一系列约束员工行为的行动准则，它以善良与邪恶、正义与非正义、公正与偏私、诚实与虚伪等伦理道德范畴来评价企业及企业员工的各种行为。

④价值观念。价值观念是企业员工对客观事物及人和组织行为的意义和重要性的总体看法。具体地说，是分辨事物及行为真善美与假丑恶的是非标准，也是决定企业对事物所持赞成或否定、支持或反对态度的基本依据，还是企业确定发展目标并为之奋斗的重要准则和内在驱动力。

⑤企业精神。企业精神是企业基于自身特点，为谋求生存与发展，经过精心培育而逐步形成并为全体员工所认同的群体意识。企业精神是企业的感召力、凝聚力、精神支柱、共同追求的理想和座右铭，是企业生存与发展的灵魂，是企业文化的核心和最高境界的表现，是企业员工共同追求的理想和信念。企业精神一旦形成，就会产生一种强大的、无坚不摧的能量，并且是任何力量都无法替代的。

⑥企业风尚。企业风尚是企业员工总体行为特点的素质概括，是企业规范员工行为的风气和习惯。一个企业的精神面貌、道德规范及其员工的情感、志趣、愿望、心理特点、传统和习惯是企业风尚最具体、最生动的体现。

⑦经营战略。经营战略是企业经营理念最具实际意义和最重要的部分。经营战略是指企业根据自己内部条件和外部环境，从整体利益和长远利益出发，对经营运作中带有方向性、全面性、长期性的问题的谋划和决策，并依靠企业自身能力将各种谋划和决策付诸实施的动态过程。确定经营目的、方针、规模、范围、途径、步骤、方法以及重大的技术发展、产品开发、组织机构、运行机制等重大战略性问题，是经营战略管理的主要内容。经营战略是经营理念具体化的表现，并使经营理念在经营管理中具有实际价值。

（2）行为识别系统——BIS。企业行为识别系统，是指企业通过各种有利于企业、消费者和社会公众的有特色的活动，将其与理念识别和视觉识别相互交融，得到社会公众的认同和喜爱，达到树立良好企业形象的目的。企业行为识别系统是一个庞大而复杂的系统，它通过市场营销管理、广告、公关、信息传播、竞争、社会公益活动等行为，向社会公众传递企业信息。企业行为是建立在经营战略目标基础上的，是一种全方位、整体性、动态化的行为系统。

概括地说，企业行为识别系统由两大部分组成：一是内部系统，如企业内部环境营造、员工教育和员工行为规范，其宗旨在于使企业及员工在观念与行为上认同，为树立良好企业形象奠定基础。二是外部系统，如产品规范化服务、广告、公关、促销等活动，其目的在于通过整体、系列的营销行为进行信息传递，在优质高效地满足顾客及社会大众需要的过程中,塑造良好的企业形象。

企业行为识别系统是一个统一的整体,其活动内容丰富,形式多样,过程连续相关,各种方式相互补充和映衬,在一个长时期逐步积累的过程中方能体现出效果。因此,企业安排各种活动时应有整体性策划,以统一的目标为基础,综合考虑各种活动的系统性、连续性和互补性,既不能上下脱节、前后矛盾,也不能毕其功于一役。只有将各种活动互相联系,互为补充,并长期坚持,才能形成一种强大的公共影响力,达到塑造良好的企业形象的目的。

(3)视觉识别系统——VIS。视觉识别系统是一种相对静态的识别方式,它通过组织化、系统化和具体化的视觉识别方式传递企业信息,表现企业的基本精神和鲜明个性,使社会公众直接感知企业,形成对企业特性的深刻印象。企业视觉识别系统是CIS战略中的一项重要的内容,通过建立视觉识别的信息传递系统,用最快的速度、最便捷的手段、最直观的方式,将企业信息直接传递给社会公众,从而成为塑造企业形象最直接、最有效、最快速的手段。企业视觉识别系统由两大部分组成:基本要素系统和应用要素系统。

在视觉识别系统设计过程中,一般应注意以下两点:

其一,企业标志、标准字、标准色的创意设计最为重要,它是视觉识别系统的核心与重点,不仅是企业形象广泛传播并取得大众认同的统一符号,是企业地位、理念、实力和尊严等内涵的外在的集中表现,而且是企业形象的第一特征,其他形象识别皆以此为基础繁衍而成。因此,视觉识别系统设计的重点与核心是企业标志、标准字和标准色的创意。

其二,由于企业性质、产品种类和服务项目不同,视觉识别系统的策略也有差异。制造业企业与服务业企业不同,商业服务企业与金融服务企业不同,批发企业与零售企业不同,这就要求不同企业根据行业特点和公众需要,设计出能反映企业本质特色和优势的视觉识别系统。

企业视觉识别系统是CIS战略组成部分之一,最终目的是建立理想的企业形象。但企业及经营战略目标的差异性,决定了不同企业视觉传播方法也有所不同。概括地说,常用的视觉传播方式主要有三种:

第一,渐进式,即在相对较长的时期内,企业随着经营业务的发展和竞争实力的提高,使整个视觉识别系统由内向外、由小到大、由少到多、由企业媒体到大众传播媒体,逐步渐进地进行渗透,最终达到树立完整的企业形象的目的。渐进传播方式适合于经济实力有限或正处于调整期和发展期的企业。

第二,集中式,即在较短时期内集中各种传播媒介和传播方式的优势,围绕企业形象设计的目标,从内到外、从小到大、从企业媒体到大众媒体,全方位迅速传播企业信息,提高企业及产品知名度,短期内树立起企业形象。集中传播方式适合于经济实力较强或发展较为成熟的企业。尽管集中式传播方式能在短期内取得明显的传播效果,但要真正建立起良好的企业形象,还必须将企业形象传播长期贯彻到企业日常经营活动中去。

第三,综合式,即渐进式与集中式的综合,既有长期的传播计划和扎实工作的积累,又注意选择有利时机和短期轰动效应,使两种传播方式有机结合,优势互补,高效率地实现塑造企业形象的目的。一般说来，大多数具备一定实力和条件的企业都可以采取综合式传播方法。

（4）理念识别系统（MIS）、行为识别系统（BIS）、视觉识别系统（VIS）之间的关系。三者是一个有机整体，互相联系、互相制约、互相补充、互相渗透，缺一不可，只有三者发挥共同协调的运作功能，才能塑造出一个完美的、良好的企业形象。如果把 CIS 战略看作一个健康人的肌体，那么 MIS 就是 CIS 战略的"心脏"，BIS 就是 CIS 战略的"肢体"，VIS 就是 CIS 战略的"脸面"。

其一，理念识别系统是 CIS 战略的灵魂，为企业识别系统奠定了不可缺少的基石。通过建立反映企业本质的、有独特个性的理念识别系统，将行为识别系统和视觉识别系统有机地统一起来，对内指导企业经营目标、活动、组织管理、员工培训，对外影响企业的营销活动、公益事业、广告宣传，用鲜明而富有个性的理念识别展现企业存在的价值和意义、揭示企业经营宗旨、树立良好的企业形象。没有理念识别系统，CIS 战略便失去了灵魂，行为识别和视觉识别也难以反映深刻的思想内涵和精神境界，从而使企业形象难以产生神韵和光彩。

只有鲜明的理念识别系统，没有与之相符的行为识别系统，良好的企业形象照样不能建立。行为识别作为 CIS 战略的肢体，是企业理念付诸实施的行为方式，其通过一系列经营行为和经营活动贯彻企业理念，比起树立企业理念、评判企业理念，成为沟通企业理念与公众评价之间联系的最直接、最有效、最具有说服力的方式。社会公众的一般心理是，与其听你怎样说，不如看你怎样做。企业行为和活动既以统一的经营理念，又以生动、形象的活动方式反映经营的风格；既以经营理念为指导思想和基本原则，又以组织化、系统化的行为方式传达企业存在的社会价值，以及独具特色和优势的个性。如果说行为识别是企业理念识别的动态表现方式，那么视觉识别就是企业理念识别的静态传递方式。视觉识别系统通过严格精密、创造性的逻辑思维，运用企业的基本要素（企业名称、标志、标准字、标准色、图案造型等）和应用要素（产品造型、办公器具、工作服饰、交通工具、包装用品、建筑物等），通过视觉符号系统的设计和展现，有效传递企业理念，在图像符号表现的抽象意义和形象思维中，实现树立良好企业形象的目的。现代生理学、心理学的研究表明，人的视觉器官所接收的信息占日常接收全部信息的 83%，视觉器官接收信息、文字、色彩及其组合是对企业理念的一种深层次的提炼，将复杂和多样化的理念浓缩为一种耐人寻味的寓意，从而成为具有强烈冲击力的视觉符号，给社会公众留下深刻的印象。没有企业理念做指导和底蕴，就不可能产生意义深刻的视觉识别系统；没有鲜明的视觉识别系统，也不可能有塑造良好企业形象的代表性象征和标志。

其二，企业识别系统涉及企业文化、CIS 战略、企业形象三方面，独特的企业文化是塑造具有鲜明个性企业形象的灵魂，没有独特企业文化的指导，便不会产生独特的经营理念和经营行为，信息传递就会失去生命力；塑造良好的企业形象是实施 CIS 战略的目的，明确的目的决定了 CIS 战略实施的途径、步骤、手段和方法；CIS 战略是自觉实现塑造良好企业形象的必要过程和最佳手段。正确理解三者之间的相互关系，是有效实施 CIS 战略的前提条件。

其三，CIS 战略与企业形象是两个既相互关联，又有重要区别的概念。首先，二者含义不同。企业形象的英文表述是 Corporate Image，又译为公司形象，是指社会公众和企业员工对企业的整体印象和评价，即人们对企业的基本看法和客观认识。CIS 战略的英文表述是 Corporate Identity System，译为"企业识别系统"，是指企业通过不同的传播方式和传播媒介将企业经营特点或个性化特点进行社会化定位，获取社会公众的认同、喜爱和支持，即企业通过识别系统向社会公众传播具有特色、能得到公众认同的个性化信息。其次，二者构成要素不同。企业形象是一个总体性概念，它体现于产品形象、价格形象、广告形象、顾客服务形象、环境形象、员工形象、企业家形象、公共关系形象之中，是企业综合素质和整体行为的有力表现。CIS 战略是在特定经营环境中设计和塑造企业形象的有力手段，它由观念识别、行为识别、视觉识别三大要素构成，为整体性传播企业信息、引导公众认识、争取社会舆论的认同和支持、塑造良好的企业形象，提供了科学而实用的理论与方法。

综上所述，CIS 战略具有整体的统一性和独特的识别性，它是指企业通过理性化的行为和系统传播方式，将企业最具特色和优势的经营理念和经营行为定位到社会公众的头脑中去，塑造良好的企业形象，获得社会公众认同、喜爱和支持的经营管理战略。

3. CIS 战略的功能

CIS 是企业在特定的经营与竞争环境中，设计和塑造企业形象的有力手段，由此决定了其基本功能是通过各种传播方式和传播媒体，将企业存在的意义、经营思想、经营行为、经营特色与个性进行整体性、组织性、系统性的传达，以获得社会公众的认同、喜爱和支持，用良好企业形象的无形资产，创造更辉煌的经营业绩。除基本功能之外，CIS 战略还具有管理功能、识别功能、协调功能。

（1）管理功能。CIS 战略的管理功能不是泛指企业行为的一般管理或日常性事务管理，而是一种综观全局、事关企业生存与发展的战略性管理。它从企业文化视角出发，通过总结和提炼企业的发展历史、经营理念、价值观、道德行为规范、发展方向和目标，形成全体员工的共识和行为规范，确定企业与众不同的鲜明个性和差异化优势，为提高整体性、长期性、组织性、系统性的企业行为和企业及员工素质，提供了科学而有效的管理方式。CIS 战略管理不同于投资、市场营销、人事、财务、后勤等管理，也不只是在某一领域产生效益，而是一种高层综合管理，它涉及的管理准则是约束全体员工行为的"先锋"。它所管理的内容是提供和增加企业难以用价值计算却又创造价值的无形资产，它所管理的重点是一种事关企业生死荣辱的战略性资源，因此其实质就是保证企业自觉朝着正确的方向发展，巩固和发展竞争优势，创造更多经济效益和社会效益的基础性管理。

（2）识别功能。在企业运营过程中，CIS 战略能够随时、随地地向企业员工和社会公众传递信息，为人们提供识别和判断的信号。但在 CIS 战略产生之前，这种传递是自发的、随机的和杂乱无章的。CIS 战略的导入和实施，使企业信息传递成为一种自主、有目的、有系统的组织行为，它通过特定方式、特定媒体、特定内容和特定过程传递特定信息，把企业的本质特征、差异性优势、独具魅力的个性，针对性极强地展现给社会公众，引导、教育、说服社会公众形成认同，对企业充满好感和信心，以良好企业形象获取社会公众的支持与合作。

（3）协调功能。CIS 战略的导入产生两方面重要的协调功能：从企业内部关系协调来看，共同的企业使命、经营理念、价值观和道德行为规范，创造一种同心同德、团结合作的良好氛围，强化企业的向心力和凝聚力，产生强烈的使命感、责任感和荣誉感，使全体员工自觉地将自己的命运与企业的名誉联系在一起，从而生成一种坚不可摧的组织力量，为推动企业各项事业的发展提供劳动资源；从企业外部关系协调来看，塑造良好的企业形象的实质是企业以社会责任为己任，时刻不忘自己的社会使命，用优质产品和服务以及尽可能多的公益行为满足社会各界及大众的需要，促进经济繁荣和社会进步。完整、系统、有目的、有计划地实施 CIS 战略，必然赢得社会公众的好感，密切企业与消费者及社会公众之间的关系，为企业长期、健康的发展奠定广泛而深厚的社会基础。

第三节　CIS 战略的导入与实施

企业形象竞争是一种高层次、综合性、整体性的竞争，CIS 战略是塑造企业形象以提高竞争优势的管理方法，是现代企业战略管理的主要内容之一，是企业文化管理的重要手段。研究中国企业 CIS 战略导入与实施的基础、原则、时机和方法，具有重要的理论意义和现实意义。

一、CIS 战略导入的基础与原则

1.CIS 战略导入的基础

CIS 战略作为现代企业管理的重要方法，既有特定的管理内容和重点，又融合了文化管理和经营战略管理的本质要求。CIS 战略导入的基础包括：

（1）质量——企业的生命。企业形象从顾客开始，顾客是企业形象最初、最直接、最重要的评判者，也是形成社会公众形象的基础。从顾客角度分析，质量是产品和服务的实用性和顾客的满足程度，即顾客在使用企业提供的产品和服务过程中，以实用性、满足程度来衡量和评价企业营运业绩和工作价值。产品和服务的质量综合反映企业的经营理念、价值取向、人员素质、技术及管理水平等状况，它直接影响企业形象的好坏。一旦出现质量问题，不仅给顾客带来损害，而且给企业形象造成损害，这种损害甚至比其他损害更大、更持久。在激烈的市场竞争中，没有高质量的产品和服务，便没有良好的企业形象，企业就断绝了生命之源。质量是顾客及社会公众对企业信赖和偏爱的最根本的内在根据。忽视产品与服务质量，一味追求外在包装和宣传，即使能取得短期效果，但终究要落个身败名裂的可悲下场。

（2）服务——制胜的法宝。在卖方市场转向买方市场的过程中，商品严重短缺的状况不复存在，消费者收入水平普遍提高并在购物中拥有较大的选择权。在商品技术、工艺、质量、功能基本相同的情况下，消费者购物选择除考虑价格因素之外，更主要的是考虑厂商能否提供全面周到的服务。强化服务意识，增加服务手段，改进服务方式，提高服务水平，便成为企业塑造良好企业形象最基本的手段，也是竞争制胜最重要的法宝。如果说企业的技术设施和产品质量是塑造企业形象的"硬件"，那么为顾客提供周到、全面、一流的服务就是提高企业美誉度的"软件"，虽然"硬件"重要，但"软件"在某种意义上更重要。高质量服务带来的顾客满意度，以及由此产生的顾客广告效应，在给企业带来光环和荣誉的同时，必将大大提高企业的经济效益，使企业得到良好的利润回报。

（3）信誉——宝贵的资源。信誉是指企业的信用程度和声誉好坏，是企业履行自己的职责和使命而获得的公众信任。信誉作为企业最重要的无形资产和宝贵资源，是企业通过长期提供优质产品和服务所产生的必然结果，是最有价值的永久性的资产，虽然不能用货币价值进行计量，却长久发挥作用，给企业带来滚滚财源。随着市场发育的不断成熟，消费者心理发生了深刻变化，从过去只购买商品本身的"单一购买"发展为既购买商品本身又购买服务和商品信誉的"双重购买"。人们宁愿跑较远的路、花较多的钱，也要到信誉好的商店购买服务周到的名牌商品。信誉是顾客及社会公众信任和喜爱的基础，它贯穿于企业全部经营活动之中。企业在市场经营中，与其说是在推销商品和服务，不如说是在传播企业信誉。要想成功地推销商品，首先要成功地推销企业。遵纪守法、公平公正、童叟无欺、恪守合同、直率坦诚、实事求是、言行一致、取信于民，是良好信誉的基本宗旨。企业经营中的亏损是可以计算和补偿的，而企业信誉是赔不起、补不回的，其损失是带有致命性的综合伤害，甚至会置企业于死地。

总而言之，CIS 战略的管理和实施，一要苦练内功，将质量、服务、信誉作为塑造企业形象的基础；二要常抓不懈、一抓到底，将 CIS 战略贯穿于企业经营运作的各个方面、各项环节和全部过程之中。

2.CIS 战略导入的原则

CIS 战略导入是一个涉及范围广、综合性强、投入量大、时间持久的系统工程，要实现既定目标，需要遵循以下六项基本原则：

（1）战略性原则。企业识别系统的导入与实施，属于战略管理范畴，企业决策者必须亲自抓，并站在战略管理高度，通过全面、系统的调研、定位、策划、设计和实施，挖掘和传播企业的资源优势，并将所有资源优势转化为形象优势和竞争优势，用良好的企业形象构筑起企业长盛不衰的市场地位。

（2）民族化原则。企业识别系统的导入与实施，其本质反映民族文化典型特征，是经营管理与民族文化一体化的推进过程。在不同文化背景下形成的 CIS 战略，才能形成凝聚和激励企业员工的重要力量。对外来文化生搬硬套、生吞活剥，或对传统文化不加批判地继承和套用，都会使 CIS 战略的策划与实施失去灵魂和作用。

（3）个性化原则。企业形象实质是一种企业个性定位，它的关键之处在于向社会公众展现极富个性和魅力的企业风采。每个企业都有一整套企业信息传递系统，它的设计与实施必须准确地宣传自己的特质，展现自己的实力和优势，并与同行企业有着显著的区别，以鲜明的个性构成企业独特的形象。在整个 MIS、BIS、VIS 中都要突出企业特质与个性,用鲜明生动、简单明快、寓意深刻、易于识记的各种标志设计,在社会公众中成功塑造富有个性魅力的企业形象。

(4)系统性原则。CIS 战略是一个复杂的系统工程,在设计与实施中,要注意 MIS、BIS、CIS 功能的统一性,使三者相辅相成,有机结合,共同作用,以系统功能的作用塑造完整的、富有个性的企业形象。如果 CIS 战略系统的三大要素缺乏统一性,甚至相互矛盾,就会使公众对企业整体形象理解困难,甚至产生认识偏差或反感,不仅降低 CIS 战略导入功效,而且会丑化企业形象。

(5)创新性原则。创新是企业发展的希望所在,创新是企业生命活力的助推器,要发展必须创新,无创新就无发展。创新性原则是指导企业一切行为的基本原则。富有活力和成效的 CIS 战略与创新性的策划和设计密不可分。没有意境新、构思新、形式新、行为新的 CIS 战略策划、设计和实施,就很难在社会公众中形成印象深刻、耳目一新的企业形象。创意陈旧、构思呆板、形式雷同的 CIS 战略策划、设计和实施,除了劳民伤财外,一无所获,在社会公众中难以留下什么痕迹。

(6)可操作性原则。CIS 战略的策划与实施,不是策划人或决策者的主观想象和个人行为,它必须符合客观环境要求和企业经营与发展战略的需要,并在人、财、物等方面提供保障。在 CIS 战略的策划和实施中,脱离客观环境和实际环境,忽视实效性和可操作性,一味追求大而全,或盲目高攀,明知力所不及而为之,只能欲速则不达或半途而废。搞好调查研究,明确目标,精心策划,是 CIS 战略策划与实施的基本原则之一。

二、导入 CIS 战略的程序

为提高 CIS 战略导入的效率和质量,必须建立和遵循一套科学的程序和步骤。具体地说,CIS 战略的导入程序可分为四个阶段:

1. 提案阶段

提案立项是 CIS 战略导入的最初阶段,它的主要任务和工作重点是明确 CIS 战略导入的目的,制订计划,编制立项报告。

CIS 战略导入目的确认的过程中,首先要深刻认识 CIS 战略导入的意义,明确目的和方向,解决动机问题。企业为什么导入 CIS 战略? 导入 CIS 战略要解决什么问题? 答案一般来自企业经营的内部需要和外部压力两个方面。一方面,从企业经营的内部需要来看,吸收各类高素质人才,以适应企业扩大规模和提高市场竞争力的需要;激励员工士气,强化企业文化管理,创建良好的组织氛围;统一设计形式,节省制作成本,提高广告效果,增加企业营业收入。另一方面,从企业经营的外部压力来看,提高企业知名度和美誉度,改善企业与社会公众之间的关系(特别是密切与顾客、股东、金融机构、中间商、社区居民、政府官员、新闻媒介之间的关系),增强社会公众对企业的好感和信任;应对竞争者的挑战,创造企业差异形象和优势定位,以富有特质、个性、优势的企业形象谋求企业长期健康而稳定的发展。

组建 CIS 战略管理机构——建立专人负责的组织机构,全面负责 CIS 战略的策划、设计和实施。CIS 战略属于企业战略管理范畴，涉及部门多，任务繁杂，工作量大，应由企业最高领导人或决策层亲自领导，某一职能部门领导人主管，组建 CIS 战略管理机构。该机构既应得到企业决策层的全力支持，也应谋求企业外部人士的参与和合作，如 CIS 战略管理研究的学者、咨询公司的策划专家等，机构人员以 5～10 人最佳。CIS 战略管理组织机构在这一阶段的主要任务是制订 CIS 战略导入计划，其主要内容包括：统一目标，明确作业项目、主要内容、时间安排、负责人，编制"CIS 战略作业日程表"；编制资金预算报告，确定从调研、策划、设计到实施所需资金总额，投资的具体项目、使用范围和管理方法；草拟 CIS 战略导入的报告书或者整体策划方案，提交企业最高决策报告书，一旦通过便成为 CIS 战略管理的行动纲领。

2. 调研阶段

周密、准确、有计划的调查研究，全面、系统的分析判断，是成功导入 CIS 战略的重要保证，是确定 CIS 战略总体方案、创造性地塑造企业形象的必要条件。

CIS 战略调研是一项基础性的工作，必须有计划地统筹安排，扎扎实实地进行。如果对调研的目的、对象、项目、时间、程序、人员没有统筹安排，只是零打碎敲、浮皮潦草地工作，就难免出现信息偏颇或疏漏，产生错误的形象定位和形象设计体系。因此，制订切实可行的调研方案是调研阶段的基础性工作。调研方案主要包括：调研目的、调研内容、调研项目、调研对象、调研方法、调研程序、调研期限、调研人员以及调研成果形式。

在对公司进行全面、系统调查，获得众多信息资料的基础上，CIS 策划人员对企业的历史和现状进行客观、准确的分析和判断，正式提交 CIS 战略策划调查报告，为 CIS 战略策划提供必要依据。

3. 开发设计阶段

在充分调研的基础上，CIS 战略的策划人员进入开发设计阶段，主要任务是编制 CIS 战略导入与实施方案，即编制富有倡议、完整详尽的 CIS 手册（或 CIS 战略导入与实施的规划）。该手册囊括 CIS 战略的总体构思、各个具体环节的设计，将一系列的创意付诸形象表现。

总体构思是开发设计阶段中的一项关键性任务，它以 CIS 理念定位和表现，CIS 战略目标、方针、重点、策略、传播要领为主要内容，成为建立企业识别系统的核心，为 CIS 战略的设计及实施明确方向，提供 CIS 总体计划方案和基本框架。

各种识别要素的设计是开发设计阶段中另一项主要工作，它是通过统一的行为和视觉表达的创造性设计，要求在内容上必须明确具体，能够全方位、准确地传递企业信息。

4. 实施管理阶段

实施管理阶段是 CIS 战略管理的实质性阶段。没有高效率的实施与管理，再好的策划方案也会失去应有的价值。该阶段的主要任务是，在全员教育的基础上，通过对物、事、人的运作管理，全面推进 CIS 战略计划的实施，实现预期目的，并对 CIS 战略实施效果进行评估，进一步改进或修正原有方案。

建立 CIS 战略的执行与监督机构，聘请专家作为 CIS 战略实施管理的督导，专人负责，一管到底，确保 CIS 战略方案的实施。

在实施过程中,要及时、广泛地进行有关信息的传播沟通,让企业员工和社会公众了解企业的 CIS 活动与企业形象的全新面貌。

要对实施效果进行测定与评估,了解方案的实施是否达到预期目的,综合评价实施效果及存在的问题,总结经验,修正错误,改进工作,调整方案。

三、CIS 战略在中国的发展

1. 中国企业导入 CIS 战略的现状

CIS 战略最早源于第一次世界大战前的德国 AEG 电器公司,该公司首先将商标应用到系列电器产品和办公用品上,进行了视觉形象识别的尝试。CIS 战略作为完整的企业识别系统,形成于"二战"后的美国。随着科学技术的发展和国际经济复苏,企业经营走上国际化轨道,建立一整套统一的识别系统,准确地向公众传递企业信息,塑造独特风格的企业形象,成为许多企业的共识。IBM 公司率先导入 CIS 战略并获得举世瞩目的成功,对西方企业导入 CIS 战略产生了良好的示范和推动效应,使 CIS 战略成为现代企业重要的战略管理方法,并在广泛传播中得以完善和发展。

改革开放后的中国企业面临着严峻的挑战和众多的发展机遇。如何创造中国的名牌企业和名牌产品,如何塑造良好的中国企业形象,是中国企业在市场经济体制下,能否成功地与国际经济接轨、参与国际市场竞争所必须首先解决的问题。20 世纪 80 年代中期以前,少数企业首先接纳、认同 CIS 战略,并掀起一股学习、普及、探索、试验的热潮,不仅出现了一批导入 CIS 战略获得巨大成功的企业,如太阳神 CIS 战略、江铃汽车集团的五十铃 CIS 战略、李宁运动服装品牌策划,以及康师傅、三九、威力、新科、春兰、长虹、海尔、乐百氏等品牌实践,而且召开了中国企业形象战略研讨会,举办 CIS 电视讲座,开辟 CIS 专栏,建立学术研究组织,创建企业形象策划公司。今日的中国,CIS 战略研究与实践风起云涌,方兴未艾,为企业生存与发展提供了新的思路,推动企业经营活动向深层次、高标准发展。

然而,中国企业 CIS 战略导入与实施还仅仅是一个开始,受起步晚、时间短、外部环境差、观念上存在误区以及人员素质低等因素的制约,CIS 战略的导入与实施还存在诸多问题,需要努力去解决,并不断完善。

2. 中国企业导入 CIS 的两个混淆

企业形象战略传入中国,为中国企业有目的地加以应用已经有 10 多年历史了。在这 10 多年时间中,中国许多企业相继实施了企业形象战略,取得了令世人瞩目的成就。然而,中国企业导入形象战略所面临的形势十分严峻,主要表现在:对企业形象战略的概念缺乏深入了解。根据我们对众多企业的调查,当前我国企业在实施形象战略时往往存在一定的盲目性,对企业形象战略的相关概念缺乏深入的认识,因而产生了许多概念上的混淆,从而影响了企业实施形象战略的效果。

(1) 混淆了 CI 和 CIS 这两个既有联系又有区别的概念。只要稍微留意一下,就会发现,现在有许多文章、图册与论著,都把 CI 和 CIS 相提并论,混为一谈,这是不对的。如果

CIS 就是 CI，那么何必既要 CI 又要 CIS 呢？

CI 是 Corporate Identity Sign（企业识别标志）的简称，而 CIS 则是 Corporate Identity System（企业识别系统）的简称。因为有两个 CIS，难以辨识，所以把企业识别标志简称为 CI。企业识别标志，即 CI，是由企业专用品牌的标准名称、标准图形、标准色彩按照标准的组合规范构成的一个有机整体，从而把不同的企业和产品特别是同类的企业和产品，从语义、图形、色彩及其三位一体的组合中区别开来。

如图 5-1 所示，其中，图（a）是中国银行的标志，方圆组合为"钱币"的象征，方口上下两竖意为"中国"的"中"字。图（b）是丰田汽车公司的标志，设计的重点是椭圆形组成的左右相对称的构成。椭圆具有两个中心的曲线，表示汽车制造者与顾客心心相印。并且，横竖两椭圆组合在一起，表示丰田（TOYOTA）的第一个字母T。背后的空间表示 TOYOTA 的先进技术在世界范围内拓展延伸，面向未来、面向宇宙不断飞翔。图（c）是电话公司的标志，图形组合巧妙，传意明了。图（d）为日本三菱公司的企业标志，具有鲜明的可视性和可识别性。

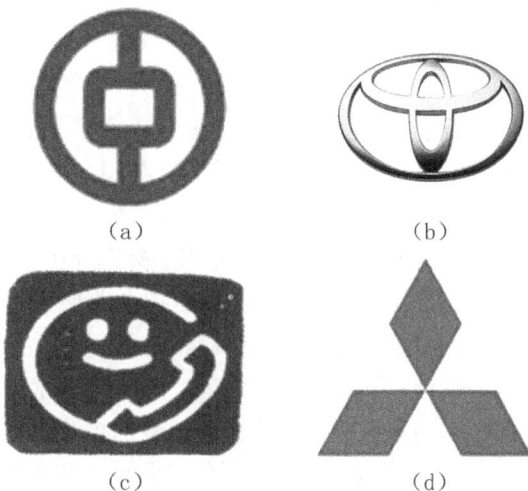

（a）　（b）　（c）　（d）

图 5-1　四个企业标志

企业识别系统，即 CIS，则是理念识别系统（MIS）、行为识别系统（BIS）、视觉识别系统（VIS）以企业识别标志为中心组合为一个网络整体，把不同的企业和产品特别是同类的企业和产品，从理念、行为、视觉三大识别系统及其三位一体的组合中区别开来（如图 5-2 所示），具有很强的层次性（如图 5-3 所示）。

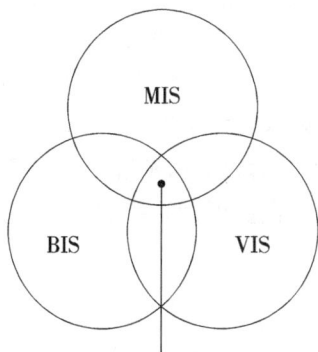

图 5-2　企业识别系统（CIS）示意

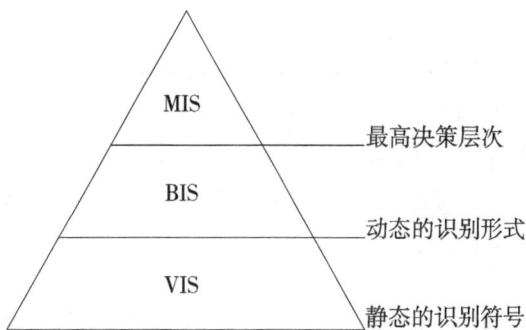

图 5-3　企业识别系统（CIS）结构

CI 与 CIS 的区别主要表现在，CI 重在企业及其产品的整体识别同一性，CIS 则重在企业及其产品整体识别同一性的网络组合系统性。然而两者之间又存着紧密的联系，两者相辅相成、相互作用。一方面，CI 必须通过 CIS 才能贯穿和渗透于企业生产经营的所有方面、一切环节、整个过程之中，不然，企业识别标志就无以时时处处表现和展示企业及其产品的整体识别同一性；另一方面，企业识别系统只有以企业识别标志为中心，才能把理念识别系统、行为识别系统、视觉识别系统网络的构成组合起来，不然，企业识别系统就无以时时处处表现和展示企业及其产品的整体识别同一性及其网络组合系统性。

误把企业识别标志 CI 和企业识别系统 CIS 相提并论、混为一谈，这是我国企业实施企业形象战略中存在的首要问题，这种错误认识，无论在认识上还是在操作中，弊端甚多，后果严重。

（2）混淆了导入 CIS 与导入企业形象战略的概念。有人认为，导入以企业识别标志（CI）为中心的企业识别系统（CIS），目的在于塑造企业形象，由于 CI 又是企业形象 Corporate Image 的简称，因此，导入 CI 就是导入企业形象，导入 CIS 就是导入企业形象战略。

这种认识，且不说把企业识别标志和企业形象都简称为 CI，人为地造成了 CI 的歧义和混乱，更重要的是 CIS 既不是指企业形象，更不是指企业形象战略，而是指企业识别系统。企业形象、企业形象战略、企业识别系统绝不是三个同义词。导入 CIS 是指通过企业识别设计、开发和导入实施以企业识别标志为中心，视觉识别系统和行为识别系统以及理念识别系统网络整体构成组合的企业识别系统。企业形象战略是指导入企业识别系统（CIS）的战略。这就是现代工业设计和企业识别设计一起抓，开发和创造优质的独特名牌产品，塑造和传播良好的企业识别形象，大力实施攻心制胜的形象营销和形象竞争。正因为导入 CIS 企业识别系统和导入 CIS 企业形象战略既有联系，又有区别，所以两者既相辅相成，又相互作用。一方面，导入 CIS 企业形象战略必须导入 CIS 企业识别系统，以视觉、行为、理念三大识别系统的网络整体构成组合，塑造、渲染、传播企业识别形象，否则，企业形象战略就失去了市场整合传播的支撑系统和传播网络。另一方面，导入 CIS 企业形象战略除了导入 CIS 企业识别系统外，还必须导入现代工业设计，并且同企业的网络整体构成组合，设计、开发、更新优质名牌产品，否则，企业形象战略连同企业识别系统就失去了存在、发展、完善的前提、基础、生机、活力和后劲。如果把导入 CIS 企业识别系统和导入 CIS 企业形象战略相提并论，混为一谈，就必然会割裂企业整体形象和企业识别形象，以企业识别形象取代企业整体形象；就必然会割裂现代工业设计和企业识别设计，以企业识别设计取代工业设计；就必然会割裂名牌产品战略和企业形象战略，以企业形象战略取代名牌产品战略，从而在根本上抽空了企业识别系统的导入战略——企业形象战略。

四、中国企业导入企业形象战略的主要困难

国际经济的迅猛发展，使得经济一体化进程日益加快，企业间的竞争也更加激烈，这就要求我们中国的企业必须迅速导入 CIS，实施企业形象战略。然而，从计划经济脱胎

而来的中国企业要实施形象战略还面临着诸多的困难。依据我们的调查了解，这种困难主要表现在以下四个方面：

1. 市场机制不健全

中国市场经济尚处于初级阶段。这就造成了市场运行极不规范，讲人情、拉关系、凭权势、地方保护、行业保护等陈规陋习严重干扰着市场的正常运行，这就形成不了靠提高企业实力塑造良好形象来公平竞争的市场氛围，进而影响企业形象战略的实施。尽管国家颁布了《反不正当竞争法》等法律法规，但距形成完善的市场竞争机制还有一个过程。市场上的不公平竞争是阻碍企业形象健康发展的主要障碍。

2. 现有体制存在明显缺陷

中国的企业存在着许多体制上的弊端，产权关系不明确，责权利不清楚，经营管理体制落后。这些都会影响到企业决策层面的长期性和稳固性，亦使许多企业的领导者片面追求短期效益，注重短期行为，而对长效投资、长期规划不感兴趣，对企业的长期发展缺乏责任心和使命感。这直接影响到企业形象的导入。因为企业形象导入是一项立足长远、耗资巨大的综合性的系统工程，有时甚至要以牺牲一定的短期利益为代价。因而，在现有体制下，导入企业形象战略对中国许多企业来说还要走相当长的一段路。

3. 观念落后

中国的许多企业及其领导人缺乏先进的、符合时代需要的思想观念。大多数企业没有自己明确的经营理念和宗旨，缺乏独具特色的经营价值观和企业精神。"酒香不怕巷子深"的传统观念在许多人心目中根深蒂固，这些都制约着企业形象的导入。

4. 企业形象传播乏力，专业人员严重缺乏

虽然中国的大众媒介在企业形象导入、普及企业形象知识等方面做出了巨大贡献，但与中国经济发展的速度、企业发展的需要相比远远不相适应。仍有一些企业及企业负责人对企业形象与企业形象战略知之甚少或知之不深，即使有一些具有远见卓识、超前意识的企业家想到要借助CI导入来提升企业形象，也不知如何去做。对企业来说是这样，对企业形象策划专业工作人员来说亦是如此。中国企业形象策划专业人才十分紧缺，即使是已经从事企业形象策划工作的专业人员，大多也没有经过专业理论的系统教育，而是从工业设计、美术设计、广告策划等部门转移过来的，有的甚至仅仅懂一点广告理论而已。低素质的人才导致企业形象设计水平低，制作、策划能力差，影响了企业形象导入的声誉，这对刚刚起步的中国企业形象导入来说是一个致命的缺陷。

五、中国企业实施企业形象战略存在的严重误区

由于缺乏科学、系统的企业形象战略理论的指导，以及企业形象导入面临的各种困难，中国企业的形象导入存在着明显的认识和行为上的误区。

1. 重规划，轻调查

企业形象的导入需要全面、科学的规划，但这个规划是否符合企业的实际，离不开对企业实际的调查。调查是企业形象开发的第一步，只有通过严密、周全的调查才能客

观地对企业做出诊断，有针对性地进行企业形象策划，找出提升企业形象的关键。但是目前进行企业形象导入的许多中国企业，在企业形象导入过程中往往忽视调查，有的甚至不屑于进行调查，其结果往往是使企业形象策划与企业实际相脱离，导致企业形象导入的失败。

2. 重形式，轻内容

许多企业在企业形象导入时只注重视觉识别，忽视企业理念的诉求，忽视企业行为规范的建设。正如日本企业形象大师中西元男先生所指出的：企业导入企业形象，绝不仅仅是设计上的变更，设计也不仅仅是形状的东西；导入企业形象是企业意识的变革，是体质的改善，是设计的升华。直到21世纪初的十多年里，中国企业形象策划的探索仍主要集中在视觉识别上，对企业形象战略缺乏全面的理解和认识，没有对企业理念给予足够的重视，而这恰恰是企业形象战略导入的关键。

3. 重设计，轻推广

企业形象的推广以企业形象设计为基础，一个企业的企业形象设计合理有助于设计成果的推广，设计不合理则不利于企业形象的推广。但即使企业形象设计十分完善，若不注重其成果的推广，也无法使公众了解企业。中国一些企业实施形象战略效果不理想，问题往往在于对设计成果推广不力。不仅企业外部公众不了解企业的经营理念、行为规范和视觉识别，连企业内部员工也缺乏全面、准确的理解。在这种情况下，设计再好，也无法达到提升企业形象的目的。

4. 重眼前，轻长远

企业形象是企业经营管理的一种理念和技法，具有软性投资的长期性。因而，必须把企业形象导入作为一种长期的、系统的事业。而中国一些企业往往把它作为解决企业眼前难题的灵丹妙药，注重短期效益，而对导入的长期性认识不足，指望一蹴而就。

5. 以观赏代替应用

中国企业的视觉识别设计，往往从纯美学的角度进行艺术制作，忽视企业形象识别的实用价值与适用原则，缺乏与企业精神、企业理念相结合的个性内涵。

中国的企业形象导入任重而道远，我们必须具有鲁迅先生倡导的"拿来主义"的胆识，善于借鉴日、美企业形象战略理论和实践中对我们有益的合理因素，更要准确地去理解和掌握企业形象的本质含义与特征，结合中国的国情大胆发展、创新，从而营造出一个具有中国特色的、融合东西方文化的企业形象战略发展模式。

第六章

企业公关策划

第一节 公关基本原理与基本策略

一、企业公关的基本原理

我们将复杂的公共关系（以下简称"公关"）过程简化后发现，公关活动的三个基本要素是组织、传播和公众。任何公关活动都是由这三个要素构成的。这三个要素中，组织和公众是公关的承担者，分别是公关的主体和客体。组织和公众之间的相互作用方式是传播（communication，也译作"沟通"），而现代公关的本质即组织与公众之间信息的双向交流，如图 6-1 所示。

组织 organization	传播 communication	公众 public

图 6-1 现代公关三要素联系图

可见，三个要素之间的联系就是组织与公众之间通过传播活动所形成的信息的双向交流。而现代公关是组织的一种管理职能，其本质属性就是组织与公众之间的传播管理。

在我们的企业策划学里，组织就是指企业这一组织形式。

1. 企业——公关的主体

企业是公关活动的主体，即公关的承担者、实施者、行为者。企业作为公关的主体，有其总体目标和需要。公关的诸项功能并不是游离于总体目标之外而孤立存在的。因此，公关是从属于企业总体目标的，是企业整体功能中的一个有机构成部分，是企业职能系统中的一个子系统。

从传播主体的角度看，公关是一种有目的、有计划、受控制、持久的过程。组织要管理或控制自己的公关状态和活动，必须建立一定的管理和控制系统，形成相应的公关职能和工作机制，配置必要的职能机构和专业人员。

2. 公众——公关的对象

公众是公关传播的对象。公关是由企业运行过程中涉及的个人关系、群体关系、企业关系所共同构成的。这些关系之间相互影响和相互作用，即公关的过程是企业与公众之间经过传播活动相互影响、相互制约的过程。公众是任何公关活动不可缺少的一个方面。离开了公众，公关活动就无所指向，本身也失去意义。因此，企业在公关策划的时候，必须首先确认自己的公众对象，分析研究自己的公众对象，根据公众对象的特点去制订公关工作的目标和计划，随着公众对象的变化去调整自己的公关政策和行为。

公众作为公关的对象、客体，并不是完全被动的，而是有意志、有愿望、有行动的个体、群体或组织。因此，公众的观点、意见、态度和行为在公关过程中是一系列不断运动、变化的因素。

3. 传播——公关的过程和方式

传播是公关活动的过程和方式。公关活动的过程，就是运用各种传播媒介和沟通手段，在组织与公众之间建立有效的双向联系和交流，促成相互间的了解、共识、好感与合作。communication 一词在中文里既可译作"传播"，又可译作"沟通"，其含义是人类社会中信息的传递、接收、交流和分享。即运用一定的符号，通过一定的媒介，将信息传递给对方。对方接收到信息后引起一定的反应，亦以一定的信息形式反馈回来。通过这种双向的交流，双方逐渐达到分享信息、相互了解、达成共识的目的。

人类社会是依靠传播去形成各种社会关系的。特别是在信息社会，要有效地形成和发展各种社会关系更加离不开传播。传播既是公关的方式，也是公关的过程。离开了传播这个要素，就无法界定公关。企业、公众、传播这三个要素展开而成为公关的基本原理。

二、企业公关策划的基本策略

（一）以直接宣传为特征的公关策划策略

1. 新闻媒介法

新闻媒介法可以是组织自己整理材料，然后将这些材料交给新闻界传播给公众，也可以是组织举办一些有吸引力的活动，让那些争抢新闻的报社、电台等新闻机构主动将其传播给公众。

北京生产的"雄狮"牌千斤顶，在国内同类产品中居于领先地位。如何挺进国际市场，如何在名牌、老牌如林的国际市场占有一席之地，一直是他们苦苦思索的问题。

1980 年，北京"雄狮"牌千斤顶在中外人士的众目睽睽之下，与美国的名牌千斤顶进行了一次公开的较量。结果美国的名牌千斤顶最多只能连续起落 96 次，而北京的"雄狮"牌千斤顶则可连续起落 600～800 次，"雄狮"获胜了。但"雄狮"并不雀跃，它感兴趣的却是那弦外之音。

果如所料，观看的各界中外人士，尤其是那些记者都成了"雄狮"的宣传员，之后，"雄狮"牌千斤顶一跃成为国际市场上的领先产品，得到了众多经销企业与产品用户的信赖，出口量大幅度增加,年销售额达千万美元。产品远销美国、德国、法国、澳大利亚、新加坡、马来西亚和菲律宾等国,前途看好。

这个成功事例告诉我们:虽然宣传媒介不由企业控制,但企业策划如果得法就可以让传播媒介主动宣传,这往往比大笔大笔花钱的广告更为神奇。

2. 音像视听法

音像视听法是由公关人员利用幻灯、录音、录像、光碟等音像视听材料在特定的时候和特定的场合向特定的公众做宣传。

音像视听法应用的场合主要有以下几种。

(1) 组织召开一些会议时作为讲解的辅助手段,这样可以加强效果。

(2) 组织举办展览会时,运用音像视听法可以使与会者更详细地了解展品以及了解展览会上没有的东西,并可以提高他们的兴趣。

(3) 在组织公众参观时,加上一些音像视听材料也可达到详细介绍的目的。

制作音像视听材料,可由公关人员随身携带,在适当的场合展示,不一定要邀请公众前来。将这些成本并不高的音像视听材料作为礼物或资料赠送给某些主要的公众,可以取得很好的效果。

3. 刊物图片法

组织在公关活动中定期或不定期地出版一些刊物图片等印刷品的方法称为刊物图片法。组织所发行的刊物一般有对内和对外两种。专为组织内部成员发行的称为内部刊物,专为外界发行的刊物称为外部刊物。一般有以下几种类型:杂志、报纸、文宣品、年度报告及纪念刊等。

发行这些刊物必须注意:要明确对象,要明确编辑方针即编辑刊物的目的,要明确发行数量,要有好的刊物名称。另外,刊物中图片的印刷方式、印刷次数、收费标准及发行方式等都是需要考虑的问题,只有在事前充分考虑了各种情况,才能使刊物及图片收到较好的效果。

内部刊物是搞好组织内部公关的一种较好的方法,外部刊物对提高组织在外界的形象大有好处,是搞好对外公关的良好工具。

4. 公关广告法

公关广告又称"形象塑造广告"。公关广告法就是通过发布合适有效的公关广告来实现组织的公关目的的一种策划方法。

公关广告的目的是树立组织的形象,取得尽可能多的公众支持和谅解以及消除误会。另外,公关广告可以表明企业的发展目标,但不能让人觉得不切实际,更不能为了提高自己而指责别人。公关广告中若要说明取得的成绩,应注意不要将这些成绩归功于一人或少数人,要提到组织的全体成员和公众。

公关广告在实施时还要注重对媒介的选择。报纸、广播、电视等新闻媒介的特点不同,所以宣传效果也不尽相同,而广告的宣传除了通过这三种主要媒介外,还可进行招贴、竖广告牌、邮寄及互联网发送等,公关人员应了解所有这些手段的特点和宣传效果,并根据需要,选择不同的媒介和宣传方法。

（二）以收买人心为特征的公关策划策略

1. 赞助捐献法

赞助、捐献都是企业为了求得本身的发展而发动的一种宣传攻势。有的当然属于推销，在黄金时间、热门项目上花一些宣传费用，以便达成巨额的交易。有的则属于攻心，资助公益事业或社会福利事业，为企业树立形象。

日本电气公司（NEC）有效利用赞助活动，使其名声大振，就是一个很好的例证。1982 年以前，人们提起日本电器，还只能历数松下、东芝、日立等几家，NEC 公司几乎没有什么名气。为了改变劣势，不甘久居人下的 NEC 公司于 1982 年开始尝试搞体育公关，它赞助了戴维斯国际网球赛。这项国际影响很大的赛事将 NEC 公司的名字通过电视等大众媒介在世界各地传播开来。当年该公司的产品销售比率便由上一年的 6% 上升至 10%。在这一成功的鼓舞下，NEC 公司的体育公关一发不可收。它又开始赞助女子网球联合会赛、上海国际女子马拉松赛，而且成了英国著名甲级劲旅埃弗顿足球队和我国中央电视台《体育之窗》节目的赞助者。公司为这些项目每年要支出约 100 亿日元，但带来了什么样的效益呢？仅从 1982 年起的 3 年内，其营业额就净增近 5000 亿日元，收入净增达 240 亿日元，出口份额从 15% 跃升至 32%！成果之大，令人瞠目。公司一位高层兴奋地说："这真是一本万利的买卖，投资少见效快。无论何人，只要他看到如此巨大的产出与投入之比，是不可能对此事撒手不干的。"

搞体育公关之所以热门，当然不单是由于具有很高的产出投入比，也是由于体育运动为广大的社会公众所热切关注和积极参与。企业想要通过支持一项公众关心的活动，表现其社会责任感，求得公众的喜爱与信任。在这个意义上，可赞助的就不仅仅是体育，凡是有益的社会活动都应当加以考虑。多行善事，同样可以收到类似体育公关的效果。归结起来，除体育外，可赞助的社会活动主要有以下几类：

（1）各种社会福利事业。包括捐助社会上的残疾人、孤寡老人，救济穷人和失业者，援助受灾或经济落后地区等。

（2）各种文化活动。如为某一主题开展义演、义展，拍摄影视剧，扶持民族文化、艺术等。

（3）兴办教育。国外尤其重视这一千秋大计。1995 年的一项统计表明，美国排前五十的大公司当年对各类高校的捐款近 300 亿美元，相当于美国政府投资的三分之一。

（4）公共节日的庆典活动。它的影响力和影响面值得重视。

捐款宣传往往体现着企业的精神风貌和道德倾向，恰当地运用这一方法可起到很好的抛砖引玉作用。

2. 躬亲服务法

躬亲服务法是指企业始终一贯地注意为客户提供服务与方便，以形成攻势强大的口碑效应，俘获公众的心。这种方法虽然时间长久而任务艰巨，但其影响却是美好而深远的。一个好的公关部门负责人，总是身体力行，教育和督促企业中的员工们创造最佳服务，在微小细节上对顾客负责，以实际行动赢得企业的声誉。

世界上凡是经营有方的大公司，无一不重视提供优质的服务，无一不是靠一手抓产品质量一手抓服务质量来维持的。美国汽车经销商这样说："销售真正始于售后。"这句话反映了现代新型的经营观念。一位美国老妇的记忆中珍藏着一则动人的故事：一次，她到日本观光，在索尼公司的一家电器商店买了一部收录机。事后，商店发现卖出的是一部有瑕疵的机器。在老妇一无所知的情况下，公司方面却丝毫没有侥幸的心理。他们当即根据发票上的地址查询到老妇下榻的旅社，但不巧她这时已返回美国。他们立即派专人追踪到美国，找到了老妇。公司的一位副经理亲自提着一部新的收录机，登门向老妇道歉，并换回了有瑕疵的机器。这是多么周到、细致的服务啊！老妇的感激自不必说。可以想象，公众得知这一事迹后，索尼公司订货单上的数额又会增加多少。

只要有公关意识，积极地开动脑筋为顾客服务，就能有效地推进公关，为企业取得良好的生存环境。

3. 拆篱芳邻法

"拆篱芳邻"的"拆篱"是指建立开放型的企业，"芳邻"则是亲善邻里。即一方面是门户开放，不要画地为牢；另一方面是要亲善邻里，为社区事务多做贡献。

门户开放是指企业不应成为公众的禁区，应当欢迎并且想办法招来公众参观。那种门口挂上"工厂重地，谢绝参观"牌子的做法，从公关角度来看是愚蠢的，因为那样赶跑了潜在的顾客，使热心的公众望而却步，在企业和公众之间无形中筑起了樊篱。国外一位有经验的董事长深有体会地说："消费者参观过工厂后，对所参观的企业印象深刻，自然而然会有一种亲切的感觉，对所用的产品产生深厚的感情。"这正是"参观促销"的根本原因所在。日本丰田公司就把让人参观工厂作为拓销产品的最好、最快的方法之一。

亲善邻里是指对社区公众有利、有实惠的事情，企业都应当努力去做。因为做这些事的同时也等于在做自己的公关广告，由此塑造了企业的形象，提高了企业的知名度和美誉度。美国通用电气公司起初对这个问题认识不足，没有给予必要的重视，在其发展过程中遭遇到各种各样的阻力和麻烦。后来他们总结了教训，努力担起自己在社区中应尽的责任和义务。公司公关部发起了一场 CBCI（改善社区经商环境）活动，扎扎实实地办了一些对社会有益的事情，终于使公司成为所在社区中广受称颂的好邻居。

（三）以确定目标为特征的公关策划策略

1. 调查研究法

组织给外界的形象如何？公众的要求和意见有哪些？广告战略的效果怎样？哪种媒介的覆盖面大？……要回答这些与组织的公关目标密切相关的问题，就要求公关人员去搜集各方面的资料，调查、了解并研究各方面的信息，以寻求这些问题的答案，这就是调查研究法。

2. 培训服务法

培训服务法作为公关的一种方法加以推行，是因为这么做不但方便了顾客，介绍了产品，而且联络了主顾的感情。现在，国际上企业在售出产品的同时免费提供培训服务已是一种盛行的做法了。一些企业除了提供一次性的免费培训外，还为买方以后的人员培训、新技术的授让提供种种优惠和方便。培训的方式一般有"派出去"和"请进来"两种。"派出去"就是企业方面派出技术骨干到买方进行传授。"请进来"则是企业邀请买方人员直接到企业中受训。培训的对象也不仅仅局限于顾客,有远见的企业家会把眼光放到更广泛的潜在顾客身上。培训已经被作为一种介绍产品、招揽顾客、传播信誉的手段,因为许多时候人们对广告宣传的产品到底怎么样持将信将疑的态度,对产品的功能仍然不甚了解,希望看个确实再下最后的决心。这时,培训就为这些潜在顾客提供了机会,不但让他们了解产品,也让他们了解企业本身,在双方的接触中相互增进了感情与信任。这些人当中,即使有些不能成为顾客,也会成为企业的义务宣传员。

培训服务需要注意的是,要严格挑选教员和学员,无论哪一方面不合格,都可能起到相反的效果。传授中要倾囊相授,使学员学有所获。教授过时的东西,也会造成坏影响。

3. 目标定位法

策划公关活动,要有准确的目标定位。我们为一项公关活动投入了大量的人力、物力和资金,当然就要关心到底取得了什么效果。那种只管播种,不问收获的做法,谁也不愿去干。因此检验公关活动效果的问题,实质上就是检验是否达到预定目标的问题。显然,关键又回到了公关活动开始前的目标制订上。由此提出:怎样才算是达到了目标?换句话说,评价的标准是什么?只要标准落实了,效果的检验就容易做了。在制订标准的过程中,还应注意将定性的评价标准转换成若干定量的评价标准。

也就是说,实行目标定位策划公关活动,有三个重要环节:一是确定怎样的目标;二是目标达到的衡量标准;三是评价公关活动效果的方法。评价公关活动效果方法主要有:

(1) 统计问询数字。一篇有关本企业的新闻报道刊出后,或本企业的公关展览展出后,公众通过信函、电话及口头等方式发出的问询有多少?这一统计数字可在一定程度上反映此类公关活动所产生的效果。

(2) 定期进行民意调查,了解公关活动进行前后公众对本企业态度的变化。

(3) 统计在媒体上出现本企业名字、事迹、广告及照片等时,公众的收视情况。由此分析公众对本企业的关注程度。

(4) 调查公众对本企业了解程度的提高情况,包括他们对本企业的性质、产品特点、销售方式特点的了解程度是否进一步加深。

第二节　企业公关策划的基本技巧

一、军事谋略式策划技巧

1. 知己知彼

"知己知彼,百战不殆",这是军事战略中的基本原则。在公关活动中,透彻地把握公关对象的习性、爱好,尽可能地让对方满足,使其心情愉悦,能够比较容易地达到自身目的。"锦上添花"固然好，但"雪中送炭"更具魅力。

2. 迂回战术

迂回战术，在军事上是指军队绕向敌人后背，寻其薄弱环节或要害部位痛击，从而瓦解敌军的作战行动。公关活动也可以借用此术，以削弱对方的抵触情绪和逆反心理，这种方法往往比正面交锋效果更好。运用迂回包抄战术的方法主要有：调动情感法、控制心理法、展示后果法等。

3. 全面攻防

全面攻防是企业遇到危机时的一种以攻为守的公关方法。使用这一方法的前提是引起危机的事件是有关方面的一种误解，或是一种冤枉，或是一种恶意竞争，全面攻防是为此而进行的全方位的保护自身利益的一种主动出击的行为。

4. 出奇制胜

军事行动贵在出其不意，在敌方还没意识到或没明白过来时突然出手而大奏奇效。出奇制胜也是公关策划的重要方略之一。最好的计谋是别人还一时难以认识的计谋，最高明的行动是别人没有意料到的行动。出奇制胜的公关策划，就是要独具慧眼，见人所未见，知人所未知，先人而出，先人而动。

5. 随机应变

"将在外君命有所不受"，说的就是战场上情势瞬息万变，为将者要能依据情势随机应变。公关策划中，随机应变是指在客观条件发生变化的情况下，公关人员能做出得体的、有利的反应，进而维护企业的地位、利益和信誉。市场经济竞争环境中，市场局势瞬息万变，新情况、新问题、意外之事，会半路杀出，这就要求公关人员具备应变技巧和能力。

6. 洞察时势

军事行动需要有高瞻远瞩的战略眼光，公关策划也如此，站得高，看得远，想他人所未想，眺他人所不及，洞察时势，入木三分。具体要能发现需求点，服务需求点；把握良机，大做文章；长期规划，未雨绸缪。

7. 分秒必争

"迅雷不及掩耳"，说的就是在战争中要抓住先机，快速反应。公关策划也要充分运用这一原理，以疾电不及瞬目之势，分秒必争，先发制人，以快取胜，掌握时间的主动权。

二、抓住公众心理式策划技巧

1. 利用好奇心

人都有好奇的心理，公关策划要充分利用人的这一特点，激发其好奇心，或通过制造奇物，或通过渲染奇情以满足消费者的需要。

2. 运用暗示

暗示是一种信号化的刺激，即不公开地、隐蔽地、含蓄地给人以启示，让人明白所要表达的意思。从社会心理学的角度来看，暗示是在无对抗的条件下，用含蓄、间接的方法对人的心理和行为产生影响。这种影响表现为使人按一定的方式去行动或接受一定的意见，是一种被主观愿望肯定了的假设，不一定有根据，但由于主观上已肯定了它的存在，便使人的心理尽力趋向于它。暗示有点化式暗示、引发式暗示、他人暗示、自我暗示等。

3. 避开忌讳

不同国家、不同民族、不同时代的人们各有不同的忌讳，同一国家、同一民族、同一时代的人也照样有忌讳。公关策划中，必须知己知彼，了解忌讳，避开雷区，以求顺利过关，达到目的。忌讳有说话的忌讳、行为的忌讳、服饰的忌讳、思想的忌讳等。

4. 察言观色

察言观色就是深刻地了解公关对象，透过扑朔迷离的表象抓住隐藏诡秘的本质来策划公关活动。

5. 攻心为上

公关以攻心为上策，就是根据顾客的需要，有针对性地启发对方，改变自己，达到公关目的。

6. 人性弱点

利用顾客或对手的人性弱点进行有效的攻击，这样的公关，往往能取得奇效。当然，这种公关只适合少数人或针对个别人的公关。

7. 友情与事情

俗话说："事情是事情，友情归友情。"但心理学证明两者有着必然联系。如果你在一个人所关心或者爱好的事情上能成为他的伙伴或支持者，那么感情就容易沟通；如果彼此有感情，那么彼此也希望在一些事情上能有共识，这就是心理学上所说的"相似性"。公关策划中，为做好事情可以从建立友情着手。

三、巧借社会资源式策划技巧

1. 对症下药

公关策划中，要搞清公关的起点或缘由，了解公关环境的基本情况，然后对症下药，药到病除。

2. 败中求胜

千里马也有失蹄的时候，然而怎样挽回损失和影响却是另一种技巧。好的公关，往往能消除损失，不仅不让它产生负面影响，反而使它有利于公司形象。我们要做的是：①正确对待已发事件。由于组织是在极其复杂的现实环境中运行的，因而，任何人均无法对事情的发展做出准确无误的预计。失误在所难免，而且失误的发生直接影响人们对商品和企业的形象。一旦发生，我们必须要善于揭丑，承认过失，承担责任，而不是消极推诿、逃避责任。②及时对失误进行补救。所谓及时，即是在失误被发现的第一时间就开始进行补救，这样才会尽可能地减小负面影响。③借题发挥。在失误发生以后，怎样挽回影响，进一步使坏事变成好事，是一种技巧。

3. 惊人之举

为大力提升企业形象，拓展新产品市场，在公关策划中，可以运用惊人之举的技巧，制造新闻,形成惊世骇俗的效果。当然,这需要有极其巨大的财力做支撑。索尼公司于1989年9月以46亿美元的天价买下美国哥伦比亚制片娱乐公司,引起全世界的极大关注,在美国引起的激荡更是强烈。《华盛顿邮报》惊呼:"索尼买走了美国的一部分灵魂。"

4. 制造新闻

一件在常人看来平淡无奇的事到了公关策划专家眼中,会有意想不到的价值。在许许多多的免费宣传性公关活动中,利用新闻媒体制造新闻是最主动、最有效的传播方式。它使组织积极主动地寻求扩大影响的机会,抓住时机制造新闻,从而引起新闻媒体的兴趣,转而对企业进行免费的宣传。它同时以社会组织充分认识新闻媒体公众的地位为前提,如果对媒体公众的作用缺乏足够的认识,是无法也不可能产生制造新闻的热情的,因而也不可能经常保持与媒体公众的友好关系。

制造新闻要满足两个条件:一是该新闻要新、奇、好。新,指近期的、独一无二的;奇,是指能激起公众的好奇心;好,则是指事件本身富有一定的社会效益,同时也必须有典型性。二是把握发布时机。

5. 名人公关

名人公关就是借各界名人影响树立企业形象或产品形象。

6. 举一反三

举一反三这一成语出自《论语》,意思是善于推理,由此及彼地联想。公关策划中,就是要抓住一件事作为契机,扩展开来,由此及彼、由小到大地造出声势,扩大对企业有利的影响。

7. 信誉无价

建立信誉是公关策划中的重要内容。建立信誉等于建立了一个公众联络网,对企业而言是无价的。

四、以情感人式策划技巧

1. 情感投资

情感投资是公关策划中常用的技巧。对公众以礼相待,以情动人,是情感投资;对公众坚持永久服务,也是情感投资。沃尔玛在店堂的醒目位置挂上:"第一,顾客永远是对的;第二,如果顾客有错,请参看第一条。"这既是对员工的教育和提醒,也未尝不是一种情感投资。

2. 以静制动

公关交往中,有时对方会晴转多云,甚至暴风骤雨,对你火冒三丈,说话粗鲁,不留情面,使你十分难堪,或者是语带讥讽,或者是委婉含蓄地对你抱怨。遇到这些情况,你应当如何处理,如何能解决矛盾呢?①冷静处理。②先理解,再化解。③以幽默做中介。④洞察动机,万勿上当。

3. 诚信为本

诚信永远是公关策划的主题之一,一个可持续发展的企业必须以诚信为本。老老实实对企业而言,仍然是获得公众信任的最主要途径。有时不惜自揭其短,也能收到意想不到的效果。

4. 适时幽默

公关活动中,适时运用幽默,可以化解危机,冲淡怨恨,平息纷争,也可以博取好感,强化记忆,解决问题。

5. 追求卓越

追求卓越也就是在公关活动中把追求卓越放在首位,追求品牌的卓越、品质的卓越、服务的卓越,以此来开拓新顾客,留住老顾客。

6. 入乡随俗

人类有其共性,但是,由于历史、地理、民族,甚至部落、村寨的不同,又形成各自迥异的习俗。到了一个地方,尊重它的风俗习惯,人家就高兴;无视它,人家就会对你不客气。在公关活动中讲究入乡随俗是必需的。各地、各族的习俗,是其传统文化的积淀。如何在公关活动及经销过程中区别对待不同的文化传统,以缩短双方之间的情感距离,减少因文化背景的悬殊而造成的经销失败,是公关策划人要着力考虑的。

7. 精诚所至

"精诚所至,金石为开",意为人们做事要抱定至诚的追求、信念,始终不渝,最后必然能够获得成功。做公关工作,就需要具有这种意识。

第三节　企业专项活动策划

一、事件公关策划

20世纪90年代初,某集团在长江上游的一家四星级酒店刚开张不久,公关部经理的职位连续淘汰了两个年轻貌美的小姐,第三任是德国老总亲自挑选的一位30多岁的女经理。到任之前,这位女经理连"公关"的字眼儿都没有听说过。情急之下,禁不住向人探问,到底该怎样做公关。谁都没有给她详细的解释,那位德国总经理也只是告诉她,上任一周内她必须想出八件事情,在当地交上八个新闻界的朋友。结果有着高校教师经历的这位女经理想出了个主意——邀请当地记者协会与酒店白领搞一场足球比赛,一下子为酒店交下了远不止八个新闻界的朋友。

这就是事件公关策划。也就是通过策划具体的事件,达到企业公关的目的。通过一件事就交到了远不止八个新闻界的朋友,那么我们可以想见,做完八件事,应该可以为公司的未来交上多少朋友,打开多少通道。

事件公关策划还要能巧妙利用事件。日本电通公司曾利用企业搬迁这一平常事件,成功地导演了一出公关好戏。1967年7月1日清晨,2000多名电通公司职工在公司经理的率领下,举着"谢谢银座各界人士过去的照顾"和"欢迎驻地各界人士以后多赐教"

的旗子，浩浩荡荡地离开银座旧楼，向驻地新厦行进，沿街的公司、商店从业人员和顾客目睹这一壮观场面后，都异口同声地赞美电通公司。

事件公关策划中要注意：

（1）任何事件公关策划都要考虑到这件事带来的未来影响。是正面影响就要加以充分利用，若是负面影响则要有一个全盘考虑，对如何消除负面影响要有一个应对之策。若能转负为正，那就是个高手。

（2）树立企业或者产品的形象，是公关策划永远的主题。日本电通公司2000多人的搬迁行为，多多少少有扰民的成分在里面，但巧妙的策划使得大家没有感觉到被打扰，反而兴致勃勃地观看起来，这对促进公司形象起了重要作用。

（3）善于从平凡的事件中发现不平凡的策划主题。日本电通公司的搬迁，打出的两条标语，银座的人看着欢喜，新驻地的人看着高兴，既没失去原来社区的支持，又得到了新社区公众的信任。美国某公司处于高楼，一群鸟飞进来，扰乱了正常的公司办公，但公关专家从中看到了事件的意义，从保护动物角度出发成功地策划了一次宣传公司形象的大好机会。

二、项目公关策划

这是比较大型的公关策划，是指通过有效的公关策划，形成一个投资项目、开发项目。

1977年，日本兵库县舟波山上的居民，请一位专家为自己的村落进行脱贫致富的策划。这位专家认真地做了现场考察，他看到的是深山寒舍、崎岖山路、茂密丛林，听到的是山风呼啸、鸟鸣兽叫，荒凉无比，等于"没有任何东西"，也就等于生活在"原始"中。

但这种令人绝望的贫穷并未使专家丧失信心。他考虑到，生活在高度物质文明下的其他地区的日本人，普遍有追求新奇生活、渴望回归大自然的心理，于是从山区的"原始"状态开始策划，让居民在大树上建造小屋，并遍布全山。小屋离地三四米，能住五六人，透风、摇晃，能听到风声、鸟鸣……消息传出，城市人纷至沓来，都想体验一下1000万年以前人类祖先在树上筑巢而居的滋味，平均每天约有100人像猴子一样爬到树屋住宿，很是刺激。当然，来者要花费很多钱。3年过后，这里宽阔的道路铺上了，巴士开进来了，居民收入大为增加，村落开始繁华。

在这个案例中，策划专家把社会学、生理学等科学知识应用到了策划领域，以艺术化的手法使一个落后的山村一跃成为旅游胜地，是成功的项目公关策划。

项目公关策划要求达到：

1. 项目的可行性

项目策划不同于出点子，仅仅是"脑袋一拍，计上心头"是远远不够的。项目是一个系统的工程，要有一个完整的策划，策划方案要具有可行性、可操作性。

2. 项目的效益性

项目，是要有投资的，而且可能投资十分巨大，所以必须准确预算项目的投入与产出比。既要保证一定的经济效益，也要达到较好的社会效益。

3. 项目的独创性

项目的独创性是所有策划的共同要求，项目尤其如此。项目本身没有可重复性，重复的项目，从公关策划的角度来说，已无多大意义。

4. 项目的关联性

项目公关策划不是一项孤立的行为，必须依据原有的基础、现实的状况、社会的需求等展开。而且项目策划出来后要与政府的整体规划、当地的风俗民情及企业的发展能力等相关联。总之，要综合考虑各方面因素进行策划。

三、营销公关策划

通过成功的公关活动达到预期的营销目标的策划，称为营销公关策划。

日本索尼公司在开发超小型立体声放音机——"步行者"这一产品时，没有对它寄予太大的希望。因为该产品虽然具有体积小、分量轻这一优点，但不具备录音功能，这不能不使人感到美中不足。但是，当产品投入市场后，在同类产品每日最多只能销售1万台的形势下，超小型放音机的销售量却直线上升，进而在日本青年人中间迅速普及，成为市场上的一大畅销商品。意料之外的畅销，来源于卓有远见的公关策划，他们没有让该产品只风靡一时，而是把它作为一个社会现象和社会习俗固定下来。具体的计划是把宣传超小型放音机同当时正在流行的散步和滑雪等健身、室外活动需要结合起来，展开了一场独特的公关攻势。具体的做法是：将公布这一新产品诞生的记者招待会安排在东京闹市区的代代木公园举行，之所以在公园，是为了强调超小型放音机能满足室外活动需要的功能。雇用很多模特戴着立体声耳机，边散步边听音乐，或穿着旱冰鞋往来穿梭，给公园的游客留下了一种边体育锻炼边欣赏音乐的深刻印象。此外，广赠说明书给记者，或请他们试用，并将产品赠送给知名人士，聘请他们做评论员，还在繁华地区做产品展览，很快，使用"步行者"成为一种消费时尚。

从这个案例中我们可以发现，营销公关策划要注意：

（1）通过有效的市场调查，把准产品和消费者的脉搏，寻找到公关活动的切入点。

（2）商业味不能太明显，公关毕竟是一种活动，本意是营销，表现形式不是直接推销。

（3）要有明确的公关目标，或是引导潮流，或是满足需求，或是提升生活品质，等。

四、品牌公关策划

品牌公关策划是一种战略性策划，起到树立品牌形象，提高品牌知名度，激励销售人员和经销商等作用。树立品牌是所有公司谋求长远发展的共同选择。20世纪80年代初，富士公司挑战柯达公司屡屡得手，而柯达却无人在意。1984年富士胶卷被指定为奥运会官方指定产品，胶卷市场形成两强争霸的格局后，柯达才把富士当作一个真正的对手，才有了宏观的战略规划，并制订了战略公关的总计划。

首先，柯达投资 5 亿美元，在日本东京和名古屋分别建立了总部和研发部，在短短几年时间内，使其销售额在日本增长了 6 倍，使得富士不得不抽调大批精锐人员回本土应战。从日本总部建立之日起，柯达就在日本销售的胶卷上全部印上日文，并针对日本消费者对颜色的偏好，推出了柯达金奖彩色胶卷；其次，除保留了一个很小的部门与柯达的美国总部保持联系外，其余部门全部使用日本雇员，基本上实现了本土化。在销售上，柯达与大阪的三友公司合资成立了销售公司，由其负责经销柯达的产品，经过与经销商们的谈判，聚集了 250 万个经销商中的近 60 万个，取得了很大成功。

进行品牌公关策划要做到：

1. 品牌公关策划，要与民族文化传统相吻合

品牌的背后是文化，品牌的力量也来自根植在品牌之中的深厚的文化内涵。任何地域的文化都带有品牌发源地的民族文化的烙印，因此，品牌公关策划应与民族文化相吻合。无论产品销往何处，特有的民族文化内涵是品牌得以发扬壮大的前提。民族的品牌才是世界的品牌。

2. 品牌公关策划，应坚持面向消费者的准则

良好的品牌形象是公关策划追求的目标，塑造一个良好的品牌形象不易，如同一个人，每个人都渴望自己有个好名声，对于一个品牌来说，品牌与消费者的融洽关系，品牌所能带给消费者的信赖和可信的感受，是品牌得以生存和升华之本。

3. 品牌公关策划，应在市场细分基础上锁定目标公众

消费者这一数目庞大的公众群体，可以划分为各种各样的团体，要根据市场细分原则细分市场，品牌的公关策划与推广应策略地针对特定的目标公众。麦当劳以个人特色和麦当劳之家为定位的杠杆支撑，集中力量在创造乐趣和服务孩子两件事情上，设计的各项活动为许多孩子和家庭创造了一个快乐的环境。由孩子这一特定群体介入进而打开广大的市场，为麦当劳创造了举世闻名的品牌并带来滚滚财源。

4. 品牌公关策划，重在创新，贵在可持续发展

良好的品牌形象是公关策划追求的目标，当宏观的总体公关战略确定以后，就需要利用各种方法和手段来实现这一目标。成功的公关策划，是品牌建设，也是一个企业逐步发展和走向腾飞的关键。越来越多的企业开始致力于策划，并希望能够找到适合自己发展的公关策略，而在林林总总的公关策划中，成功者大多是创新者。

同时，品牌策划是一个长期的战略策划，须充分考虑其是否可持续发展。

五、会议公关策划

美国公关大师 J. 伍德（J.Uhde）曾经为他所服务的伍尔沃思百货公司做出过"总裁擦皮鞋"的会议公关策划。J. 伍德在回忆起这件事时写道：

伍尔沃思百货公司以自以为是、倔强傲慢而著称，这在静坐示威的危机年代里对自己可是没有一点好处。我知道，这个公司在它贵族式的外表背后有着

真正的热情，所以我一直在想办法使这一真相广为人知。

一天，我很偶然地和一位名叫迈克的可敬的老先生聊了起来，这位老先生几十年来在伍尔沃思的经理办公室里一直干着给人擦皮鞋的活儿。他告诉我说整整50年来他一直是靠在这里擦皮鞋养家糊口。别的不说，他靠自己擦皮鞋的收入把两个孩子送进了大学。

有了，我想。

我建议在这家公司的曼哈顿办公大楼为迈克举行一个祝贺他在伍尔沃思公司工作满50周年的晚会，公司满怀热忱地批准了这个建议。报界和电视台的人们也为这一消息所吸引，我想我们很可能会得到有利的报道。就在这时，我突然想到了一条保证得到有利报道的途径：

我走到了伍尔沃思百货公司总裁 B. 柯克伍德（B.Kirkwood）面前。"柯克伍德先生，"我说道，"我可能会为此被解雇，但我还是愿意提个建议，我觉得如果您要是给迈克擦擦鞋的话，这将是个很好的举动。"

柯克伍德目瞪口呆地盯着我，好半天缓不过神来。但是他很清楚我说的是什么。我不需要给他拿出理由，他完全理解。这个想法太美妙了，没办法抛开。

他点了点头。"把刷子和鞋油拿来，我这就去干。"他说。

全国的报纸杂志和电视屏幕上都再现了这一幕情景。此情此景，谁还会觉得伍尔沃思百货公司是一个"自以为是、倔强傲慢""墨守成规"的机构？

这里，J. 伍德的策划其实是把会议策划与事件策划巧妙地结合在一起，获得了成功。实际上，纯粹的会议策划也是很多的，如各类庆典会议策划、联谊会议策划、展销会策划、记者招待会策划等。这部分内容在公关学里都有做介绍，这里不再展开。

第四节　企业文化策划

一、企业文化策划的要求

（一）企业文化策划的核心是以人为本

以人为本是形成良好企业文化的基础。"员工是企业的主人"口号喊了许多年，但国内很多企业的经营理念未真正做到以人为本。成立于1812年的美国花旗银行，历经两个世纪的潜心开拓，已成为当今世界规模最大、声誉最响的全能金融集团。它的成功与创业初始就确立了以人为本的战略是分不开的，花旗银行十分注重对人才的培养与使用。它的人力资源政策主要是不断创造出"事业留人、待遇留人、感情留人"的亲情化企业氛围，让员工与企业同步成长，让员工在花旗有成就感、家园感。企业文化策划，就是要紧紧抓住这一核心，真正把以人为本落实在具体的策划方案中。

（二）企业文化策划的基础是经营管理理念

1. 企业经营理念要以消费者为中心服务社会

以消费者为中心，是对企业经营的最根本的要求，是企业文化的基础。失去消费者，企业就失去了生存的根本。当然，大家都想让消费者满意。只有采取尽量比别人做得更好的原则，才能有机会把自己的特色展现出来，形成以服务为中心的企业文化。宝洁公司除了通过优质的产品和周到的服务使消费者满意外，更热心于公益事业。每当中国出现需要捐助的事件，总能看到宝洁公司慷慨解囊，完全融入中国社会，尽力让中国消费者感动。2000年，中国驻南联盟大使馆遭炸事件，引发了一轮反美浪潮，在自发抵制美货的活动中，美国各大企业榜上有名，唯独不见宝洁公司。

2. 企业管理是企业文化策划的基础

企业文化的形成没有捷径，只有通过完善管理，一点一滴地凝聚、升华为企业精神，才能为企业文化打好坚实的基础。

（三）企业文化策划须建立共同愿景

美国著名的管理学家彼得·圣吉在其著作《第五项修炼》中提出企业"共同的愿景"，意思是说一个企业及其员工必须有一个共同为之奋斗的目标，这个目标可以作为核心凝聚力使员工团结起来共同努力追求。在激烈的市场竞争中，企业如果没有一个自上而下的统一目标，是很难参与市场角逐的，更难于在竞争中求得发展。

企业作为一个利益共同体，其员工需要一个共同的目标，通过对目标的努力，员工精神文化逐步形成，概括、总结、提炼精神力量而得到确立，它是企业优良传统的结晶，是维系企业生存发展的精神支柱。共同的价值观、共同的信念会使企业员工凝聚成一个整体，并在工作中遵守企业的行为准则和道德规范，为实现企业的经营目标而努力。

（四）企业文化策划离不开宣传和CIS

企业文化与企业形象相辅相成，企业形象具有很高的价值，据国际设计协会统计，在企业形象上投资1美元，可得到227美元的回报。所以，企业文化策划要重视宣传，同时要对企业导入实施CIS。

CIS即企业形象识别体系，是21世纪企业发展的一种新战略和新动力。CIS塑造、完善和提升企业形象，强化市场竞争能力，通过整合把纷乱嘈杂的声音精炼提纯，使企业原本模糊的特点鲜明地展现出来，企业经营理念贯穿其中，产生共性的意识形态，在逐步积累发展的过程中达到形成企业文化的最终目的。

（五）企业文化策划要把握好时机

企业文化策划，应引导企业把形成企业文化的各种条件、基础工作做好，引导员工统一目标思想，逐步形成适合企业发展的企业精神。企业文化是根据企业的状况和环境来发展的，一个企业不适应这个文化范畴，硬要强加之，会适得其反。张瑞敏接手青岛电冰箱总厂时，下发的第一道命令竟然是"车间禁止大小便"，先整顿企业的混乱现象。在提高质量、降低成本的基础工作落到实处后，他果断地提出"创新"的口号。通过创新，海尔走向世界。在这个过程中，员工看到了创新对于企业的重要意义，统一了奋斗目标，围绕创新，形成了自己的企业文化。假如张瑞敏一开始就把创新贯彻，员工就不会看到创新对于濒临破产企业的意义，企业精神难以树立。

（六）企业文化策划必须要有自己的特色

特色就是一个企业的文化个性，是这个企业在文化上与其他企业不同的特性。它只为这个企业所有，只适用这个企业，是这个企业生存、发展条件及其历史延续的反映。

假如把企业看作是一个生命体，那企业文化就是它的思维方式和行为举止。企业文化策划中不要模仿别人，否则就会像影子一样显现不出来。企业文化必须突出重点，用不同的价值观念进行分析整合，精心提炼出最适应本企业发展、最有价值的精神。国内外的优秀企业，都是具有鲜明的文化个性的企业。提到 IBM 公司就想到"IBM 就是服务"的企业精神，提到诺基亚就感受到"科技以人为本"，提到沃尔玛就知道"低价销售、保证满意"，它们的成功是由于企业文化适合企业现状和未来的发展。

市场是在不断变化的，企业一成不变的结果只能是被市场淘汰。《第五项修炼》中预言道，21 世纪竞争胜利的企业只能是那些学习型的组织，最终的竞争优势取决于一个企业的学习能力以及将其迅速转化为行动的能力。必须不断地扬弃过去、超越自我、展望未来，提升原有的企业价值观和企业文化。坚持创新、改造自己、追求卓越才是先进企业文化的内涵。正如张瑞敏所讲，"创新的成果都是暂时的，只能是相对的，今天的成果明天不一定是成果，所以你这个成果在别人打倒你以前，自己先否定自己，只有自己不断打倒自己，才能永远不被别人打倒"。

二、企业文化策划方法

1. 提炼企业经营理念
提炼企业经营理念的一般程序，如图 6-2 所示。

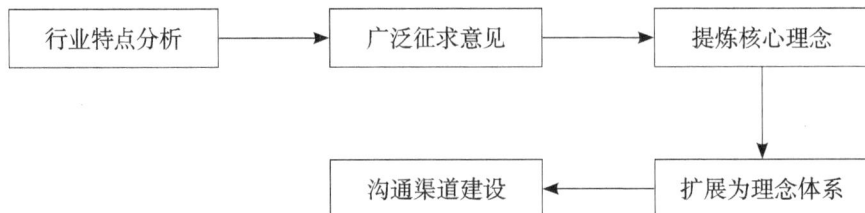

图 6-2　提炼企业经营理念程序

（1）行业特点分析，就是在进行企业文化策划时做到策划方案与行业特性和企业的经营特点相一致。

（2）广泛征求意见，就是企业高层管理者要创造各种机会让全体员工参与进来，共同探讨公司的文化。不妨先由高层制造危机感，让大家产生文化变革的需求和动机，然后在各个层面征求意见，取得对原有文化糟粕和优势的认知，最后采取扬弃的办法，保留原有企业文化的精华部分，并广泛进行宣扬。

（3）提炼核心理念。企业必须首先树立自己的核心价值观念，而且要成为企业员工都认知和认同的理念，同时在做品牌推广时，要让客户和顾客也认同企业的这种价值观念。比如海尔，"真诚到永远"已经由最初的产品和品牌的理念，上升为一个企业的理念，成为海尔企业文化的核心。

（4）扩展为理念体系，就是在价值理念基础上拓展为企业各个层面的管理思想和方法，这样才能使企业文化理念体系完整起来。如海尔，围绕它的核心理念，形成了完整的理念体系：人才理念——海尔赛马不相马；质量理念——有缺陷的产品就是废品；兼并理念——吃休克鱼；研发理念——用户的难题就是我们的难题。在这些理念背后，又有相应的办法和制度作为支撑，使整个理念体系变得生动而有效。

（5）沟通渠道建设，即在企业的各个沟通渠道进行宣传和阐释，企业内刊、板报、宣传栏、各种会议、研讨会和局域网，都应该成为企业文化宣传的工具，要让员工深刻理解公司的文化是什么，怎么做才符合公司的文化。同时，在各种场合有意识地宣扬企业的文化，让顾客和客户认知本公司的文化，成为公司的忠诚客户。

2. 将企业理念转化为相应的制度

优秀的文化要落到纸面，让大家有法可依、有章可循。尤其对于人力资源制度，包括招聘、培训、考核、薪酬、任免及奖惩等，都应该深刻体现出公司的企业文化。惠普公司之所以能成为行业内的楷模，就在于它不仅树立了一种优秀的"以人为本"的文化，更让这种文化生根发芽，制订了科学的制度来落实这些优秀的理念。

3. 将理念以合适的方式向合适的对象传播

优秀的企业文化除了让企业的中高层管理者认同外，还要让所有的员工，甚至是临时的员工都认同，这才是卓越的企业文化。企业在导入新的企业文化时，首先应该根据自己提炼的理念体系，找出企业内部现在或者过去相应的先进人物、事迹进行宣传和表扬，并从企业文化的角度进行重新阐释。海尔总裁张瑞敏"砸冰箱"的故事大家耳熟能详，是理念故事化的典范。同时，在企业文化的长期建设中，先进人物的评选和宣传要以理念为核心，注重从理念方面对先进的人物和事迹进行提炼，对符合企业文化的人物和事迹进行宣传报道。

4. 架起沟通的桥梁，使员工有强烈的归属感

企业文化要大处着眼，小处着手。在日常工作中稍加注意，一样能塑造出浓浓的企业文化氛围。在惠普，即使对董事长，也是直呼其名。同样地，在联想集团，从总经理到基层员工，大家都提倡直呼其名。通过这样的称呼，拉近员工之间的心理距离，从而提升员工之间的凝聚力。高层管理者是企业文化的建设者，也是传播者。通用电气在自己的价值观里，明确提出"痛恨官僚主义"，提倡管理人员深入基层，进行调查走访。总裁韦

尔奇经常找一些中层和基层主管沟通，他的一句名言就是"沟通、沟通、再沟通"。

不管是大型的公司，还是小型的企业，作为高层管理人员，定期（每月或者每季）安排一个固定的时间，单独会见一下那些来自公司基层的员工，可以是表现突出的员工，也可以是问题员工，倾听他们的意见和建议，也是一种企业文化建设。

5. 企业高层人员是企业文化建设的关键

一些企业高层管理者总感觉企业文化是为了激励和约束员工而建的，其实更应该激励和约束的，恰恰是高层，因为他们是企业文化的塑造者，一言一行都对企业文化的形成和推广起着至关重要的作用。企业的高层领导往往是各种理念、制度的直接破坏者，他们的负面言行对企业文化的破坏作用更大。

企业文化的精髓应该集中在企业日常管理的点点滴滴上。作为企业管理者，不管是高层还是中层，都应该从自己的工作出发。首先，改变自己的观念和作风，从小事做起，从身边做起。在思科，广泛流传着这样一个故事：一位思科总部的员工看到他们的总裁钱伯斯先生，大老远地从街对面小跑着过来。这位员工后来才知道，原来钱伯斯先生看到公司门口的停车位已满，就把车停到街对面，但又有几位重要的客人在等着他，所以他只好几乎是小跑着回公司了。因为在思科，最好的停车位是留给员工的，管理人员哪怕是全球总裁也不享有特权。再比如 GE 公司有一个价值观的卡片，要求每个人必须随身携带，就连总裁，也要随时拿出这个卡片，对员工进行宣传，对顾客进行讲解。

塑造企业文化的办法有很多，但根本的还在于企业管理者尤其是高层管理者，有没有决心和勇气先把自己塑造为企业文化的典范，能不能首先自己先认同并传播公司的文化，这是决定企业文化成败的关键。

三、企业文化策划的几个误区

1. 企业文化可以脱离员工独立存在

员工是企业文化的载体，企业文化难以在员工中体现出来不能算是真正的企业文化。假如企业的员工对于自己的企业是厌恶甚至是憎恨的，那它还有何文化可言？

2. 企业文化可以脱离于企业而独立存在

依据这种思想所制订的是不切合实际的企业文化，令企业的发展目标违背市场规律，使企业误入歧途。脱离了消费者的实际需求的企业文化，是难以生存下去的。

3. 企业文化是靠宣传产生的

建设企业文化的重要一点就是依靠宣传功能，但是单单依靠宣传建设企业文化就走入了误区。有人认为企业文化就是几个领导一合计制订的标语口号，甚至聘请专家加以指点使之念起来更加朗朗上口、铿锵有力，努力营造出企业文化的环境。在公众面前树立企业文化的形象，使之成为广告的一种表现形式，把重点放到媒体来影响公众，让公众来认可它所制订出的企业文化。对于内部员工更要使其感受到企业文化，进入企业就像进入标语的海洋，从厂部到班组，从办公楼到工作现场，到处都悬挂或张贴标语口号。虽然这些口号看起来颜色鲜艳、赏心悦目，听起来激奋人心，但是这种理念是强加的，很难讲是发自员工内心,严格讲这不是企业文化。

4. 企业文化就是员工的行为规范

有人理解的企业文化,是员工统一身着企业的制服,清早排列成行做体操、喊口号,用铁的纪律和准军事化进行管理。这是一种大误解。能否形成企业文化,取决于员工对制度的真心拥护,假如这种做法令员工厌恶,企业就难以形成优秀的企业文化。强化纪律不是形成企业文化的必要过程和手段。

5. 企业文化是一些大企业的专利,中小企业用不着也没有能力发展

有这种想法的企业不在少数。这恰恰是这些企业永远只能是小企业,企业发展后继无力的根本原因。发展企业文化并不在于钱多钱少,一些暴发户式的企业资金并不匮乏,但是缺少对企业文化执着的追求,企业没有形成一个核心价值观,同样难以形成企业文化。另一些企业即使在艰辛创业阶段,条件简陋,也并不妨碍优秀的企业文化的形成,大企业集团正是由这样充满活力、有着优秀企业文化的小企业发展起来的。

6. 企业文化就是企业的发展规划

国内很多企业宣传自身的文化,总是有种似曾相识的感觉。"艰苦创业""团结拼搏""顾客是上帝""市场是命"及"质量是血"等,空洞又乏味,想要涵盖各个方面反而难以形成核心,无法集中资源进行重点突破。说到做不到,叫嚷久了,员工的思想产生惰性,企业文化的形成便遥遥无期。

第五节　企业危机公关策划

一、危机公关策划的基本思路

广义地讲,危机公关是指从公关角度对危机的预防、控制和处理。对危机事件的公关处理主要有两个方面:一是积极预防,严防危机来临;二是危机一旦发生,就要立即采取有效措施,缓解危机,尽量避免重大损失。

1. 明确问题

危机一旦发生,所谓的"问题"就来了。问题出现的形态一般有两种情况:一是环境直接向组织提出问题;二是问题的存在,致使某种事态发生,需要从危机事件中找出问题所在。无论是何种情况,问题往往不是危机事件本身。危机事件是各种信息相互交错的综合表现,它只是某种现象,并不会告诉你问题的实质是什么。问题的明确界定是人脑对来自危机事件的信息加工,面对同一事件,不同的人理解不同,发现的问题肯定也不一样。问题需要深刻地理解和清晰地表达。从危机事件本身到问题的明确化不是一个简单、直接、很容易的过程,而是一个复杂的、很伤脑筋的信息处理过程。另外,只有明确了问题,才能保证有的放矢地解决问题,否则,差之毫厘,谬以千里。

问题的提出、确立需要明晰化、具体化,必须找到问题的实质和核心。对问题的理解、

分析不够具体、透彻，是不利于有效地策划、解决问题的。

2. 解决问题

明确问题是为了解决问题。解决问题是公关工作的目的所在。危机公关策划的有效性就表现在解决问题上。公关不是绣花枕头——中看不中用，公关是为解决问题而存在的。如果公关工作不能解决组织面对的形象问题，那么公关工作就是无效的、多余的，也就没有理由存在了。公关组织的形象主要取决于其工作的有效性，即解决问题的力度。

从公关角度解决问题的方式有两大步骤：一是信息落实；二是信息传播。所谓信息落实，就是使以信息方式存在的问题获得实际解决，即解决实际问题。所谓信息传播，就是将信息落实的情况向公众传达。信息落实是基础，信息传播是必要手段。想更有效地解决组织面临的公关问题，必须遵循这个基本思路，步步落实，从而完善地解决问题。仅有信息传播或信息落实都是片面的，是不能彻底解决问题的。没有信息传播，社会组织难以在更大的范围里塑造形象；没有信息落实，不可能从根本上摆脱困境，达到塑造良好形象的目的。如果说信息传播是"务虚"，那么信息落实就是"务实"。

危机公关策划要求在问题与问题的解决方案之间建立起必然的、直接的、根本性的联系，而不是偶然的、间接的、表面的联系。必须从问题提出的信息分析入手，找到问题的实质，并在此基础上寻找解决实质问题的最有效手段和办法。

二、公关策划中的危机管理

美国《危机管理》一书的作者菲特普曾对财富500强的高层人士进行了一次调查，高达80%的被访者认为，现代企业不可避免地要面临危机，就如人不可避免地要面对死亡一样。14%的人则承认自己曾面临严重危机的考验。危机出现时，错误地估算局势，只能使危机恶化，而做好危机管理，则能收获危机中潜在的成功机会。那么，企业应该如何进行危机管理呢？

1. 未雨绸缪

企业平时应对自己的所有产品和相关信息有通盘的了解，洞悉危机发生的潜在因素，然后列出危机评估表，将可能发生的危机按重要性依次排列，并做好相应对策。在做准备工作时，企业应预先确定危机发生时的发言人，这个人可以是总裁、CEO或对危机最为了解的人。他应具有相当的沟通能力，以便在最短时间内建立可信度和权威感，在第一时间传递出最适当的信息。

2. 迅速反应

危机一旦爆发，往往伴随着行政部门和新闻媒体的介入，此时企业必然处在外界的一片指责声中，按兵不动或采取鸵鸟政策都是大忌，唯一的办法是由发言人在最短时间内发表坦诚的声明，承诺将迅速对危机进行处理，并及时对外通报。此时企业必须认识到，只有诚恳的态度才是挽救企业的唯一途径，傲慢无礼或推诿责任只能招致外界的更大反感。至于事件的真相到底如何，应在随后进行调查。

3. 说真话，主动说，赶快说

在危机处理时必须注意，一定要在被"揭发"之前把企业所掌握的真相老老实实地公之于众，也就是要"说真话，主动说，赶快说"。因为一旦外界通过别种手段了解到某些真相，将会使企业陷于非常不利的局面。

4. 利用权威意见处理危机

在某些特殊的公关危机处理中，企业与公众的看法不相一致，难以调解，这时，必须依靠权威发表意见。例如，河南省某市交通银行发生挤兑风潮，该银行负责人请市政府官员来到现场，向蜂拥而至的提款人做了权威性的解释说明，从而平息了风波。处理公关危机的权威主要有两种：一是权威机构，如政府部门、专业机构及消费者协会等；二是权威人士，如公关专家、行业专家等。在很多情况下，权威意见往往能对公关危机的处理起到决定性的作用。

5. 利用法律调控危机

运用法律手段来处理公关危机即利用法律调控危机。法律调控手段主要包括两个环节：一是依据事实和有关法律条款来处理；二是遵循法律程序来处理。运用法律调控处理公关危机有两个作用：一是维持处理危机事件的正常秩序；二是保护企业和公众的合法权益。在企业信誉受到侵害时，运用此种方法，会收到较好的效果。

6. 做好善后工作，尽快挽回声誉

企业发生了事故，必须承担起相应的责任，给予公众一定的精神补偿和物质补偿。例如，石家庄市一家大药店营业员在销售药品时拿错了药。顾客回家发现后，找到了药店。药店管理层迅速做出反应：一是向顾客诚恳道歉；二是以数十倍的赔偿弥补顾客的损失；三是以数千元的罚款惩罚管理者，并对负有直接责任的员工做出处理；四是制订重塑企业良好形象的一系列措施。以上举措得到了顾客的谅解，避免了药店的信誉受损，赢得了公众的理解与支持。

总之，公关危机的出现，或多或少会使企业的形象受到不同程度的损害。虽然危机得到了妥善处理，但并不等于危机已经结束，企业还必须恢复和重建良好的公众形象。要针对形象受损的内容和程度，重点开展弥补形象缺陷的公关活动，密切保持与公众的联络和交往，敞开企业的大门，欢迎公众参观，告诉公众企业新的工作进展和经营状态，拿出质量过硬的产品和一流的服务，从根本上改变公众对企业的不良印象。

三、危机沟通中易犯的错误

1. 采取回避态度或危机公开后才介入

有的企业希望没人知道自己出了事，采取回避态度，如鸵鸟般把头紧紧埋在沙子里，两耳不闻窗外事，这只会使事态恶化。2002年2月，日本渔船被美国核潜艇撞沉后，时任日本首相的森喜朗在得知该消息后没有立即返回官邸处理善后，而是继续打高尔夫球，5个小时后才返回办公室，结果招致全国上下一片骂声。1999年，可口可乐公司在欧洲先后遭遇食物中毒和包装瓶带霉菌事件，但公司在处理问题时行动迟缓，对消费者的态度缺乏诚恳，引来欧洲一片讨伐之声。

就算不采取鸵鸟政策，若不做任何准备，放任危机扩大，也是很危险的。实际上，在危机公开之前，企业仍然有其他的积极选择。强生公司被氰化物污染的胶囊引发一系列死亡事件后，公司迅速回收了3100万个胶囊，并重新设计包装，通过各种媒体大做广告，公众的不满逐渐平息，公司不仅挽回了声誉，还提高了在消费者心中的地位。因此，为了让企业的危机在公众心目中有一个较强的支点，务必确信你的发言是从防卫者的角度出发的——这是很容易做的，完全随意，无须事先准备，无须事先排练好发言。

2. 陷入被动回应模式，不采取积极主动姿态

许多人说过，一篇消极的文章能突然间肢解一个企业。

消极的文章见报后，企业发表声明回应，接着，另一篇文章出笼，又得发表另一篇声明。这样很容易招来公众的辩驳，导致自己处于舆论的风口上，任别人随心所欲地评论，使自己陷入一个正极力为自己辩护的罪人的境地。

于是，有的企业就只好一味发表观点，一味做书面声明，结果忽视了公众的感情，导致事情一发不可收拾。

当企业最后一次遭遇消极的新闻报道时，也许在法律顾问的建议下，或只是因为你觉得不管你说什么，媒体总是曲解你的话，于是，你不再回复媒体的电话。结果，接踵而至的是社会公众和企业内外部对企业的负面的关注，而这种关注要好一阵才能慢慢消退。所以，当下一次危机出现时，你还是不得不做同样的事。因为"又有胡言兴起"，想试图改善沟通，却苦于无法改善处境。

3. 总自以为别人与自己一样知道事实

危机公关策划人知道事情的真相后，如果认为公众最终也会意识到这一点而把希望寄托在"事实是这样的，大家定会理解和支持"上，那么你就是在引导企业在这次危机中走向万劫不复。

4. 视媒体为敌人

危机发生后，媒体做了各种对企业不利的报道。于是对媒体打心眼里反感，以各种方式告诉记者，他（她）在报道本企业时非常糟糕，因此不愿意再与他（她）谈话了，或者在大众论坛上说他（她）的坏话，给他（她）发讨厌的传真，然后坐下来，独自欣赏。他（她）为此被激怒了，认为你妨碍了新闻自由，并把这种情绪宣泄到对企业的报道中；他（她）嘲笑所看到的一切，并确信你一无是处。结果，情形变得更加糟糕。

四、企业网络危机的有效处理

当前网络已经成为企业危机公关的触发器与放大器：来自网络的企业危机一触即发。随着地球村时代的来临，每个人都是演员，人人都有选择的权利，墙倒众人推，导致危机事件不断被扩大。企业必须与专业危机公关机构合作，加强网络媒体监控，以加强自身的网络危机公关能力。

将危机公关最基本的经验归为九个字：说真话，主动说，赶快说。网络也是双刃剑，

由于网络的介入，危机造成的负面影响也极易扩散，造成严重后果。因此，之前有一个预警系统是必不可少的。要尽一切努力避免企业陷入危机，一旦遇到危机，就应该接受它，化解它，同时可以与国内知名网络危机公关公司合作，共同消除危机带来的影响。

企业网络危机有效处理方针：一是利用网络技术为企业建立起高效的危机预警监测系统监测组织环境。二是当网络中出现引起关注的负面报道时，企业应该立即启动网络危机应对方案，与危机发生的源头网站进行沟通，及时找出危机源头，迅速处理化解。这是避免事件被进一步炒作和消除民众猜测的最好方法。三是企业应该勇于承担责任，公正还原事件真相。当危机出现后，企业应该勇于承担，危机公关中"态度决定结果"。四是优化搜索引擎，这是解决公关危机的一个重点技术应用区域。

面对网络环境下的危机，必须对网络媒介内部外部环境同时作用，在加强网络监管、传统媒体网站品牌建设及提高公民媒介素养培养的同时，企业应建立完善的应对网络危机的管理系统，及时调整应对危机变化的方式方法，关注网络、手机等新媒体的发展。

第七章

商业模式开发与策划

完整的商业模式概念包含企业的运营逻辑、经济逻辑、战略方向，其本质是对具有竞争优势的价值创造活动的描述或设计；战略的本质是为创建竞争优势而对价值创造活动的规划。可见，两者本质相同。商业模式通过可视的价值活动方式实现了对战略内容的解读，无论基于构成要素还是基于逻辑结构的对比分析，商业模式与战略高度一致。战略理论侧重于对战略制订方法及战略形成过程的研究，而商业模式理论侧重于对具体的战略措施体系所具有的内在联系的研究。

第一节　商业模式的设计

一、商业模式的分类

商业模式可以从不同的角度进行分类，而且都有相互交叉重叠的地方，这正说明了经济领域里的多样性和复杂性。也正因为企业采用了多种模式，才有了企业商业模式的独特性、个性化的实现。

人们对商业模式的分类有很多。就多年来的网上观察，本书尝试综合出八类基本的商业模式。

（1）代理模式。代理商是市场的缔造者。代理商把买方和卖方撮合在一起，并且推动交易行为。交易的双方可以是企业—企业、企业—消费者或消费者—消费者市场。代理商从其撮合成功的每项交易中收取一定的费用，佣金的计算方式因人而异。

（2）广告模式。网络广告模式拓展了传统的广告媒体。此刻的传播商通常是一个网站，在提供内容（常常但并非必须是免费的）和服务（像邮件、即时通信、微信）时，常加入些条幅广告信息。这些条幅广告可能是这个传播商的主要或者唯一的收入来源。传播商可能是内容的创建者或者内容的发行人。只有当浏览量非常大或者高度专业化时，广告模式才能正常运作。

（3）信息中介。消费者的个人信息和消费习惯的数据是很有价值的，尤其是那些经过细致分析并用于目标市场营销的信息。在消费者考虑一次采购的时候，独立收集的关于生产商及其产品的数据，对于他们是非常有用的。有些企业定位就类似信息中介（信息媒介），辅助买家或者卖家了解当前的市场状况，以辅助分析市场营销的效果。

（4）商户模式。该模式为批发和零售商家提供产品和服务的平台。一个仅通过互联网进行操作的虚拟商户，提供传统的或网上的产品或服务。苹果的 FaceTime 就是一个服务商，它称自己为一个"应用服务提供者"，它为电子商务站点提供客户支持。亚马逊允许第三方在其网站开店，利用亚马逊的流量及用户优势，提升第三方卖家的销售量。

（5）厂家模式。这种模式使厂商直接接触消费者，因此压缩了分销渠道（省去了批发商和零售商）。厂家模式是基于效率的（节约成本，从而可以降低消费者的负担，当然也可以不降低），能提高客户服务水平，使厂家更好地了解客户喜好。

（6）会员模式。这是和一般化的门户入口模式相反的模式。会员制是指消费者只需一次性消费，就可以有机会参与利润分配，就是在消费的同时消费者能够拥有创业的机会，让"消费者"变成"消费商"。比如，超市为锁定客户，购买一定数额产品的客户即可成为超市的会员，以后再消费时会打 9 折，或达到一定积分送一些生活用品；有些餐厅，在消费时扫一下二维码就可以打 8 折，如果再帮餐厅介绍一些朋友来消费，餐厅就会再给客户积分或下次来消费时再打更低的折扣。会员模式通过口碑相传，传播速度快，这对于互联网来说是相当便利，这也是它流行的原因。

（7）社区模式。社区模式的发展主要依赖用户忠诚。用户投入了较多的时间和情感在里面。收益则往往来自副产品和服务的销售或者无偿的捐助，或者来自绑定文字广告或者订阅者的付费服务。例如开源软件就是采用社区模式，通过全球性的程序员社区，彼此开放并共享源代码，协作开发软件。

（8）效用模式。效用模式又称需求模式，采用的是定量使用或者随用随付的方式。与订阅服务不同，定量服务基于实际的使用率付费。通常来说，定量付费一直应用在必需的服务（例如水电、长途电话服务）上。世界上某些地方的网络服务商（ISP）即基于效用运作，向客户收取每分钟的接入费用，这和美国常见的订阅模式大不相同。定量使用——测算用户使用服务的情况，再发账单定量订阅——允许订阅者购买一定量的内容访问权（如页面访问数）。百度文库采用的就是类似模式。

二、常用的几种商业模式

自从谷歌开始在搜索结果旁边放广告以来，广告已经成了互联网行业默认的首选变现方式。但实际上，广告本来是平面媒体的主要商业模式，现在互联网行业已经彻底抢走了广告领域的风头。

所谓互联网思维，与传统行业最迥异的，应该就是商业模式问题。传统行业思考的只是产品创新，而互联网行业似乎还得思考商业模式创新。例如谷歌，1999 年时，大家为谷歌没有商业模式而担忧，Facebook 上市之后仍旧没有牢靠的商业模式，但是谷歌和Facebook 现在都不怎么为收入发愁。所以是不是能直接从用户身上赚钱无所谓，只要用户数量积累到一定程度，自然有赚钱的门道"涌现"出来。因此，只要产品能够吸引到足够多的用户，就能看到商业模式了。

互联网行业经历了这些年来各路人马的尝试之后，人们已经基本上摸索出了所谓互联网思维下的商业模式套路。在产品积累到足够的用户后，这些现成的商业模式都可以拿来为我所用。当然，很多聪明绝顶的企业还在不断开拓新的商业模式。

下面为大家介绍互联网＋时代的24种商业模式。

实物商品：

（1）自己生产、自己销售。自己直接生产、直接销售给用户，这是大多数传统企业的商业模式。

（2）外包生产、自己销售。把生产环节外包出去，自己负责直接销售给用户，如小米手机。

（3）只生产、不销售。自己负责生产，交给销售商销售，如富士康为苹果公司生产手机配件。

（4）只销售、不生产。自己作为分销商，或者提供销售商品的交易市场，如天猫。

现在很多电子商务网站，就是第（4）种商业模式。但是随着互联网的发展，实物商品的模式往往是混合的，不是单一的。当然混合的模式有好处也有坏处，如京东商城。

广告：

自从谷歌开创了在搜索结果旁边放广告的模式以来，广告也变成了大多数盈利模式的首选。

（5）展示广告。展示广告一般形式是文字、旗帜（banner）图片、通栏横幅、文本链接、弹窗等，通常按展示的位置和时间收费，也就是包月广告或包天、包周广告。这是目前最常见的模式。

（6）广告联盟。广告联盟相当于互联网形式的广告代理商，广告主在广告联盟上发布广告，广告联盟再把广告推送到各个网站或应用程序（App）里去。百度联盟、谷歌广告联盟（Google AdSense）是最大的两个广告联盟。基本上网站流量还没有到一定程度时，都会选择与广告联盟合作，只有做到一定流量后，才会与确定的广告主直接建立合作关系。广告联盟一般按广告的点击次数收费。

（7）电商广告。最常见的就是淘宝、天猫了。京东、亚马逊、当当都有自己的电商广告，凡客当年也是靠这个突然蹿红的。这些广告一般按销售额提成付费。很多导购网站，是完全靠这种收入的，特别是海淘导购网站，会接入各个海外购物网站的广告。

（8）软文。软文是指把广告内容和文章内容完美结合在一起，让用户在阅读文章时，既得到了他需要的内容，也了解了广告的内容。很多媒体网站或者微博、微信大号，都是靠软文赚钱的。

（9）虚拟产品换广告效果。可以为用户提供免费虚拟产品，但是代价是用户必须接受一定的广告。例如看完一段广告、注册成为网站的用户、下载某个App，如土豆网。

（10）用户行为数据。通过分析用户在网站或App上的操作方式，可以分析用户的习惯和心理，从而有利于在产品设计和商业规划上做出正确的决策。很多企业都需要这样的用户使用习惯的数据，所以可以卖这样的数据。淘宝数据魔方就提供这样的服务，比如告诉商家，什么商品、什么风格、什么尺码最受用户欢迎。

交易平台：

（11）实物交易平台。用户在平台上进行商品交易，通过平台支付，平台方从中收取佣金。天猫就是最大的实物交易平台，佣金是其主要的收入来源。

（12）服务交易平台。用户在平台上提供和接受服务，通过平台支付，平台方从中收取佣金。威客平台猪八戒就是这样收取佣金的。优步（Uber）的盈利模式也是收取驾驶员车费的佣金。

（13）沉淀资金模式。用户在平台上留存有资金，平台方可以用这些沉淀的资金赚取投资收益回报。传统零售业用账期压供应商的货款，就是为了用沉淀资金赚钱。现在这个套路也用到互联网行业了，如支付宝、微信支付。很多互联网金融企业、O2O 企业，也是寄希望于这种模式。

直接收费：

（14）定期付费模式。这种商业模式类似于手机话费的月套餐，定期付钱获得一定期限内的服务。相对于一次性付费直接买软件，定期付费的单笔付费金额比较小，所以用户付费的门槛相对较低。例如 QQ 会员，就是按月或按年付费的模式，现在的价格差不多是每个月 10Q 币。

（15）按需付费。按需付费是用户实际购买服务时，才需要支付相应的费用。例如，在爱奇艺里看到想看的某一部电影，花 5 元钱，只看这一部，这是按需付费。如果成了爱奇艺的 VIP 用户，在一段时间内所有会员免费的电影都可以看，这就是定期付费模式。又如，在道客巴巴找到了最需要的文档，下载要 5 元钱，用微信支付后就可以下载这个文档了。

（16）打印机模式。打印机模式是指先以很便宜的价格卖给消费者一个基础性设备，如打印机，用户要使用这个设备，就必须以相对较高的价格继续购买其他配件，如耗材。剃须刀采用的就是类似的商业模式，刀架的价格近乎白送，然后通过卖刀片赚钱。家用游戏机也是如此，索尼和任天堂以低于成本的价格卖游戏机，然后用很高的价格卖游戏光盘。因为日本打印机公司爱普生首先采用这种商业模式，所以把它叫作打印机模式。

免费增值：

免费增值商业模式就是让一部分用户免费使用产品，而另外一部分用户购买增值服务，通过付费增值服务赚回成本和利润。不过通常采取免费增值模式的产品，可能只有0.5%～1%的免费用户会转化为付费用户。

（17）限定次数免费使用。这种模式是在一定次数之内，用户可以免费使用，超出这个次数的就需要付费了。

（18）限定人数免费使用。这种模式是指用户数量在一定人数之内，就是免费的，如果用户数量超出这个限定额，就要收费了。比如很多企业邮箱服务，如果公司注册了某个域名，打算用这个域名做企业邮箱，企业邮箱服务商可以要求，五个以内邮箱地址免费，超过五个邮箱地址就要购买。

（19）限定免费用户可使用的功能。免费用户只能使用少数几种功能，如果想使用所有功能，就得付费。比如笔者用的东大教育微信公众号，经常提醒要开通验证，每年交

300 元可以使用更多功能。

（20）应用内购买。应用的下载和使用是免费的，但是在使用的过程中，可以为特定的功能付费。最常见的就是游戏了，购买虚拟装备或者道具之类的就需要付费。又如在微信内购买付费的标签。

（21）试用期免费。让用户在最初一定的期限内免费使用，超过试用期之后就要付费。例如 Office 会提醒免费版试用期还有 XX 天就要到期了，让使用者抓紧激活，激活就是要花钱买正版的激活码。

（22）核心功能免费，其他功能收费。应用商店（App Store）里的 App 有不少都是这种模式。一个产品分为免费版和收费版。免费版里基本功能都有了，但是要获得更多的功能，就要收费。例如照片处理应用，免费版有几个基本的滤镜效果，差不多够用，但是如果要更炫更酷的滤镜，就要下载付费版。

（23）核心功能免费，同时导流到其他付费服务。比如微信，微信聊天是免费的，但是微信内置了很多其他服务——游戏、支付、京东、滴滴打车，这些服务有可能是收费的。

（24）组织活动：通过免费服务聚齐人气，然后组织各种线下活动，这些活动可以获得广告或赞助，或者在活动中销售产品或服务。例如，很多媒体通过组织线下行业峰会赚钱。还有的地方社区会组织线下展销会、推荐会，如装修展销会、婚纱摄影秀等，通过展销会、推荐会销售产品或服务。

好的商业模式一般都非常简单，即便外行也能一眼看清。所以创业者该做的应该是回归本质，做好产品或服务，获取用户的口碑；多样化的商业模式无疑有巨大的优势，但往往也意味着不够清晰，和产品的核心价值一样，如何把最关键的做大做强，才是成功的关键。

三、商业模式的设计原则

关于商业模式的构成要素，不同的学者有不同的看法。

商业模式的核心要素有三个：顾客、价值和利润。一个好的商业模式，必须回答以下三个基本问题：

（1）企业的顾客在哪里？

（2）企业能为顾客提供怎样独特的价值和服务？

（3）企业如何以合理的价格为顾客提供这些价值和服务，并从中获得企业的合理利润？

这三个基本问题就是：如何为顾客创造价值，如何为企业创造价值，如何将价值在企业和客户之间进行传递。

商业模式的核心是指商业模式的内涵、特性，是对商业模式定义的延伸和丰富，是商业模式设计是否成功必须具备的属性。它包括：客户价值最大化原则、持续盈利原则、核心资源整合原则、创新原则、自由现金流结构原则、企业价值原则。其中企业能否持续盈利是判断其商业模式是否成功的唯一外在标准，盈利模式越隐蔽，越有出人意料的好效果。

1. 客户价值最大化原则

这里的客户包含消费者、股东、合作伙伴、员工和社会，其中消费者占主导地位，只有消费者的价值实现了，后四者的价值才能实现。一个商业模式能否持续盈利，是与该模式能否使客户价值最大化有必然关系的。一个不能满足客户价值的商业模式，即使盈利也一定是暂时的、偶然的，不会持久。反之，一个能使客户价值最大化的商业模式，即使暂时不盈利，但终究会走向盈利。所以要把对客户价值的实现再实现、满足再满足当作企业应该始终追求的主观目标。

2. 持续盈利原则

一个企业可以使用多种收益和成本分配机制，而好的盈利模式往往有多种收入来源。传统的盈利模式往往是企业提供什么样的产品和服务就针对这种产品和服务向客户收费，现代企业的盈利模式则变化极大，经常出现的盈利模式是企业提供的产品和服务不收费（甚至是永远不收费），吸引来顾客产生价值后，则由其他利益相关者支付费用。例如，客户使用互联网上的搜索引擎不需要支付费用，但被搜索到的产品和服务的提供商却需要支付费用。

企业能否持续盈利是判断其商业模式是否成功的唯一的外在标准。因此，在设计商业模式时，盈利和如何盈利也就自然成为重要的原则。当然，这里指的是在"阳光"下的持续盈利。持续盈利是指既要盈利，又要能有发展后劲，具有可持续性，而不是一时的偶然盈利。

3. 核心资源整合原则

企业需要掌握和使用一整套复杂的有形和无形资产、技术和能力，就是常说的"核心资源和能力"。核心资源和能力是企业运转所需要的重要资源和能力。任何一种商业模式构建的重点工作之一就是了解企业所需要的重要的资源和能力有哪些，它们是如何分布的，以及如何才能获取和建立这些资源和能力。

整合就是要优化资源配置，就是要有进有退、有取有舍，就是要获得整体的最优。

在战略思维层面上，资源整合是系统论的思维方式，是通过组织协调，把企业内部彼此相关却彼此分离的职能，把企业外部既参与共同的使命又拥有独立经济利益的合作伙伴整合成一个为客户服务的系统，达到 $1+1>2$ 的效果。

在战术选择层面上，资源整合是优化配置的决策，是根据企业的发展战略和市场需求对有关的资源进行重新配置，以凸显企业的核心竞争力，并寻求资源配置与客户需求的最佳结合点，目的是通过组织制度安排和管理运作协调来增强企业的竞争优势，提高客户服务水平。

4. 创新原则

一个成功的商业模式不一定是在技术上的突破，而可能是对某一个环节的改造，或是对原有模式的重组、创新，甚至是对整个游戏规则的颠覆。商业模式的创新形式贯穿于企业经营的整个过程，贯穿于企业资源开发模式、制造方式、营销体系、市场流通等各个环节，也就是说，在企业经营的每一个环节上的创新都可能变成一种成功的商业模式。

5. 自由现金流结构原则

自由现金流结构是企业经营过程中产生的现金收入扣除现金投资后的状况，其贴现值反映了采用该商业模式的企业的投资价值。不同的现金流结构反映了企业在核心资源能力以及盈利模式等方面的差异，体现了企业商业模式的不同特征，并影响企业成长速度的快慢，决定了企业投资价值的高低、投资价值递增的速度以及受资本市场青睐的程度。

自由现金流结构对企业有着特殊的意义，尤其是对广大的中小企业来说更是如此，企业生存需要资金，企业发展需要资金，企业快速成长更是需要资金。资金已经成为所有企业发展中绕不过的障碍和很难突破的瓶颈。谁能解决资金问题，谁就能赢得企业发展的先机，也就掌握了市场的主动权。

从一些成功企业的发展过程来看，无论它们表面上对外阐述的成功理由是什么，都不能回避和掩盖资金对其成功的重要作用，许多企业就是没有建立有效的融资模式而失败的。例如巨人集团，仅仅因近千万元的资金缺口而轰然倒下。所以说，商业模式的设计很重要的一环就是要考虑自由现金流结构。

6. 企业价值原则

企业价值即企业的投资价值，是企业预期未来可以产生的自由现金流的贴现值。企业的投资价值是评判商业模式优劣的标准。好的商业模式可以做到事半功倍，即投入产出效率高、效果好，包括投资少、运营成本低、收入的持续成长能力强等。

总之，商业模式的这六个要素是互相作用、互相决定的。商业模式的构成要素中只要有一个要素不同，就意味着商业模式不同。一个能对企业各个利益相关者有贡献的商业模式需要企业家反复推敲、实验、调整和实践这六个方面才能产生。

四、商业模式设计的步骤和关键点

一个成功的商业模式自己可以复制自己，但别人很难复制，特别是在个性化张扬的今天，企业为了生存发展，都要设计出自己独特的商业模式，才能在竞争中立于不败之地。因此在设计商业模式时，要根据自身的实际情况量身打造，它不一定是在技术上的突破，而可能是对某一个环节的改造，或是对原有模式的重组创新，也可能是颠覆性的创新。

（一）商业模式设计的步骤

在这个模式制胜的时代，企业该如何设计自己的商业模式呢？

商业模式设计关乎企业成败，企业应按发现和验证市场机会、系统思考、提炼产品概念、产品定义、财务分析和提供组织保障六个步骤设计适合自己的商业模式。

1. 发现和验证市场机会

首先，企业必须明确为哪部分人服务，锁定一个相对狭窄的市场，进行市场调研和客户消费心理研究，把有限的资源用在刀刃上；其次，企业要花时间去研究这部分目标客户目前存在什么问题；再次，必须把客户需求分层：既重要又迫切、重要但不迫切、迫切但不重要、既不重要也不迫切。如果能把握住客户既重要又迫切的需求，就容易成功。

企业还需考虑客户的购买动机。通常说来，温饱型客户最关心经济因素（价格），小康型客户最关心功能因素（实用价值），而富裕型客户最关心心理因素（面子）。因此，小众化群体所处的社会阶层会影响他们对各种解决方案的价值评估。

如何给客户提供独到的价值呢？企业可以从四个方面考虑：①强化了什么要素？即那些比现有解决方案更好的方面。②弱化了什么要素？即把那些客户并不在意的、费力不讨好的东西尽量减少，或降低标准。③去掉了什么要素？即把那些客户用不到的功能去掉。④创新了什么要素？即那些独创的方面。

有了初步的产品创新设想后，企业必须与目标客户沟通，检验自己的想法是否有实际意义。同时，还必须了解客户是否愿意支付一定的费用来消费这个产品，他们的切换成本有多高，这是市场调研时最容易忽视的一点。

2. 系统思考

中小企业要能用最简单的语言把自己要干的事说清楚，把客户、供应商、合作伙伴等相关者的关系描述出来。最好的办法就是画图，把自己的想法用一张图表现出来，这就是图形化思考和沟通。之后，企业必须整合相应的外部资源，把商业模式图上涉及的核心单元、上下游企业、各种合作伙伴、各种外围资源都考虑进来。接下来要考虑价值链上各个利益相关者如何受益，这是每个参与者一定会考虑的问题。

商业模式的设计有三条途径：①借鉴国外已经成功的商业模式；②借鉴国外的成功模式并根据中国国情和行业特征加以改进和创新；③自己发明一套商业模式，根据市场调研的结果及寻找到的产品创新的源泉，用全新的思维去改变目前市场上的游戏规则，甚至颠覆行业多年来形成的游戏规则。企业要根据自身实力与行业竞争状况，选择适合自己的商业模式设计方法。

系统思考这一环节还要求企业分析竞争的状况，包括对竞争对手和潜在竞争对手的分析。中小企业一般都缺少资本积累，直接向大企业、大品牌发起进攻是不可取的，可以运用迂回包抄战术：不与任何企业发生正面冲突，采用错位竞争，用有独到价值的产品去开辟新市场；同时，要想推出畅销产品，一定要把握好时机，寻找触发点——机会往往出现在经济转折点上，出现在社会急剧变化时期，在一个相对稳定的市场中很难发现好机会。

3. 提炼产品概念

产品概念最好可以总结成一句话，即在30秒内能将产品的价值定位说清楚，让人听了以后产生共鸣，引起兴奋。有了完整的产品创意思路，就要走出去与客户沟通创意，听取客户对创意的反馈，以便掌握客户的态度和反应。要想让目标客户理解产品的价值和作用，最好的办法就是做一个样品，可以是电子版的模拟样品（通过幻灯片来演示），也可以是真正的样品（3D打印为我们提供了新的途径）。总之要让客户看得见、摸得着，这比文字或口头说明要好得多。

不同层次的消费者在选择产品时关注的重点不同，任何产品都很难在价格、实用价值和面子三个方面同时实现突破。企业要根据目标客户群的层次，确定自己的产品在哪个方面必须超越竞争对手，这样才能给客户一个选择自己的理由。

4. 产品定义

到了产品定义阶段就需要考虑完整产品的概念。完整的产品由三个层次组成：最里层是核心层，主要包括性能、指标、功能、品质等，是产品发挥作用的关键因素；第二层是外围层，主要是增值服务，目的是让客户更好地发挥核心产品的功效，比如售前售后服务、电话咨询服务等；第三层是外延层，主要是客户体验与感觉。中小企业最好靠外围产品和外延产品的差异化吸引客户。产品定义完成之后，就要把第二版的样品做出来，接下来就要进行 Focus Group（焦点小组座谈）测试，其中一个重要的测试参数就是"哇"效应，即当客户第一眼看到这个产品时，有多少人感到惊讶。

产品定义中一项重要的工作就是定价，因为定价的背后是产品的定位。定价方法可以分成优质优价、优质同价、同质低价、低质低价四种，企业应根据自己的客户层次选择合适的定价方法。产品制作出来后通过什么渠道走向市场，也是在产品定义阶段必须完成的一项工作，即明确从厂家到客户需要经过哪些中间环节。最好能以关系图的形式表示，让人简洁明了地看清楚各个渠道之间的关系。

为了提高销售环节的效率和成功率，给目标客户留下良好的印象，企业应先做市场，再做销售，即先设计好产品的统一说辞，明确产品的价值定位，给销售人员准备好"枪炮弹药"。统一说辞从何而来？它基于产品概念和定义阶段完成的 FAB（产品特点或属性、产品优势、客户利益与价值）分析。

5. 财务分析

有了一个好的产品，还需要做出精密的销售计划，要按照不同的销售渠道、不同的地域进行划分。销售指标分解到人以后，就要求每个销售人员制订销售计划。除此之外，还要考虑销售人员和渠道人员的培训，教会他们如何销售、与客户沟通，甚至如何"卖思想"，目的是提高销售人员的成功率，进而提升士气。

接下来，企业要根据销售指标确定未来一年的资源分配计划，落实人、财、物三方面的资源。指标高的部门配套资源就多，反之则少，管理层运用利益驱动的办法来激励员工是一条非常有效的途径。将人、财、物这些固定成本落实，剩下的就是运营费用等可变成本。有了销售指标、固定成本和可变成本的预算，一年的财务分析就出来了，衡量企业管理水平的运营利润也就可以算出，所有的参数都可以量化。

对于风险投资者来说，在审核一个创业项目时，最关心的问题是如何实现销量倍增，也就是关注这样的产品、商业模式是否存在倍增的机制。对于那些希望得到风险投资的新项目来说，必须把产品和商业模式的倍增机制表达清楚。

6. 提供组织保障

仅有好的产品、商业模式和财务分析还不够，企业的组织设计也要合理，这是实现企业目标的组织保障。对于创业项目来说，一定要说清楚发起人和核心团队成员的优势，让投资者看后感到放心。此外，企业要向投资者展示未来的组织架构是怎么设计的，最好能用一张图来描述；同时，还要把股权结构展示给投资者看。

对风险投资者来说，如何退出是优先考虑的一个问题，他们需要一种机制来得到收益，而不是作为长期的股东持有股份。凡是想通过吸引风险投资来发展的创业者，必须有思想准备：公司做大了就不是自己的了，要么上市成为公众公司，要么被其他企业收购。当然，为了防止投资者、发起人或其他创业股东过早退出，可以事先商定投资者退出的时间表和基本原则。

遵循上述六个步骤，企业才有可能设计出能提供独特价值、难以复制、脚踏实地的商业模式。

（二）商业模式设计的关键点

一个企业的成功，是因为它打破了以往的传统规则。所以商业模式设计的重点就是全部架构必须击中"顾客价值"，并以最佳路径、最快速度最终让企业价值得以增长。

下面来分析一下商业模式的金字塔：

最底层是定位，即选择能提供长期利润增长的顾客群，并为他们提供独特的价值。

第二层是盈利模式，即如何从为客户提供的价值中获得利润。

第三层是关键资源和能力，即建立一种控制性能力，保护自己的利润流，让顾客必须到自己这里购买。

第四层是业务系统，即处理好内、外部利益分配，以完成前三层的任务。对外，要界定企业活动范围，确定提供何种产品或服务才能抓住消费者、创造高利润、保护利润流；对内，要建立组织系统，确保内部有能力完成以上任务。

最顶层是自由现金流结构，通过各种金融策略，最终提升企业价值。

在设计过程中要注意两点：①金字塔顶层不管怎样变化，底层的基础都不能断裂；②商业模式并非一步到位，也非一成不变，当市场发生变化，商业模式也要重新设计。

网络时代的商业模式设计关键是要以价值创新为灵魂，以占领客户为中心，以经济联盟为载体，以应变能力为核心，以信息网络为平台。

（1）以价值创新为灵魂。商业模式的灵魂在于价值创新。企业经营的核心是市场价值的实现，必须借助商业模式进行价值创造、价值营销和价值提供，从而实现企业价值最大化。商业模式应该回答一系列的问题：向什么顾客提供价值，向顾客提供什么样的价值，怎么样为顾客提供价值等。所谓轻资产经营，是在资源有限的基础上科学配置各种资源，以最少投入的商业模式实现企业价值最大化。

（2）以占领客户为中心。商业模式创新必须以客户为中心，由企业本位转向客户本位，由占领市场转向占领客户，必须立足以客户为中心，为客户创造价值。从客户的角度出发，认真考虑客户所期望获得的利益，只有把竞争的视角深入为用户创造价值的层面上来，才能在激烈的市场竞争中游刃有余。

（3）以经济联盟为载体。当今科技的高速发展和产品的日益复杂化，使得无论企业实力多么雄厚，单独控制所有产品和所有技术的时代都已一去不复返。而传统的价值链中可挖掘的潜力已越来越少，在组织内部寻找有效的生产力提高的来源也越来越难，因此要对非核心业务进行外包，努力打造企业核心竞争力（专利、品牌、排他性的销售渠道协议、商业秘密等）。

（4）以应变能力为核心。如果说商业模式决定了企业的成败，应变能力则是商业模式成败的核心。应变能力是企业面对复杂多变市场的适应能力和应变策略，是竞争力的基础。个性化定制是未来发展的趋势。

（5）以信息网络为平台。随着互联网的迅速崛起，全球经济网络化、数字化已成为时代主旋律，网络经济正以经济全球化为背景，以现代信息技术为手段，深刻地影响着人类经济和社会的发展。新的商业模式必须重视信息网络的力量，脱离了信息网络平台，企业将无竞争力可言。

构造虚拟经济的竞争力，以"虚拟＋现实"的商业模式，在网络时代实现了"真实生活"与"虚拟生活"的对接，这就是今天的"互联网＋"。

五、商业模式的创新

牛奶已经成为很多人每天的生活必需品，特别是最近十几年，牛奶的需求呈现井喷式增长，伊利、光明和蒙牛等奶企牢牢地控制了我国绝大部分市场份额。无论是我国牛奶市场需求最近十几年来快速的增长，还是奶业巨头企业斗得热火朝天，最高兴的却是另一家国际企业——利乐。消费者每消费一罐利乐包装的牛奶，利乐就从中抽成，大约20％或以上的钱都给了利乐。伊利公司的财务分析报告就曾提及，其包装成本占到总成本的40％。这是一家什么样的企业？对于很多消费者来说，利乐充满神秘色彩，然而鲜为人知的它竟然是世界500强企业，是一家来自瑞典的生产销售包装材料、饮料加工设备和灌装设备的企业。作为全球最大的软包装供应商，它掌控着全球75％左右的市场份额，并在10年前就控制了中国95％的无菌纸包装市场，至今利乐在中国常温奶包装市场的份额仍然高达75％。中国消费者每喝10罐液态奶、软饮料，其纸质包装至少有8罐是由利乐提供的生产线和包装材料生产的。伊利、蒙牛、三元、光明、汇源、娃哈哈、旺旺、银鹭等中国乳业和饮料行业中的龙头企业都是利乐的客户。

利乐1979年进入中国市场，当时中国牛奶市场还非常初级，市场需求非常有限，国人似乎还没有喝奶的习惯。生产加工牛奶的企业也不多，而且规模都较小。利乐进到这个如此初级但是未来有无限发展空间的中国市场，做的第一件事，并不是策划如何开拓市场，如何提高市场占有率，而是让中国人喝牛奶。

利乐在1961年发明了超高温无菌灌装技术，这个技术彻底改变了牛奶的储运和销售半径。2000年以后，中国乳业迎来高速发展期，此时国内的包装市场几乎是一片空白，只有利乐、国际纸业、康美包等少数国外企业在竞争。当时，中国当今的几大乳业巨头，都处于初创期，对于资金、技术和工艺需求强烈。最开始的时候，利乐采取的是传统的一次性买卖的方式，即卖给乳制品厂灌装设备和售后服务。但是利乐发现，动辄几百万元到上千万元的灌装设备，让很多乳制品厂望而却步，这极大地限制了利乐灌装设备的销售。为了抢占先机，利乐采用了一个创新的销售模式，即将设备与包材捆绑，利乐公司在付款方式上面进行创新，乳制品厂不必一次性买断灌装设备，而只需要在一开始支付20％的钱，这极大地降低了购买的门槛，刺激了利乐灌装设备的销售。另外80％的钱怎么办? 利乐并不需要乳制品厂后续还清,而是把它用作购买灌装耗材比如利乐纸的费用。随着这种付款模式初步尝试的成功,利乐甚至采用买纸送机的模式,给乳制品厂免费使用价值千万元的灌装机,然后让它们买利乐的包装耗材。

利乐在采用这种捆绑销售模式时,会和客户签订一份协议,要求客户不得在未来多少年内购买第三方耗材。此外利乐的设备不兼容第三方的包装纸等耗材。利乐在自己的包装纸等耗材上都印有标识密码,使用利乐灌装机的生产线,只有识别到利乐的这个密码,才能顺利生产,而一旦客户采用第三方的包装纸等耗材,生产线则停止运转。

利乐通过这种付款模式的突破创新和绑定,直接带来的效果就是,快速占据了市场份额,各个乳制品厂都采用了利乐的灌装设备。这些乳制品厂必须单独从利乐购进包装纸等耗材,通过包装纸等耗材,利乐稳定地赚取源源不断的利润。对于厂家而言,在前期不用付出较多的现金购买设备,就可立即投入生产,而且可以利用生产线节省下来的资金全力开拓市场,可谓是两全其美。

利乐的成功告诉我们:企业的创新不仅包括产品和服务的创新,也包括商业模式的创新。

那么什么是商业模式创新?

商业模式创新作为一种新的创新形态,其重要性已经不亚于技术创新。近几年,商业模式创新在我国企业界也成为流行词汇。2016 年 3 月,中共中央印发了《关于深化人才发展体制机制改革的意见》,提出要加强创新成果知识产权保护,特别是在新经济形势下要研究制定商业模式、文化创意等创新成果保护的办法,为人才创新创业提供支持。

商业模式创新是指企业价值创造提供基本逻辑的创新变化,它既可包括多个商业模式构成要素的变化,也可包括要素间关系或者动力机制的变化。通俗地说,商业模式创新就是指企业以新的有效方式赚钱。

当电器零售巨头苏宁提出要做"沃尔玛+亚马逊",变身为同时拥有线上、线下两个渠道,销售包括家电、日化、百货等全品类产品的无边界零售商时,几乎无人相信传统和线上这两种文化气质迥异的业务模式能够在一家公司身上兼容。

但在苏宁看来,传统零售业早已有无店铺销售的直邮和电视购物形态,电子商务作为一种成本更低、信息沟通更为高效的无店铺销售渠道,能够提升客户的购买和服务体验,在此基础上的任何大胆"跨界",本质上都是围绕"以服务为唯一产品"这一理念的"分内之举"。

优秀的跨界型商业模式创新,最终目的并非简单的"旧市场+新市场"式吞并。跨界型商业模式创新的生命力,在于这些"打破"和"颠覆"行为中,是否能够根据客户自身的需求的细微变化,对它进行还原。衣服、手机、汽车、电影,这些都是从供应者角度,对一个人所需的种种商品和服务进行划分。当我们身处跨界和融合的时代,任何传统产业逻辑下的商业模式设计,面对着一个完整而且不断扩张的消费者需求时,都未免捉襟见肘。

因此,在设计一个商业模式的时候,是否从客户需求环节还原到客户需求链,通过跨界和融合再造一个方案,来更为完整、周详地满足客户的需求链,就形成了跨界和融合能力的高下之分，更决定了创新商业模式的竞争力。

（一）商业模式创新的特点

创新概念可追溯到约瑟夫·熊彼特（Joseph Schumpeter），他提出创新是指把一种新的生产要素和生产条件的"新结合"引入生产体系。具体有五种形态：开发出新产品、推出新的生产方法、开辟新市场、获得新原料来源、采用新的产业组织形态。相对于这些传统的创新类型，商业模式创新有几个明显的特点：

（1）商业模式创新更注重从客户的角度，从根本上思考设计企业的行为，视角更为外向和开放，更多注重和涉及企业经济方面的因素。商业模式创新的出发点，是如何从根本上为客户创造增加的价值。因此，它逻辑思考的起点是客户的需求，根据客户需求考虑如何有效满足它，这点明显不同于许多技术创新。一种技术可能有多种用途，技术创新的视角常是从技术特性与功能出发，看它能用来干什么，去找它潜在的市场用途。商业模式创新即使涉及技术，也多是和技术的经济方面因素、技术所蕴含的经济价值及经济可行性有关，而不是纯粹的技术特性。

（2）商业模式创新表现得更为系统和根本，它不是单一因素的变化。它常常涉及商业模式多个要素同时的大的变化，需要企业组织的较大战略调整，是一种集成创新。商业模式创新往往伴随产品、工艺或者组织的创新；反之，则未必足以构成商业模式创新。例如，开发出新产品或者新的生产工艺，就是通常认为的技术创新。技术创新通常是对有形实物产品的生产来说的，但如今是以服务为主导的时代，因此，商业模式创新也常体现为服务创新，表现为服务内容、方式及组织形态等多方面的创新变化。

（3）从绩效表现看，商业模式创新如果提供全新的产品或服务，那么它可能就会开创一个全新的可盈利产业领域，即便提供已有的产品或服务，也能给企业带来更持久的盈利能力与更大的竞争优势。传统的创新形态能带来企业内部效率的提高和成本的降低，而且它容易被其他企业在较短时期内模仿。商业模式创新虽然也表现为企业效率提高、成本降低，但由于它更为系统和根本，涉及多个要素的同时变化，因此，它也更难以被竞争者模仿，常给企业带来战略性的竞争优势，而且优势常可以持续数年。

（二）商业模式创新的构成条件

由于商业模式构成要素的具体形态表现、相互间关系及作用机制的组合几乎是无限的，因此商业模式创新企业也有无数种。但可以通过对典型商业模式创新企业的案例分析，看出商业模式创新的三个构成条件。

商业模式创新企业的几个共同特征，或者说，构成商业模式创新的必要条件如下：

（1）提供全新的产品或服务，开创新的产业领域，或以前所未有的方式提供已有的产品或服务。例如，亚马逊卖的书和其他零售书店没什么不同，但它卖的方式全然不同；美国西南航空提供的也是航空服务，但它提供的方式也不同已有的全服务航空公司。

（2）商业模式至少有多个要素明显不同于其他企业，而非少量的差异。例如亚马逊相比于传统书店，其产品选择范围广、通过网络销售、在仓库配货运送等；美国西南航空也在多方面，如提供点对点基本航空服务、不设头等舱、只使用一种机型、利用大城市不拥挤机场等，不同于其他航空公司。

（3）有良好的业绩表现，体现在成本、盈利能力、独特竞争优势等方面。例如，亚马逊在一些传统绩效指标方面良好的表现，也表明了它商业模式的优势，如短短几年就成为世界上最大的书店。数倍于竞争对手的存货周转速度给它带来独特的优势，消费者购物用信用卡支付时，通常在 24 小时内到账，而亚马逊付给供货商的时间通常是收货后的45 天，这意味它可以利用客户的钱长达一个半月。美国西南航空的利润率连续多年高于其全服务模式的同行，如今美国、加拿大、欧洲国家等的国内中短途民用航空市场，一半已逐步为像美国西南航空那样采用低成本商业模式的航空公司占据。

（三）商业模式创新的几种方法

商业模式创新是当今企业获得核心竞争力的关键。沃尔玛、亚马逊等企业都是因为它们独特而具有竞争力的商业模式而异军突起，在各自竞争激烈的行业成为领头羊。

虽然商业模式创新很重要，但挑战也很大。商业模式是无形的，远不如产品创新那么具体，而且它也是一个相对较新的概念。所以，围绕商业模式的讨论缺乏统一性和准确性，造成了很多认识上的误区。例如，有人认为它就是轻资产和取代产品创新的便利方法。事实上，很多人对本企业的商业模式都缺乏充分的理解，更谈不上创新。

按照 IBM 商业价值研究院和哈佛商学院克莱顿·M. 克里斯坦森（Clayton M. Christensen）教授的观点，商业模式就是一个企业的基本经营方法。它包含四部分：用户价值定义、利润方程、产业定位、关键流程和资源。

用户价值定义是为目标用户群提供的价值，其具体表现是给用户提供的产品、服务及销售渠道等价值要素的某种组合。

利润方程包括收入来源、成本结构、利润额度等。

产业定位是企业在产业链中的位置和充当的角色。

关键流程包括企业的生产和管理流程，而关键资源则是企业所需的各类有形和无形的资源。

商业模式创新就是对企业的基本经营方法进行变革。一般而言，有四种方法：改变收入模式、改变企业模式、改变产业模式和改变技术模式。

1. 改变收入模式

改变收入模式就是改变一个企业的用户价值定义和相应的利润方程或收入模型。这就需要企业从确定用户的新需求入手。这并不是市场营销范畴中的寻找用户新需求，而是从更宏观的层面重新定义用户需求，即深刻理解用户购买企业的产品需要完成的任务或要实现的目标是什么。其实，用户要完成一项任务需要的不仅是产品，而是一个解决方案。一旦确认了此解决方案，也就确定了新的用户价值定义，并可依次进行商业模式创新。

国际知名电钻企业喜利得公司就从此角度找到了用户新需求，并重新确认用户价值定义。喜利得一直以向建筑行业提供各类高端工业电钻著称，但近年来，全球激烈竞争使电钻成为低利标准产品。于是,喜利得通过专注于用户所需要完成的工作,意识到它们真正需要的不是电钻,而是在正确的时间和地点获得处于最佳状态的电钻。然而,用户缺乏对大量复杂电钻的综合管理能力,经常造成工期延误。因此,喜利得随即改动它的用户价值定义,不再出售电钻,而是出租电钻,并向用户提供电钻的库存、维修和保养等综合管理服务。为提供此用户价值定义,喜利得公司变革其商业模式,从硬件制造商变为服务提供商,并把制造向第三方转移,同时改变盈利模式。戴尔、沃尔玛等都是这样进行商业模式创新的。

2. 改变企业模式

改变企业模式就是改变一个企业在产业链上的位置和充当的角色,也就是说,改变其价值定义中"造"和"买"的搭配,一部分由自身创造,其他由合作者提供。一般而言,企业的这种变化是通过垂直整合策略或出售及外包来实现的。例如谷歌在意识到大众对信息的获得已从桌面平台向移动平台转移,自身仅作为桌面平台搜索引擎会逐渐丧失竞争力后,就实施垂直整合,大手笔收购摩托罗拉手机和安卓移动平台操作系统,进入移动平台领域,从而改变了自己在产业链中的位置及商业模式,由软变硬。IBM 也是如此,它在 20 世纪 90 年代初期意识到个人计算机产业无利可寻,即出售此业务,并进入信息技术(IT)服务和咨询业,同时扩展它的软件部门,一举改变了它在产业链中的位置和它原有的商业模式,由硬变软。

3. 改变产业模式

这是最激进的一种商业模式创新,它要求一个企业重新定义本产业,进入或创造一个新产业。例如 IBM 通过推动智能星球计划和云计算,重新整合资源,进入新领域并创造新产业,如商业运营外包服务和综合商业变革服务等,力求成为企业总体商务运作的大管家。亚马逊也是如此,它正在进行的商业模式创新向产业链后方延伸,为各类商业用户提供如物流和信息技术管理的商务运作支持服务,并向它们开放自身的 20 个全球货物配发中心,并大力进入云计算领域,成为提供相关平台、软件和服务的领袖。其他如高盛、富士和印度大企业集团 Bharti Airtel 等都在进行这类商业模式创新。

4. 改变技术模式

正如产品创新往往是商业模式创新的最主要驱动力,技术变革也是如此。企业可以通过引进激进型技术来主导自身的商业模式创新,如当年众多企业利用互联网进行商业模式创新。当今,最具潜力的技术是云计算,它能提供诸多崭新的用户价值,从而提供企业进行商业模式创新的契机。另一项重大的技术革新是 3D 打印技术。一旦技术成熟并能商业化,它将帮助诸多企业进行深度商业模式创新。例如汽车企业可用此技术替代传统生产线来打印零件,甚至可采用戴尔的直销模式,让用户在网上订货,并在靠近用户的场所将所需汽车打印出来。

当然,无论采取何种方式,商业模式创新需要企业对自身的经营方式、用户需求、产业特征及宏观技术环境具有深刻的理解和洞察力。这是成功进行商业模式创新的前提条件,也是最困难之处。

第二节 互联网时代的商业模式

一、互联网时代商业模式的本质

互联网时代商业模式就是指以互联网为媒介,整合传统商业类型,链接各种商业渠道,具有高创新、高价值、高盈利、高风险的全新商业运作和组织构架模式,包括传统互联网商业模式和新型互联网商业模式。

1. 互联网时代商业模式的特征

互联网时代商业模式的特征均表现出以下几个方面:

(1)从事物本身赚钱,更要从事物链接上赚钱。有一句话叫"羊毛出在猪身上",形象概括了互联网模式的这一特征。农业时代和工业时代基于事物,靠毛利率生存;而互联网时代基于关系,事物将变成零毛利率。互联网不能改变那10%的事物成本,但有可能把那90%的中间成本变为零。所谓中间成本,就是事物之间的链接成本。以小米为例,小米模式的一个核心要点是BOM[1]成本价,通过商业模式创新,率先实现了降维化,在毛利率为零的情况下,即边际成本趋零,零库存,零渠道费,零营销费,依然能够盈利,击败那些为数众多的依靠毛利率生存的企业。

(2)以用户为中心,是最重要的资产和变现基础。对商家来讲,过去是经营实物,现在是经营用户,实物是手段,用户才是资产。

(3)社群商业模式是互联网时代的生存方式。产品的本质是链接的中介,过去承载具体功能,现在承载趣味与情感。相似的文化、频繁的互动、共同的利益,激励社群的成员们互动并建立友谊,融入品牌而成为左右品牌发展的有生力量。依托于互联网的社群将是未来商业的核心,也是一个巨大的机会。

产品是1,社群是0,社群能够加上倍数来变现企业的商业价值,基于产品和用户建立链接,这个链接给企业带来的回报远超产品本身。小米2014年卖了440万个耳机,卖了199万个手机充电器,卖了53万个米兔,卖掉了21.1万件衣服。雷军早在2012年就说,小米不是手机公司,也不是移动互联网公司,而是品牌公司,是文化公司。最可怕的是其操作系统MIUI下载量2015年底已经到了1亿次,小米MIUI流量入口已经占中国移动互联网流量的20%了。MIUI是用户识别码(ID),如果用了MIUI,所有的消费数据小米全都知道,未来二三十年最重要的商业模式就是大数据,掌握了1亿人的ID,小米已经占先机了。

(4)整体大于部分之和。基于事物的思维和基于关系的思维的区别在于:基于事物的思维模式整体等于部分之和,假如你开一个学校,你的收入等于学生的数量 × 学费,

---

[1] BOM 为 Bill of Material 的简称,即物料清单。

假如想增加收入，投入更多的教师、更多的资源，就会有更多的学生。而基于关系和链接的思维，有一个很重大的变化叫整体大于部分之和。全球最大的出租车公司 Uber 没有一辆出租车，全球最热门的媒体 Facebook 没有一个内容制作人，全球市值最高的零售商阿里巴巴没有一件库存商品。基于关系的商业模式是时间的朋友，这个附加值增加的部分来自事物之间的相互作用。未来将不是单纯的互联网，而是互联网加上能源互联网，再加上物流互联网。

（5）事物的使用权大于拥有权。共享经济的时代，不需要拥有对这个事物的所有权，只需要分享这个事物的使用权就可以了。

（6）赢家通吃。工业时代基于事物的模式是线性思维，其模型分布是正态分布，而互联网时代，其模型分布将是幂律分布。幂律分布的极端叫赢家通吃模型。该模型里边适应度最大的节点占有所有链接，而其他所有节点几乎没有链接。美国的 Facebook、Google赢家通吃，中国淘宝网赢家通吃，支付宝在网银支付里赢家通吃，微信在移动即时通信（IM）里赢家通吃。

2. 互联网商业模式的本质

商业的本质首先考虑的应该是如何赚钱。免费模式也是为了赚钱，商业实现的过程是组织与客户之间的交易。交易是什么？是信息链接。组织是什么？是网，也是链接。所以互联网对商业的改变，主要是改变商业环节的信息链接。互联网影响商业的核心就是信息链接的革命，从而实现商业形态发生革命。互联网是通过变革信息链接方式来改变商业模式的。

移动互联网的商业模式精髓，是传播信息的工具，是由传播信息的工具带来用户，进而通过营销赚钱的一些互联网的模式。比如 QQ、微信，是个人与个人之间传递信息的工具，但因为传递了信息，所以能够进而传递其他的商业信息，可以搭载在一起，形成它的盈利模式。

互联网本质上是一种链接，包括用户与用户的链接、用户与企业的链接、企业与企业的链接，链接的直接结果就是消解了权力。用户之间相互链接使传统用户间的孤立性被打破。可以说，链接消除了消费者在传统媒体时代的信息不对称，使得用户与企业的关系发生了变化，地位发生了反转。企业单向主导的营销模式已难以立足，用户宁愿相信那些陌生人的评论，也不愿理会企业狂轰滥炸式的广告。而用户之间的深层次链接正在改变消费方式。一些对商业机会具有灵敏嗅觉的企业开始更多地注重用户与企业的链接，这也是 C2B、C2M 越来越受到商家和制造商欢迎的缘由。

互联网本质上不仅仅是一个工具，更是一种对传统模式的颠覆。互联网的真正威力超乎你的想象，包括：对商业生态的巨大颠覆、对企业战略的巨大影响、对组织架构的挑战、对企业内部管理的冲击、对市场营销的革命……这一切都在改变未来的商业形态。

互联网从本质上消除了信息不对称。互联网经济的本质是消除信息不对称，因而人们可以在线上以尽可能低的价格找到所需要的商品，互联网使得信息更加透明，同时也意味着用户主权时代的到来。

马云说："没有传统的企业，只有传统的思维，传统思维只有一条，就是捍卫信息不对称带来的既得利益。"互联网的本质就是链接一切，消除距离，并由此冲击一切基于信息不对称的商业模式，消除一切基于信息不对称的既得利益，把选择权真正交到用户手中。每一次信息革命，都会加快信息传播的速度。同时，每一次革命也会让信息的控制权发生转移。也正是信息控制权转移的过程，引发了价值链的重新组合。当距离被互联网消除后，传递价值这一环节已经被重构，互联网将真正地进军传统产业，重构商业的源头，创造价值。

传统经济曾经利用信息不对称，造就自身比较优势。在互联网时代，传统经济的这种优势不再，最主要的原因就是互联网消除了信息不对称。因此，对于传统行业来说，要研究信息完全对称后如何找到新的盈利模式。

互联网的本质是实现客户与企业的零距离。移动互联网时代的一个最大特征就是移动互联网能够实现企业与客户零距离，就是说客户的消费行为、消费特征、位置信息通过其使用手机而留下，企业通过对这些行为轨迹和大数据进行挖掘和分析，可以对客户的个人特征、喜好、消费时间等一览无遗，这可帮助企业准确地把握客户需求，不断优化产品，提升客户体验，同时可以开展精准营销，为客户提供一对一的精准服务，提高营销效率。

如今越来越多的互联网公司就是利用企业与客户零距离来使产品开发人员、市场营销人员能直接接触到顾客的真实想法，实现产品快速敏捷开发，真正实现产品开发运营一体化。小米公司用互联网方式做手机，通过与小米论坛上的粉丝互动收集客户意见，每周快速更新版本，持续改进产品。腾讯也是基于互联网平台了解客户需求，利用产品论坛和用户投诉热线收集用户意见。产品论坛不仅是收集用户意见的途径，也为用户提供了交流的平台；通过内网的交流，公司的所有员工都可以对产品提出改进意见，高层领导带头监督产品论坛和用户投诉热线对用户意见的反馈情况，并亲自对内网中员工提出的意见进行回复，从而不断改进和完善产品，实现超越。

互联网不仅是一个工具，一种链接，更是一种文明形态。人类从农业文明演进到工业文明，现在进入了互联网文明。互联网从本质上带来了整个人类文明的大进步，从信息传递方式，到社会组织架构，以及人的思维方式，都在发生巨大的变化。工业文明时代的特点是中心化、集中化、标准化，效率大幅度提升，但是这也产生了一个巨大问题，消费者没有能力发出声音，媒体被财团掌握，消费者是市场的被动接受者。而在互联网时代，信息变得高度对称了，即去中心化、碎片化、多元化、扁平化、人性化。去中心化意味着人人都可以成为中心，碎片化意味着赢家通吃越来越难，多元化意味着用户需求更加趋向个性化，扁平化意味着通过互联网可以实现企业对市场的快速反应，人性化意味着利用互联网可以大大提高人们工作和生活的品质。

二、互联网时代商业模式的新思维

最早提出互联网思维的是百度公司创始人李彦宏。在百度的一个大型活动上，李彦宏与传统产业的老板探讨发展问题时，首次提到"互联网思维"这个词。他说："我们这些企业家今后要有互联网思维，可能你做的事情不是互联网，但你的思维方式要逐渐像互联网的方式去想问题。"现在几年过去了，这种观念已经逐步被越来越多的企业家，甚至企业以外各个领域里的人所认可。但"互联网思维"这个词也演变出多个不同的解释。

随着互联网技术作为工具的逐步发展，越来越多的商业形态不断受到互联网的冲击。当这种冲击不断加深、变革和不断加剧的时候，互联网就不再仅仅是一种技术，而是逐渐演变成为一种思维方式，也就是当前各行业热衷探讨的"互联网思维"。

互联网思维是指在互联网、大数据、云计算等科技不断发展的背景下，对市场、用户、产品、企业价值链乃至对整个商业生态进行重新审视的思考方式。互联网思维就是互联网时代的思考方式，不局限于互联网产品，也不局限于互联网企业。当然，这里的互联网也不单指桌面互联网或者移动互联网，而是泛互联网，因为未来的网络形态一定是跨越各种终端设备的，台式机、笔记本、平板、手机、手表、眼镜、家用设备、安防设施等。这个时代叫作"大互联"时代，将会给企业带来巨大的产业升级机会。

2013年"互联网思维"一词频频出现，先是雷军多次在公开场合称小米是在用互联网思维颠覆传统商业，从而取得成功，而后又有雷军与董明珠的10亿赌局，有人称之为互联网思维与传统思维的撞击。在媒体的推波助澜下，互联网思维这个概念被炒得非常热，受到众多传统企业的追捧。传统企业突然一夜醒悟，企业转型原来首先要具有互联网思维。"建立在互联网思维下的传统企业转型"已成为当前社会最时髦的一句口号，新一波"互联网化浪潮"已向中国传统企业袭来。

企业的发展和经营思维经历过四个时代。首先是农业时代。大部分企业家都处于这个阶段。他们的做事方式是土地思维，把事做到极致，也就是常说的匠人做法。他们钻研的每件事情都是看得见摸得着的，把看得见的东西做到极致，成本、利润基本上大家都知道了，这个时候，企业家会被不断模仿和超越，而他的利润就越来越薄。这个其实就是实业家思维。

工业时代的企业家思维，典型的做法就是把产品做到极致，同时加入品牌。这个时候的企业拥有品牌和议价权，一旦风潮来了，这种拥有品牌的企业往往受到的冲击是最小的。这里包含两种思维：一是做实，二是学会包装。所以，企业的第二阶段就是实业家思维的第二阶段，就是品牌做法。

为什么现在互联网思维这么受追捧呢？原因主要有四点：一是如今互联网和移动互联网迅猛发展，已经渗透人们生活的各个方面，尤其是互联网正加快向传统行业渗透并与之融合，对传统行业提出了严峻的挑战；二是以百度、阿里巴巴、腾讯为代表的互联网公司成功证明了运用互联网思维能够为企业发展注入更大的活力和更强的竞争力；三是互联网思维是对传统思维模式的颠覆，面对环境不确定性的日益增加，互联网思维更有生命力；四是传统企业发展面临瓶颈，急需寻找风口，互联网思维必然受到越来越多的传统企业的追捧。

如今我们正迈向"互联网＋"时代，"互联网＋"呼唤思维方式的深刻变革，从互联网思维到"互联网＋"思维，本质没有发生变化，就是摒弃传统思维的定式，具有与时俱进的互联网思维。"互联网＋"思维也是一种对传统思维模式的颠覆，是一种全新的思维模式。俗话说"思路决定出路"，了解和把握"互联网＋"思维的主要特征，对全面实施互联网转型的传统企业具有重要的实践意义。

"互联网＋"战略的实施离不开思维方式的深刻变革，应做到思维先行。我们在对"互联网＋"深刻认识以及在总结众多互联网转型成功企业经验的基础上，概括和总结出"互联网＋"的十大思维，即用户思维、平台思维、跨界思维、大数据思维、流量思维、创新思维、简约思维、极致思维、迭代思维、社会化思维。

（1）用户思维。运用互联网思维的企业，无不奉行用户至上、以客户为中心的理念。用户思维贯穿企业运营的始终，用户思维也是互联网思维的核心，没有用户思维也就不可能领悟好其他思维。为什么在互联网蓬勃发展的今天，用户思维格外重要？因为互联网消除了信息不对称，使得消费者掌握了更多的产品、价格、品牌方面的信息，互联网的存在使得市场竞争更为充分，市场由厂商主导转变为消费者主导，消费者"用脚投票"的作用更为明显，消费者主权时代真正到来。作为厂商，必须从市场定位、产品研发、生产销售乃至售后服务整个价值链的各个环节，建立起"以用户为中心"的企业文化，想尽一切办法，利用新媒体与客户保持零距离，拉近与客户的距离，挖掘客户的潜在需求和消费行为特征，并且让用户参与产品的设计、商业模式的策划，用户真正成为企业运营管理的核心。

（2）平台思维。经济发展的最高境界，不是做产品，也不是搞标准，而是打造平台。近几年来，平台型企业发展很快，从门户网站、网络游戏、各种电子商务网站到社交网络、第三方支付、网络视频、互联网金融，再到孵化企业、各种交易市场、上海自贸区等，涌现出阿里巴巴、腾讯、百度、苹果等众多成功的平台型企业。运用互联网思维最大的特征是必须运用平台的思想，通过平台规则、平台运营机制的创新，聚合双边或多边市场规模，打造有关利益方共赢的商业生态圈，实现平台模式的变革。

（3）跨界思维。这里指的是对产业边界、创新的理解。随着互联网和新科技的发展，纯物理经济与纯虚拟经济开始融合，很多产业的边界变得模糊，互联网企业的触角已经无孔不入，掌握了用户和数据资产，将可以参与到跨界竞争中。"互联网＋"中的"＋"隐含的意义就是跨界合作。

（4）大数据思维。这里指的是对企业资产、核心竞争力的理解。大数据成为企业的核心资产，数据挖掘与分析成了企业的关键竞争力乃至核心竞争力。大数据思维同样贯穿在企业经营的整个价值链条。

（5）流量思维。互联网企业都有很典型的流量思维，"流量即入口""流量就是金钱"等理念，首先强调的不是收入，而是用户规模和用户流量，没有规模和流量商业模式难以成功。因为互联网应用若要收费，用户都可以找到同质化的免费产品，可以说免费模式是众多互联网公司成功的关键。腾讯的微信、百度的搜索、360的杀毒软件等都是因采取免费模式而取得了巨大的成功。进入互联网的企业一开始就想着怎么赚钱，那一定会导致失败。

（6）创新思维。创新是互联网的精髓、灵魂与精神，也是企业持续发展的核心动力，创新也是互联网思维的重要内容。创新思维不仅仅是产品创新、技术创新，更多地还包括商业模式创新、平台模式创新、服务模式创新、盈利模式创新、机制创新、文化创新和运营模式创新，更重要的是观念创新。正如 Groupon 创始人安德鲁·梅森（Andrew Mason）所说："创新的一大挑战在于找到一种方法，将头脑中的僵化思维清理出去，任何情况下都不要盲从于固有经验。"

（7）简约思维。这里指的是对品牌和产品规划的理解。在用户思维的指导下，品牌和产品该如何规划？以往品牌厂商多习惯大而全，产品线显得冗长，产品包装也恨不得列上全部产品卖点。而苹果、小米这类互联网思维下的企业给人的感受往往是极简元素的运用。简约思维就是指在产品规划和品牌定位上力求专注、简单，在产品设计上力求简洁、简约。

（8）极致思维。这指的是追求极致的客户体验。在互联网时代，用户在供求关系中成为主导者，成功运用互联网思维的企业，无不是为客户提供超过客户期望的产品或服务，无不是为客户提供完美的客户体验，追求简单极致，客户体验成为企业市场制胜的决定性因素。星巴克就是通过为客户提供良好体验从而将竞争对手远远抛在身后。

（9）迭代思维。这里指的是对创新流程的理解。传统企业推出新品多有一个长达2～3年的新品上市周期，而互联网企业的产品开发采用迭代方式，在与用户不断地碰撞中把握用户需求，进而完善产品，让产品在用户参与中得以完善。

（10）社会化思维。这里指的是对传播链、关系链的理解。社会化商业时代已经到来，企业面对的员工和用户都是以"网"的形式存在，所以企业经营必须要融入社会化思维。除了营销环节的社会化媒体营销，还有众包、众筹、社会化招聘等很多方式，值得探索。

互联网思维不仅仅是对传统营销和产品开发方式的改造，更是对传统组织和商业模式的改造，它将对传统企业价值链做一个系统的重构。

互联网时代商业模式创新要有新思维，是不是过去的理论不管用了呢？

本书认为"基本元素没有变，只是里面的内容发生了改变"。比如 SWOT 分析[1] 没有变，只是 SWOT 分析的内容发生了改变。确实，在互联网新经济时代下，过去的思维方式很多不适用了，但其基本元素——用户、需求、价值、产品、渠道、量本利等并没有变化。

新互联网商业模式的核心依然是盈利模式。

那么如何定义企业增长的机会呢？一般有三个来源：影响企业业务的驱动性变化是什么；行业是怎么做的；企业有什么资源能力？

（1）如何将新互联网时代作为驱动性变化来分析商业模式创新？

如果要理解新互联网时代能否给企业的商业模式带来创新，就要将新互联网时代作为驱动性变化，来分析对企业业务的影响。

那么又如何分析新互联网时代对企业业务的影响呢？

商业链无非是产品链和客户链，如：产品、产品组合、产品价值链（设计、采购、生产、

---

[1]　S即Strengths（优势），W即Weaknesses（劣势），O即Opportunities（机会），T即Threats（威胁）。SWOT分析即通过确定企业的竞争优势、竞争劣势、机会和威胁，将企业战略与企业内外部环境有机结合的一种方法。

物流、渠道、促销、品牌等）、产业系统（产业链或产业生态圈）、客户、客户组合、客户价值链（决策、购买、使用、维修、报废等）。

要分析新互联网时代可能给企业带来的商业模式的创新，无非是从这些环节的信息链接革命进行分析。

例如房地产，先不建楼盘，而是先召集用户，对房子进行定义，再去找地，再去设计产品。现在有公司就这么做了。

又如，如何颠覆ZARA的模式？ZARA的竞争优势无非是它有众多设计师，线下有6万多家门店，中间有快捷的供应链。互联网时代为我们提供了与之抗争的条件——可以通过互联网整合众多设计师；另外将门店搬到互联网上，颠覆ZARA原有的终端优势；供应链可以外包。更具颠覆性的是，在新互联网时代，可以通过消费者社区进行需求链管理，再配上柔性生产系统就完全可以实现了。总之，ZARA还是偏向于产品链和供应链管理。

再如整个产业系统，比如收垃圾的清洁工，所有的城市都有，遍布每个城市的角落，怎么去碎片整合？比如城市的发电机，每一栋大楼为了做备用电源都采用发电机，但每栋大楼的发电机基本都是闲置的，又怎么去整合？电力行业、银行行业、通信行业都是大行业大系统，能否通过云计算、大数据的方式优化系统的效率？

（2）分析新互联网时代对商业模式创新的影响，要回归到这个行业是怎么做的，以及如何改变行业规则。

例如，273公司是一个二手车交易的网上平台。以前二手车交易的场景是这样的——你卖二手车给交易公司，交易公司再定价卖给他。交易公司为了赚钱，一般情况下会隐瞒不良车况，以图卖出一个好价钱。而买车的顾客害怕有猫腻，一般会找内行陪自己去看车，看完了又不放心，很是纠结。最终可能导致劣币驱逐良币，整个市场交易效率极低。273公司老板发现这个规律之后，改变了这个行业的做法——将二手车交易透明化。即他不做交易者，而是搭建一个交易平台，买卖双方直接交易。他做了三件事：第一件事是打造一个交易的平台；第二件事是设计一个"车况宝"作为第三方，进行车况鉴定，比如，车撞过的地方油漆的厚度与其他地方是不一样的，并在检测的基础上给出定价；第三件事是资金托管，解决"钱给了车主，车不过户怎么办"或者"车过户了，钱不给怎么办"的问题。

（3）自身的资源与能力有哪些可以利用？

比如花样年集团的"彩生活"公司，它是一个物业公司，但它利用旗下许多社区的资源，将一个通常亏损的物业公司变成了"生活服务公司"，提供维修、团购电商、小额贷款等服务。

总而言之，互联网时代会产生很大的变化，商业模式创新会层出不穷，许多方式方法会有颠覆性变化，但是企业既要有互联网思维，也不要被互联网思维迷惑，要回归其本质。

三、"互联网＋"是商业模式的创新

1. "互联网＋"是什么

通俗来说，"互联网＋"就是"互联网＋各个传统行业"，但这并不是简单的两者相加，而是指利用互联网平台、信息通信技术，让互联网与传统行业进行深度融合，从而创造新的发展生态。

比如第二次工业革命，电力让很多行业发生了翻天覆地的变化，未来互联网也会像电力一样，作为一种生产力工具，给每个行业带来效率的大幅提升。

2015年7月，《国务院关于积极推进"互联网＋"行动的指导意见》印发，这是推动互联网由消费领域向生产领域拓展，加速提升产业发展水平，增强各行业创新能力，构筑经济社会发展新优势和新动能的重要举措。

2. "互联网＋"的六大特征

（1）跨界融合。"＋"就是跨界，就是变革，就是开放，就是重塑融合。敢于跨界了，创新的基础就更坚实；融合协同了，群体智能才会实现，从研发到产业化的路径才会更垂直。融合本身也指代身份的融合，客户消费转化为投资，伙伴参与创新等，不一而足。

（2）创新驱动。中国粗放的资源驱动型增长方式早就难以为继，必须转变到创新驱动发展这条正确的道路上来。这正是互联网的特质，用互联网思维来求变、自我革命，也更能发挥创新的力量。

（3）重塑结构。信息革命、全球化、互联网已打破了原有的社会结构、经济结构、地缘结构、文化结构。权力、议事规则、话语权不断在发生变化。互联网＋社会治理、虚拟社会治理会有很大的不同。

（4）尊重人性。人性的光辉是推动科技进步、经济增长、社会进步、文化繁荣的最根本的力量，互联网的力量之所以强大，源自其对人性最大限度的尊重、对人的创造性发挥的重视。例如UGC（User Generated Content，用户原创内容）、卷入式营销、分享经济。

（5）开放生态。关于"互联网＋"，生态是非常重要的特征，而生态本身就是开放的。推进"互联网＋"，其中一个重要的方向就是把过去制约创新的环节化解掉，把孤岛式创新链接起来，让研发由人性决定的市场驱动，让创业者有机会实现价值。

（6）链接一切。链接是有层次的，可链接性是有差异的，链接的价值差距会很大，但是链接一切是"互联网＋"的目标。

3. "互联网＋"商业模式需要创新

商业模式上的创新，从原先"羊毛出在羊身上"，到现在"羊毛出在狗身上猪来买单"，从营销角度来说就是交叉补贴。但是这在互联网看来很简单，互联网是没有边界的，各种资源可以整合起来。这可以将资源极大地激发出来，也是互联网数据化带来的思考。商业模式必须走向跨界融合。

在互联网行业，我国目前做到了"六个全球第一"：网民数量、宽带网接入数、国家顶级域名注册量、手机用户数、手机上网人数、互联网交易额。2014年底评出的世界十

大互联网公司，几乎全被中美企业瓜分，中国占了四家。这些记录足以说明我国已然成了一个网络大国。2015年在中国乌镇举办的世界互联网大会上，十大互联网公司悉数登场。

有意思的是，上榜的中国三家互联网企业巨头阿里巴巴、百度和京东，均可从中找到自己的"老大哥"，其崛起均不同程度归因于对"老大哥"商业模式的成功模仿。例如阿里巴巴对 eBay C2C 模式、百度对谷歌搜索模式、京东对亚马逊电商自营模式的模仿，还有腾讯的 QQ，当初也模仿了以色列的 ICQ。另外还有例子，如新浪微博之于 Twitter，携程之于 Priceline，优酷、土豆之于 YouTube，美团之于 Groupon，都多少带有这种痕迹。

虽然创新可分为原始创新和跟随创新，通过模仿和学习，将成功的商业模式移植到中国，改进后取得成功，同样也要付出难以想象的艰辛，但坦率地讲，不论在研发和技术上，还是在企业管理和品牌营销上，缺少原创性的创新，是我国互联网企业的短板。

有的创新可以模仿，有的就很难，因为在赢者通吃的互联网规则下，有的领域根本就没有了模仿的空间。比如互联网所用的核心技术：①操作系统，个人计算机（PC）基本被微软 Windows 系统垄断，移动设备基本被苹果 iOS 和谷歌的安卓系统霸占；②芯片，PC 主要由英特尔和 AMD 控制，移动终端主要由 ARM 设计，高通等提供。而链接国际互联网的 13 台根服务器，美国占了 10 台，中国 1 台也没有。在很多领域，我们都不能做到自主控制，不能不受制于人。

我国互联网企业大多在美国上市，原因也很简单：创始人大多有留洋经历，在美国耳濡目染，将已成功的模式移植到中国，有成功模式在先，就能取得当地资本市场的认可，上市成功率高。于是，我国互联网企业扎堆在美国上市也就顺理成章了。A 股市场互联网公司主要集中在创业板，以与现有行业相融相合的"互联网＋"企业为主。

可喜的是，包括百度、阿里巴巴、腾讯在内的我国互联网企业并没有安于现状，大家都在努力将创新进行到底。例如，腾讯在原创微信产品的基础上，把自己的"半条命"捆绑在与其他互联网企业的同生共荣上；百度投巨资于 O2O 创新业务，尽管这一业务不被华尔街理解；在我国，交通设施条件相对欠缺，但京东自建的物流体系连亚马逊也自叹不如；阿里巴巴也在酝酿转型，未来阿里巴巴提供的服务会是企业继水、电、土地以外的第四种不可缺失的商务基础设施资源。

4. "互联网＋"商业模式创新的特点、内容和方向

企业的根本属性在于降低交易成本。商业模式正是通过解决企业的资源配置和交易结构，来降低交易成本，实现企业价值的。

那么，在"互联网＋"时代，企业的商业模式各个要素有什么新的特点？又在哪些方面出现了创新呢？

商业模式创新覆盖各环节。"互联网＋"时代的定位需要对利基（Niche）变化保持敏感，从用户出发树立更加独特的品牌形象。首先，在产业定位上要对"互联网＋"带来的利基变化有足够的敏感度。在"互联网＋"时代，产生了许多新的需求，即利基市场也会发生变化。例如数据分析模型建立服务，这是当互联网与大数据发展到一定程度后，企业广泛意识到数据价值时才会产生的需求。此类需求的产生往往呈现爆炸式发展，对

于后知后觉的企业来说，想抓住这一类市场机会的难度非常大。反之，"互联网＋"也使得一些行业面临极大的压力，包括传统的百货商场、渠道商等，此类企业的定位尤其需要对利基变化保持敏感，及时调整定位。

其次，品牌定位越来越需要在细分市场获得头把交椅。互联网行业"只有第一，没有第二"的特点使品牌定位首先需要在某个市场中占领消费者心中第一名的位置，而大多数企业并不具备在一个大行业内的各项指标中都占据头名位置的能力，因此，需要首先选择某个细分市场占据第一。这种趋势在电商领域体现得尤其明显。从总体市场份额上来说，第一名阿里巴巴远超其他竞争对手，但从各个细分市场来说，京东、1号店、唯品会则分别占据了3C（Computer，Communication，Consumer Electronic）产品、日用小商品和品牌折扣商品这三个细分市场的第一名，在这些细分市场中，它们各自的份额也均是远超竞争对手。这些电商平台在大行业内暂时还不能对阿里巴巴构成威胁，但在各自的细分市场都已经成为第一，做得风生水起，这在很大程度上得益于准确的品牌定位。

最后，价值定位要从产品思维转换为用户思维，重点关注低价和个性化。如果通过互联网提供的产品和服务在价格上与线下相比没有优势，那么消费者就会选择去线下体验后直接交易，以降低试错成本。同时，随着互联网帮助消费者与生产者之间更好地互动，加之消费人群本身的消费习惯也在发生变化，消费者对定制化的要求也日益增高。目前，低价和定制化是消费者最关注的亮点价值。

"互联网＋"时代的交易结构体现去中心化，需要积极突破过往经验的束缚。在"互联网＋"时代，每个人都是中心，一个企业需要提供的往往只是场所，或者称之为平台。"罗辑思维"的成功就是媒体行业去中心化的里程碑：每个人都可以成为内容的生产者，而非依赖过去某些特定的个人或机构。事实上，"罗辑思维"的许多内容都是采用分布式管理，通过集合多方的能力而产生出来的，大家不必聚在一起，只需要通过网络交换意见即可。"罗辑思维"具有两种性质：一种性质是它是普通的内容生产者，另一种性质就是它是大家发布内容的平台。

交易结构设计创新的另一方面来自对过往经验的突破和颠覆。"互联网＋"时代带来的变化之一就是使原本不可行的事变得可行，交易结构也是一样。以车辆的定制化生产为例，过去，如果这种交易使消费者获得利益（自己定制的车），那么生产商由于生产柔性等因素的限制，其生产成本将大大高于流水线大规模生产的成本，这就需要消费者付出更高的价格，否则生产商就不能从交易中获得利益。如果消费者付出不高的价格，那么相比之下他获得的利益就变少了。因此，由于交易双方总会有一方无法获得适当的利益，这个交易结构难以稳定下来。

在"互联网＋"时代，生产者收集消费者反馈变得非常方便，因此可以覆盖比过去多得多的消费者，这使得生产者能够获得大量的具有同一或者相似定制化需求的消费者，而消费者数量的增加则使得生产柔性等因素对生产商的限制大大降低，也就降低了生产成本，因此生产商也能够获得适当的利益了。此时，即使不提高价格，生产者也可以为消费者提供定制化产品和服务，而双方都能够获得适当的利益（消费者得到定制化的车，生产商得到利润），这样交易结构就能够稳定下来，使交易不断地进行下去。

"互联网＋"时代的金融模式体现出资产轻质化、指标多元化的趋势。资产轻质化是"互联网＋"时代首先表现出的趋势。互联网作为一种低成本的基础设施，越来越多地参与到企业的经营活动中，代替了企业的一部分重资产，如线下渠道和销售团队，同时优化了企业的一部分重资产，如客户反馈收集系统、产品设计系统等，资产轻质化就成为一个不可避免的趋势。

在这方面，京东是一个典型案例。从传统的财务指标来看，京东 2015 年上半年亏损 8027 万美元，市值为 406 亿美元，股价较发行价上涨约 50%。相比之下，聚美优品 2015 年上半年盈利 1700 万美元，并且自上市后持续盈利，可是市值仅为 14.5 亿美元，约为京东的 1/28，股价也受到当时一些风波的影响处于低点，约为发行价的 40%。

为何一家持续盈利的企业在成熟开放的资本市场上的表现却低于一家持续亏损的企业呢？其背后的原因正是用户价值在过去的指标体系中难以得到体现，而用户数量等指标则恰恰是处于"互联网＋"时代的企业的核心指标之一。因此，在"互联网＋"时代，企业价值的判断不能再完全依赖于过去一直使用的指标体系，用来展示企业价值的指标体系将越来越多元化，这是商业模式评估中不可忽视的趋势。

"互联网＋"时代的资源能力在重要性和利用方式两方面都发生了变化。有的资源能力重要性在下降，需要找到新的利用方式继续创造价值。在商业模式创新的过程中，往往是这一类的被动创新。例如企业的线下渠道，过去，无论是格力、海尔这类生产型企业，还是苏宁、国美这类本身就作为渠道商的企业，拥有一个强大的分销网络，并且对各级渠道商都具备掌控力是它们成功的重要支柱。但在"互联网＋"时代，尤其是移动互联网日益发展的今天，传统线下渠道正在被网络＋物流替代。那么线下渠道应当如何转型？如何利用？有待我们去尝试。

与此同时，有的资源能力重要性在上升，需要找到新的利用方式释放新的价值。例如行业影响力，由于客户由被动接受转换为能够主动在行业内挑选产品和服务，因此行业内具有最大影响力的企业将首先获得客户的关注，而且企业在行业内长期树立起来的影响力可以帮助它们轻松地解决网上交易的信任问题，这样就可以将客户的关注整合起来，建立行业内的垂直互联网交易平台。

这方面的另一个典型案例是数据资源和流量资源。过去，数据和流量的获取难度大、成本高，因此企业的数据和流量不会很大，价值也比较有限，因此不被看作重要的资源。而随着互联网的发展，企业获取数据和流量的难度大大降低，开始具备了大量获取这些资源的能力，产生了大数据和流量入口的概念，数据和流量背后的价值开始显现出来。从"互联网＋"时代开始，数据和流量开始被作为重要的资源看待，在商业模式的设计过程中，这类资源能力也是产生创新的重要环节。

创新会推动时代进步，时代进步也会推动创新，过去不可行的今天也许变得可行，过去依赖的今天也许需要被改造，甚至被放弃。商业模式正在经历着时代的变迁，不断面对旧事物的变化、新事物的产生，进行全方位的创新。无论从哪一个要素入手，商业模式都是可以进行创新的，所需的只是各要素之间要保持平衡，方能形成一个稳定的、运行良好的商业模式。商业模式作为企业重要的创新领域，通过不断的升级与创新，将推动企业在"互联网＋"的时代实现更大的价值。

"大众创业，万众创新"让中国的创业者热情高涨，或会带来一场商业革命。"互联网＋"行动计划更是把创业创新推向了高潮。要说大众创业容易，但是万众创新可能会有些困难。因为创新不是一蹴而就的，但凡能做到创新的多是长期耕耘于某一个领域。"互联网＋"的商业模式拿过来应用到我们具体的某一行业成为可能，从而带动整个行业实现基于"互联网＋"的升级与转型。互联工厂、机器人、3D 打印等更高级的生产力会代替落后的生产力，大数据、云计算、物联网等先进的生产技术会取代过去的生产技术。

现在人们已经发现，原来互联网企业做来做去都是为实体企业服务的，无论是早期的"信息时代"还是当前的"服务时代"，互联网所扮演的无非就是链接的角色。不管是搜索、电商、游戏、广告等哪个互联网细分领域，所做的都是为实体企业服务，事实上，实体产业与互联网产业最大的区别在于信息化，一旦实体企业具备了信息化及单品电商化能力，工业 4.0 时代就到来了。

四、工业 4.0 成就新的智能商业模式

工业 4.0 直接将人、设备与产品实时联通，工厂接受消费者的订单直接备料生产，省却了销售和流通环节，整体成本比过去下降近 40%。工业 4.0 究竟是什么？

工业 4.0 是德国首先提出的概念，从 1.0 到 4.0 经历了几个阶段，当前已进入了 4.0 即第四次工业革命时代，这次工业革命是通过互联网、移动、社交、物联网、云计算、大数据等新一代信息技术在工业领域的深化应用，利用信息通信技术和网络空间虚拟系统——信息物理系统（CPS）相结合的手段带来的工业革命，将制造业向智能化转型。它要解决的是传统工业在产品创新速度、物流供应、销售渠道、质量管理和生产规模上的瓶颈问题，通过新一代信息技术所带来的便捷和智慧，解决互联网经济时代的工业大规模定制的问题。

大规模要求的是标准化，这是传统工业已经解决的问题。定制要求的是个性化，这是新工业时代提出的新需求。大规模化和定制化本身是矛盾的，如何实现矛盾的对立统一？这需要用智慧来进行平衡，这正是新一代信息技术应用所要解决的核心问题。

互联网、物联网、社交网络等技术能整合线上线下各类合作资源，甚至是客户资源，实现在产品创新、生产制造、销售等环节的规模化与个性化的统一。这需要解决好以下四个问题：

第一是产品创新的革新。工业 4.0 中的产品创新，是面向产品生命周期的产品创新，是以用户为中心的产品创新，是用户积极参与到创新过程的快速迭代式创新，是用户和上下游合作伙伴共同参与的开放式、协同式的众包、众筹的创新。

小米手机的开发就是一个典型例子，用户讨论产品的功能、外观，产品测试版供用户试用和点评，以此快速迭代创新，最终完成产品的快速创新。

第二是生产制造的革新。工业 4.0 的生产制造，是以智能制造、大数据分析、3D 打印等为特征的制造过程。制造过程中，通过 3D 原型设计、制造仿真、3D 打印的虚拟原型等，

来分析和优化加工过程；通过收集和分析以往产品的使用数据来发现缺陷，优化设计和制造工艺；通过数控机床的智能控制来实现精益的制造。例如，通用电气（GE）公司通过收集发动机运行状况的数据，来改进产品工艺和提高产品质量。

第三是供应链的革新。工业 4.0 的供应链管理是以供应链联盟、动态优化和大数据分析为特征的供应链管理。例如，京东商城能保证货物当日或次日到达，这是依靠其智能化的供应链体系完成的。通过供应链数据的预测分析，京东能够预测各个配送店的货物需求，提前备货，保证客户当日或次日收到货物。

第四是营销的革新。工业 4.0 中的营销，是以互联网、移动、社交、大数据精准营销、O2O 营销为主导的网络营销。营销的主要过程在网上完成。小米公司是典型，产品的营销就是通过口碑营销在互联网上进行传播，在互联网上开展活动，在互联网上形成饥饿营销，最终取代了传统的分销渠道，实现互联网直销。

因此，工业 4.0 时代，革新发生在每个环节。工业 4.0 时代，将带来工业企业生产、经营、管理模式的变革，尤其是直接改变工业企业的商业模式。今天，大部分工业企业是在销售产品；明天，很多工业企业可能是在卖服务。

例如，一汽集团，今天是在销售汽车，随着车联网的发展，也许有一天，增值收入远超过产品收入，一汽集团可能要给大家送汽车，通过各类车联网增值服务来弥补送汽车的成本。这就是商业模式的重大变革。乐视模式、话费换手机等已经佐证了这一点。

从消费意义上来说，工业 4.0 就是一个将生产原料、智能工厂、物流配送、消费者全部编织在一起的大网，消费者只需用手机下单，网络就会自动将订单和个性化要求发送给智能工厂，由其采购原材料、设计并生产，再通过网络配送直接交付给消费者。

工业 4.0，是以智能制造为主导的第四次工业革命。与工业 3.0 流水线只能大批量生产不同，工业 4.0 流水线可实现小批量、多批次生产，最小批量可达到一件。也就是说，为消费者度身定做的个性化商品，也可以上流水线生产出来。

淘宝链接的只是网店卖家和消费者，扮演的只是网络销售渠道商的角色，而在工业 4.0 时代，当消费者可以直接向智能工厂定制商品且价格更低时，淘宝这样的电子商城也将会被工业 4.0 淘汰出局。

第三节　创业策划

一、创业过程

创业者要实现自己的梦想，并成为一个成功的企业家，必会经历一个艰苦的过程。一般说来，成功创业的过程分为五个阶段：准备期、策划期、创建期、成长期和成熟期。创业者必须明确认识不同阶段的特点、实质和重点，才能避免和减少创业的风险，为自己的事业成功打下坚实的基础。

1. 准备期

在这个阶段，创业者要为创办企业做好各种准备。要想成为一个成功的创业者，要有意识地从以下几个方面进行准备：

（1）培养企业家的思想和心理素质，使自己从本质上完成由员工到企业家的转变。

（2）学习经营管理知识，提高自己的业务水平和工作能力。

（3）进行角色模拟与情景演练，尝试从经营者的角度处理业务，以提高自己的实际操作能力。

（4）筹集一笔创业资金，包括自有资金、向亲友和其他渠道的借贷。

（5）建立有意义的社会关系，为今后创业创造便利的条件。

在这个时期，创业者应积极主动地寻找各种可能的创业机会，绝不可守株待兔，坐失良机。

2. 策划期

当创业者认为时机已经成熟，将自己的创业构想提到议事日程上时，就进入了创业策划期。

在许多失败的创业个案中，最主要的失败原因就是这些企业本来就不应该创建。科学和务实的创业策划是创业实践的纸上预演，一方面检验创业构想的真实性、正确性和可操作性，另一方面为创业拟订各种计划，增加创业实践的可操作性，减少创业风险。因此，创业策划对创业者开创自己的事业具有重要意义。

创业策划主要分为以下两方面的内容：

（1）创业构想的明确化，即明确自己的事业是什么，通过什么方式获得竞争优势和盈利。

（2）如何创建自己的事业，将自己的构想变为现实。

通常情况下，创业者在真正创业之前，会涉及许多不同创业构想的策划工作，直到一个真正适合自己的机会出现在面前。

3. 创建期

创业策划完成后，经过反复论证，确认创业策划是切实可行的，创业者也下定决心将创业构想付诸实施，这就进入了创建期。对于创业者来说，创建期是一个播种希望的阶段。一般来说，在这一时期，创业者必须处理好以下几项工作：

（1）落实创办企业所需资金，使创建企业能够正常运作。

（2）组建管理团队，任用责任心强和办事能力强的人开展工作。

（3）集中业务焦点，寻找关键客户，建立稳固关系，以确保立于不败之地。

（4）找出企业的成功关键，并将资源集中于此，形成战略焦点，力求在竞争中突围。

此外，在创建阶段会发生许多意想不到的问题和困难，创业者必须要有足够的心理准备，并及时、妥善地予以解决。

4. 成长期

中小企业经过前期的奋斗，并且取得一定的成果之后，企业经营基本稳定下来，业绩也能维持相当的水平，这时就进入了创业的成长期。成长期的企业在历经千辛万苦之后，取得了成就，信心十足，自我感觉特别好，又积累了一定的资金，很容易头脑发热，有时会一下子扩充过多的业务项目，从而导致危机与失败。因此，这一阶段创业者应注意做好以下两方面的工作：

（1）审慎评估各项投资。

（2）在本行业中尚未具有更强的竞争力之前，切勿随意进入其他弱势领域。

5. 成熟期

中小企业顺利度过成长期之后，便进入了创业的成熟期。在这个阶段，企业各方面都步入正轨，规模也逐渐扩大。企业在稳定与速度间取得平衡，业绩上的质量与数量也能并重，管理开始上升到一个更高的层次。这时，企业应采取相应的、合适的竞争策略，以寻求更大的发展，进入二次创业阶段。

在成熟阶段的市场竞争中，中小企业可以采取如下竞争策略：

（1）市场填补策略。寻找被同行忽略的空白市场。

（2）市场追随策略。学习先进企业的技术和管理，模仿或改善其产品和营销策划，以求后发制人。

（3）市场进攻策略。找准方向，集中火力，主动出击，改变自己在行业中的地位，赢得更大的市场份额。

创业过程的五个阶段，对白手起家的创业者具有重要的意义。需要指出的是，由于创业是一个高风险的过程，因此，特定的创业实践可能在任何一个阶段夭折，尤其是在策划阶段，许多创业构想由于不具备切实的可实施性，在评估过程中就会被淘汰。

二、创业行业选择

创业者创业，需要选对自己所投资的行业。好的行业是创业成功的前提，它为企业今后的生存、发展与壮大提供了可能，铺平了道路。当然，世上没有绝对的热门行业，选定合适的创业行业，对创业者来说是一个较难的课题。

创业行业选择包括创业行业可行性分析和创业决策两个阶段。

（一）创业行业可行性分析

创业行业的可行性分析主要从以下六个方面来进行：

1. 创业者的兴趣爱好

在选择自己所要从事的项目时，不管这一领域从客观上看多么具有吸引力，创业者都不能忽视自己的喜好。一个人不仅是为挣钱而工作，他还要追求工作的趣味和个人成就。每一项工作对于不同的人而言有着不同的吸引力，究竟哪种事业最具魅力，每个人自己必须做出选择。

创业者在创业时要仔细考虑影响创业成功的有利或不利条件。通常，喜欢做的事情就容易把它做得最好，因此，甚至可以说一个人在某项事业上能否获得成功，取决于创业者本人是否真正喜欢它。当然，这只是其中一方面的因素，但不管怎样，这个问题至少和其他问题同等重要。

2. 行业进入壁垒与管制程度

在某一行业中成功或失败的概率在很大程度上取决于进入该领域的难易程度。进入某一行业越容易，竞争就会越激烈，失败的可能性也越大。有些行业政府实行管制，需进行前置审批。如果不熟悉该行业或没有可利用的资源，应避免进入该行业，如通信业、传媒业、教育业、广告业、制药业、化妆品制造业、食品制造业、金融证券业、保险业等。

创业者常常面临着一种两难的境地。一方面，某些行业虽富有吸引力，但难以进入，在这些领域里，竞争会稍缓和一些；还有许多行业非常容易进入，但如果大家都能够毫不费力地进入这一领域，就将无利可图。即使这一行业曾经利润丰厚，当人满为患时，僧多粥少是不能保证未来的利润像过去一样诱人的。

影响进入行业的障碍因素有：

（1）资金。用于购买（或租用）企业经营的场所和设备，用作运营资本和开业费。

（2）专有技术及诀窍。包括技术、营销、管理方面。

（3）法律事项。包括许可证、专卖证、排他性合同、版权。

（4）地理位置因素。包括战略位置。

（5）营销。包括品牌名称、有效沟通、已有的消费者基础、分销渠道。

（6）对关键原材料的控制。

（7）低成本生产设施。

如果不具备以上一项或几项战略优势的话，企业就将直面激烈的竞争和微薄的利润。其中的一些因素和资本，对小企业来说难以构成保护，而另外一些因素则为小企业把握自己的命运提供了难得的机遇。例如，对专利、商标和版权的保护能够使其所有者减少竞争。无论所有者是否参与了对该商品的生产，由于他所处的这种"收费站"的位置，都能从被保护对象的收入中获得分成。

3. 盈利能力

盈利能力是衡量企业成败的另一个标准。获得成功的企业都有一个共同的特征，就是它们都有平均水平以上的盈利能力，这一点保证了它们的高增长率。

高利润率还具有防御功能。一家具有平均水平以上盈利能力的企业较容易筹措资金，这使得它在经济低潮时期的脆弱性得以降低。另外，盈利能力强的企业还有能力引进降低成本的设备。当整个行业面临严峻的经济形势时，资金能力强的企业能够从较弱的企业那里获得额外的市场份额，这将弥补可能产生的利润降低。

创新是影响企业利润的另一个因素。如果一家企业引入了盈利能力更高的生产方式，在其他竞争者也效仿采用这种方式之前，该企业有望获得高于平均水平的利润。利润是经济进步的必要因素。因此在选择自己的事业时，创业者应该选择那些因拥有优质的产品和服务而具有较高盈利水平的行业。而实际上，太多的创业者被那些盈利能力虽好但风险也高的领域吸引，如国际互联网经营。

4. 技术变革中的受益

不可否认，许多诱人的商机来自技术变革。与人口结构、政治上的变动相比较，技术创新所创造的商机更为广阔。当技术创新发生时,似乎每个人都想一试身手。铺天盖地而来的广告宣传和产品展示使潜在的消费者异常兴奋,他们的兴趣鼓舞了生产者的积极性。有些企业会成为赢家,有些会被排挤出局,还有一些则从来也不曾开张,网络经济现象就是最好的例子。

对于一家新企业来说,最好不要参与追逐新事物的潮流。这些新事物可能超出了企业的能力,不会给企业带来最佳利益。它可能需要巨额投资,也许只不过是过眼烟云。时机的把握也特别重要,如果企业过于匆忙地投入潮流,就有可能错过那些对于赢得市场有重要意义的改进,而行动过迟又会掉队。假如企业对自己把握时机的能力和自己的实力没有信心,最好不要去凑这个热闹。

除了将技术创新成果转化为某种企业所经营的产品以外,创业者还可以换个角度来考虑问题——能否将这种新技术运用到企业的运营中,使其更为实用?因为我们探讨的是致力于创办新企业,因此首先想到的必然是小企业。小企业通常大多是零售业和服务性企业,这些企业便是我们要运用技术创新来改进服务的对象。

打算自主创业的人,应该密切关注那些公布技术进展的产业新闻。要对每一种进展进行分析,判断从哪种行业中能够获益。对于创业者而言,最明显的机会并不一定是最好的机会,因为容易招来过多的竞争者,进一步的分析通常会揭示出不为一般人所注意的不明显的机会。

5. 行业的成长性与竞争的规避

这项因素对于那些关注投资安全的创业者具有非同寻常的重要性。一般来说,一个行业要么成长要么萧条,很少有中间状态。不景气的企业很难盈利。成长性对于留住高素质的员工也很重要。

当评估某一行业的成长性时,销售额的高低并非一个绝对的衡量尺度。销售额的增长可能是由于商品销售数量的增加,也可能是由于涨价,还可能是两者共同作用的结果。那些仅靠提价来实现销售额和利润增长的企业,当其提价幅度超过经济总体通货膨胀幅度时,就可能由于价格过高而被逐出市场。曾几何时,由于我国造纸企业能够通过提价来保持盈利,因此成为投资者追逐的热点。但是,纸张价格的持续上涨严重损害了整个行业的竞争优势,市场上国产纸张的份额被进口纸张占领,同时纸张本身也因出版物向电子化、网络化转移而不得不一再压缩产量。

创业者在寻找成长性行业时应当谨慎行事。处于成长阶段的产业能够为那些成活在该领域中的企业提供很好的发展前景,但企业成活率是微乎其微的。在改革开放后的一段时间里,彩电行业的飞速增长使许多大企业纷纷跨入了这一领域,不到十年时间,只有屈指可数的几家站稳了脚跟,绝大多数竞争者都退出了角逐。在其他领域中也重复着这一过程。因此,创业者应尽力避免进入这种处于早期成长阶段的产业。即使一家新企业能够快速增长,这种扩张也会带来诸如融资困难以及难以对企业保持有效控制等问题。

当一家企业的规模在整个产业中相对较小,同时拥有特别的竞争优势时,即便在低成长产业中也有迅速成长的可能。获取高额利润的企业有一个共同的特点,就是它们都拥有可以使自己免受竞争冲击的保护性措施。有时它们控制着主要原材料,或者拥有地域上的优势，而有时则仅仅是由于它们是行业中规模最大的企业，具有成本上的优势。掌握着某种特殊技术也是在行业中称雄的重要因素之一。小企业很少能具备上述优势，但仍然能够在竞争中表现得与众不同。对于小企业来说，在质量、可靠性以及与顾客建立和谐关系等方面有良好的声誉是非常重要的。由于规模的原因，小企业更容易了解顾客的需要，也能够更灵活地满足这些需要，这种优势在某些特定的行业中尤为明显。创业者应当选择那些存在着某种免受竞争冲击的保护因素的领域发展。

6. 销售的季节性

大多数行业中的销售和利润都存在着季节性变化。在受季节影响非常大的行业，创业者必须为抵消这种影响而进行某些调整。一种通常的做法是从事季节特征各有不同的多种业务。例如，防风门窗的制造商在夏季的几个月里可以增加一条遮阳篷生产线，专营供暖产品的企业可以兼营空调设备。第二种调整措施就是保持一支规模较小的相对稳定的员工队伍，在旺季时则通过招募临时员工来满足工作需要。第三种调整措施是在全年度里均衡生产，为旺季进行大量储备。

以上所提到的调整措施以及其他一些办法能够保证创业者以合理的效率进行经营。这就要求创业者有很高的经营技巧，而有些调整措施（如建立储备）可能伴随着很高的风险。因此，季节性过强在经营中也是一个负面的因素。这种负面因素是客观存在的，作为一个创业者，只能努力去适应它。

（二）创业决策

创业者选择创业行业时应评估以上六大因素。当然，没有一个行业能够在这六个方面都得满分，否则大家就会做出相同的选择了。不同的人对于同一个行业也会做出不同的评价，因为这些因素对不同的人重要程度不同。例如，一个雄心勃勃的年轻人可能会偏爱一个竞争激烈的行业，因为这样的行业有很强的增长潜力以及很高的利润；而一个行将退休的人则更容易选择那些竞争不太激烈的行业。

1. 决策之前的准备

创业决策是指创业者对未来创业实践的方向、目标、原则和方法所做的慎重选择和决定。正确的创业决策是在创业实践中得到验证的，它能指导实践，少走弯路，促进创业进程。创业决策一旦付诸实践，其正确与否以及正确的程度将直接影响创业成果的取得。因此，在创业决策之前，应做如下方面的准备：

（1）拟定决策目标。当意向性的创业目标选定之后，就要进入决策阶段，决策过程中的首要任务是拟定决策目标。创业目标与决策目标的内容大致相同，但要求又有所区别。创业目标在意向性阶段有许多方面的问题还不够确定和清晰；但是，当进入决策阶段后，凡不确定和不清晰的方面都要通过思考和分析使之变得确定和清晰，凡不够详细的方面都应使之详细。就决策过程而言，决策目标是创业决策的前提。

（2）决策时机的选择与确定。什么时间进行决策，主要是看创业条件的具备情况。条件不成熟时就匆忙做决定是冒险的行为，容易造成不好的后果；条件成熟了却拖延不决，则会贻误战机，有时优势还会转化为劣势。因此，确定决策时间的过程，也就是把握时机的过程。当断即断，不当断则不能乱断，是创业成功之本。

同时，决策前的准备工作还包括检查供决策的第一手材料的占有情况。第一手材料是指创业者自己直接掌握的信息、经验和对创业活动的分析结果等。第一手材料是决策的基础，谁拥有了第一手材料，谁就拥有了发言权。总之，决策前需要做的准备工作很多，要尽量使这些工作做得充分，以保证决策能有一个好的结果。

2. 决策方案选取的标准

既然决策是一个"慎重选择和决定"的过程，那么决策时就不能仅有一种实施创业目标的方案，而应当有多个决策方案，在几个有价值的决策方案中进行比较和优选。如果没有多个有价值的决策方案进行比较和优选，就谈不上决策，也不可能实现决策的最优化。

为了使创业决策达到最优化目的，还有必要弄清楚创业者与决策方案之间的关系。在创业决策过程中，创业者与决策方案有着密切的联系。决策方案是决策的前提和基础，决策是依据决策方案而进行的有计划、有目的的选择活动。没有方案就无从决策。决策和决策方案的区别是，决策是创业者的活动，决策方案则是一种意念上的系统打算。决策是主观见之于客观的行动，而决策方案则是主观和客观结合的产物。为了使创业决策具有最理想的结果，创业者要对拟定好的各种方案进行全面的分析和比较，权衡各种方案的利弊，选取其中一种方案或将各种方案综合成一种方案，也可以排列出第一方案、第二方案、第三方案等。

在决策过程中，对决策方案进行选择或取舍是根据其价值大小决定的。具体来说，对决策方案进行价值判断可依据下列标准：

（1）经济效益标准。创业的过程首先是一个创造物质财富的过程。在对决策方案进行选择时，应该用经济效益标准进行衡量。凡经济效益显著或较为显著的决策方案，应纳入选择和采纳的范围；反之，则可以筛选掉。

（2）社会效益标准。社会的健康发展是每一位创业者共同努力的结果。因此，一定要坚持用社会效益这把尺子对所有决策方案进行衡量。凡对社会发展有直接或间接积极影响的，就应纳入选择和采纳的范围；反之，则应该坚决筛选掉。

（3）优化标准。优中取优，或集中多个决策方案的优点，是决策活动最为显著的特征。这主要是由任何问题都存在多种可能的解决方法所决定的。因此，应该在多种可能的解决方法中，找出最适合自己的一种或寻找最有利于自身创业的因素，唯有如此，才能获得创业的成功。

3. 最终决定应该果断

现实生活中，在创业决策的最终拍板环节上常常会出现两种情况。一种情况是有些年轻的创业者因社会阅历浅，分析问题的方法较为简单，再加上容易感情用事，所以在对创业目标做决定时往往显得十分轻率，由此遭受的损失也较为惨重；另一种情况是有些创业者在创业决策拍板时，"怕"字当头，担心吃亏或失败，甚至不知所措，不敢拍板，导致错失一个又一个创业良机。

由此看出，在创业决策上能否有勇气拍板，确实是一个十分重要的问题，应该认真对待。一方面在创业决策上不能草率从事，另一方面也不能左顾右盼、当断不断。无数事实告诉我们，在创业过程中绝对有把握、不承担风险的事极少，往往是成功因素与失败因素交织在一起。真正聪明的创业者，通过全面分析，只要认为利大于弊，成功的可能性大于失败的可能性，就应该果断拍板，争取在最短的时间内将创业设想变为行动。

三、捕捉进入时机

创业者必须要有敏锐的商业触觉，善于把握稍纵即逝的机会，并以此作为创业的切入点。

（一）分析市场机会

所谓市场机会，就是市场中未满足的需要。哪里有未满足的需要，哪里就有盈利的机会。市场机会又可分为环境机会和企业机会。市场上一切未满足的需要都是环境机会，但不是任何环境机会都能成为某一企业的营销机会。因为对某一企业来说，不是任何环境机会都适合企业去开拓，还要看它是否符合企业的目标和资源条件。

所以，创业者不但要善于发掘市场机会，还要善于分析、评估市场机会，看它是否符合本企业的经营目标，是否有利可图。企业的市场营销管理者必须不间断地进行市场营销调研，了解市场上需要些什么，需要多少，谁需要；预测需求的发展趋势；调查研究哪些因素影响市场需求和企业的营销活动，是有利影响还是不利影响；等。这就是说，不仅要发掘市场机会，还要注意环境威胁（即不利因素）对企业营销的挑战。机会和挑战往往是并存的，如果不能及时发现，就会带来灾难。可利用的机遇没有及时利用，会造成机会损失；而市场上的各种挑战如不及时发现并及时采取应急措施，就可能造成更大的损失。因此，创业者对可能的各种机会和风险要灵敏地做出反应。

（二）捕捉市场商机

捕捉市场商机，需要关注和研究以下几个问题：

1. 关注市场供求差异

在市场经济条件下，宏观供求总是有一定偏差的，这些偏差就是企业的商机。

（1）市场需求总量与供应总量差距是企业可以捕捉的商机。假如城市家庭中洗衣机的市场需求总量为100%，而市场供应量只有70%，那么对企业来说就有30%的市场机会可供选择和开拓。

（2）市场供应产品结构和市场需求结构的差异是企业可以捕捉的商机。产品的结构包括品种、规格、款式、花色等。有时市场需求总量平衡，但结构不平衡，仍然有需求空隙，企业如果能分析供需结构差异，便可捕捉到商机。例如，海尔人就善于巧妙地填补供需结构空间的需求空隙。海尔总裁张瑞敏曾到四川出差，听说洗衣机在四川销售不畅，原因是农民常用洗衣机洗地瓜，排水口常堵，因此农民就不愿用了。于是，海尔就根据农民的需求，开发出一种出水管子粗大，既可洗衣服又可洗地瓜的洗衣机。这种洗衣机生产出来以后，在西南农村市场很受欢迎。

（3）消费者的不同层次需求差异是企业可以捕捉的商机。消费者的需求层次是不同的，不同层次消费者的总需求中总有尚未满足的部分。一部分消费者收入极高，而社会上却没有可供其消费的高档商品或服务；有的则由于消费水平过低，社会放弃了他们需求的低档商品。这些就是企业可以开拓的市场机会。

2. 研究市场的地区性差异

不同的地区需要不同的产品和市场，地理因素的限制会带来不同地区之间的市场差异。比如外地有好的产品和服务项目，在本地还没有推广，这就是商机。兰州的牛肉面、新疆的烤羊肉串这些地方特色小吃走出了大西北，如今已遍布全国，产生了良好的经济效益。又如，在城市里过时的商品在农村也许刚刚开始流行；在发达地区过时的商品，也许在边远地区仍然畅销；农村里的土特产品，也许在城市有广阔的市场。由此可知，市场的地区性差异是永远存在的，关键在于创业者能不能发现。发现差异并致力于缩小这些差异，就是在满足市场需求，就是挣钱之道。

3. 重视市场的边边角角

市场的边边角角往往被人忽视，而这也正是企业可以大加利用的空隙。小型企业要充分发挥灵活多样、更新更快的特点，瞄准边角，科学地运用边角，另辟蹊径，做到人无我有、人有我新，通过合法的经营，增强自己的竞争实力，最终实现占领目标市场的目的。日本东京有家面积仅为43平方米的不动产公司。一次，有人向不动产者推销一块面积约为百万余平方米的山间土地。其他不动产者都对这块土地不感兴趣，因为它人迹罕至，无任何公共设施，价值被认为等于零。然而，这家公司的老板渡边却认为，城市现在已经人满为患，回归大自然是不可逆转的潮流。因此，他毫不犹豫地拿出全部资产，又大量借债将此地买了下来，并将其细分为农园用地和别墅用地；而后大做广告，其广告醒目、动人，充分抓住青山绿水、白云果树的特色，适应了都市人向往大自然的心理。结果不到一年，土地就卖出了4/5，净赚了50亿日元。渡边的成功正是因为他抓住了别人不屑做的边角生意。正如他所说："别人认为千万做不得的生意，或是不屑做的生意中，往往隐藏着极大的机会。因为没有人跟你竞争，所以做起来就稳如泰山，钞票会滚滚而来，重要的是要捕捉住机会。"

在每个缝隙市场的背后都隐藏着创业者的才能和特殊爱好。专业人士选择自己热衷的行业提供专门化服务绝非偶然。比如，有一位专门承接体育界业务的律师，他本人就是一个不折不扣的体育迷，他选择的缝隙市场便成了他的第二爱好。

选择缝隙市场的另一大优势是可以减少竞争。一旦找到一个壁垒分明的市场位置，就可以将自己定位在市场上，并且巩固自己的地位。这也是判断企业的战略是否成功的另一方式。

（三）寻找市场缝隙

1. 善于寻找市场潮流引导者的缝隙

对许多初创中小企业的创业者来说，能否与大公司进行竞争，或怎样与大公司进行竞争,是经常会遇到的一个问题。对此一定要找出合理的答案,并且在做出决策之后才能开张营业,否则难逃失败。

有些人认为凡与大公司进行竞争,结果只能是鸡蛋碰石头——自取灭亡,但大量事例表明结果并不一定如此。IBM是实力相当雄厚的经营电子计算机的企业,美国无线电公司和通用电气公司曾试图与之进行直接竞争,但没有经过几个回合的较量便偃旗息鼓,损失惨重。可是,仍然有一些向来就经营电子计算机的企业(如信息管理类公司等)没有破产倒闭。它们之所以能在竞争中站稳脚跟,主要原因是这些公司的老板能够清醒地采取市场细分法,对各种不同类型顾客的特征详细分析,从中发现IBM公司显而易见的某些特点,以及某些该公司并不热心经营的项目,因而在确定经营范围的时候,也就可以找出IBM的空当进行竞争。专营苹果牌微型计算机设备的厂家和商家们正是采用这一方法,成功地找到了促使业务持续发展的机会与途径。

事实上,任何一家企业,即使是超级大型企业,也做不到处处无懈可击,因此与大公司进行竞争并非绝对不可能之事。倘若发现市场上正萌发着某种从未引起人们注意的需要,而且只要能满足这一需要就可以成功地占领市场的话,那就无须为竞争而感到惶恐和不安,只要竭尽全力并且想方设法把这项业务做好就行了。至少大公司已经为你开辟了产品的销售市场,同时,还通过一系列的宣传广告和促销活动,为你开发了市场上对产品的各种需求。苹果牌微型计算机设备的厂家和商家们之所以获得了巨大的成功,正是利用IBM这样庞大的企业打开了产品的销售市场,通过各种宣传广告和促销活动最大限度地开发了市场上对计算机设备的需求,并赢得了广大用户的普遍认可,为其他微型计算机设备随后进入市场消除了阻力,迅速地打开了销路。

有时候,一些小企业经营者可以在大公司漏掉的生意中获取丰厚的盈利。作为顾客未必都能忍受大公司那种缺乏人情味的方式,或者为求方便,避免浪费太多时间,就会惠顾殷勤待客的小店铺。类似情况到处可见。例如,在经营计算机设备或大型机构设备的行业中,某家公司即使是小规模的企业,倘若能做到按时交货,及时满足顾客的需要,同样可以从强大的竞争对手那里获得相当高的市场份额。类似这样的情况,在评估市场潜力、分析竞争形势的时候需要充分考虑。

2. 进行市场细分

市场可以细分为多个小市场,企业通过对市场的细分,可以从中发现未被满足的市场,从而也就找到了企业的生存空间。麦当劳快餐公司被人称为"最能够着眼未来的速食企业",它的成功就在于能够不断从细分市场中发现商机。例如,在美国,麦当劳最早针对单身贵族和双薪家庭这一细分市场,为越来越多的单身贵族和双薪家庭提供早餐;在中国,麦当劳针对儿童这一细分市场,充分抓住中国独生子女的特点,搞起了"麦当劳儿童生日晚会"等促销活动,并取得了成功。

在市场上,不同的消费者有不同的欲望和需求,因而不同的消费者有不同的购买习惯和行为。正因为如此,可以把整个市场细分为若干个不同的子市场,每一个子市场都有一个有相似需求的消费者群。企业针对不同类型的消费者,制定切实可行的销售策略,便可取得经营的成功。

3.研究竞争对手的弱点

研究竞争对手,从中找出其产品的弱点及营销的薄弱环节,也是企业开拓市场的有效方法之一。美国的罗伯梅德塑料用品公司自1980年高特任总裁起,其业绩增长了5倍,净利增长了6倍。罗伯梅德塑料用品公司成功的秘诀之一就在于采取了积极参与市场竞争,"取竞争者之长,补竞争者之短"的方式。在竞争对手塔普公司开发出储存食物的塑料容器后,罗伯梅德塑料用品公司对其进行了认真的分析研究,认为塔普公司的产品质量虽然高,却都是碗状,放在冰箱里会浪费许多小空间。于是对其加以改进,开发出了性能更好、价格更低又能节省存放空间的塑料容器。就这样,在塔普公司及其他公司还未看清产品问题的时候,罗伯梅德塑料用品公司却已将之转化为极重要的竞争优势了。

4.寻找边缘市场机会

每个企业都有它特定的经营范围。比如木材加工公司所面对的就是家具及其他木制品经营区域,广告策划公司所面对的是广告经营区域。对于出现在本企业经营区域内的市场机会,我们称为行业市场机会;对于在不同企业之间的交叉与结合部分出现的市场机会,称为边缘市场机会。

一般来说,企业对行业市场机会比较重视,因为它能充分利用自身的优势和经验,发现、寻找和识别都比较容易,但是会遭到同行业的激烈竞争而失去或减少成功的机会。由于各行业都比较重视行业的主要领域,因而在行业与行业之间有时会出现缝隙和真空地带,无人问津。它比较隐蔽,难以被发现和开拓,需要创业者有丰富的想象力和大胆的开拓精神。例如,美国由于航天技术的发展出现了许多边缘机会,有人把传统的殡葬业同新兴的航天工业结合起来,产生了太空殡葬业,生意非常火爆。再如中国铁画就是把冶金和绘画结合起来,药膳食品是把医疗同食品结合起来。

(四)快速占领市场

"时间就是金钱",这是对现代竞争经验的总结。时间之所以等于金钱,是因为时间可以直接影响资金的价值。在现代经济生活中,同样数量的货币,随着时间的变迁,其价值会发生变化。而且,时间也会影响资金的占用和周转速度。企业的生产资金处在不断的运动之中,这种运动能带来价值的增值。这种周而复始的运动,就是资金的周转。资金周转一次的时间越短,在一定时间内周转次数就越多,占用的资金总量就越少,等量资金带来的增值就越多,经济效益就越好。

时间还影响对机遇的捕捉。对于一个企业来说,机遇常常是腾飞的转折点,是开启成功的钥匙。只有抓住机遇,企业的经营战略才能奏效。而机遇常常是昙花一现、稍纵即逝、永不复回的。如果不能迅速地看准和抓住市场闪现的这些机遇,就会被他人捷足先登。

(五)出奇才能制胜

现代经营者必须要高瞻远瞩,不断创造新的经营方式。

在一切都在变化的当今社会,如果始终保持固有的模式,就会落后。具有先见之明尤为重要。先见之明指的是具有准确的预见力,能够预测社会大众将需要什么产品。例如,有经验的老人能够判断来年的风雨，他们可以准确地预料该年是多雨或是干旱，聪明的经营者则可据此生产出适合大众的产品。如多雨，则雨具必然畅销；干旱，则水桶必然家家都预备，以免无容器盛水。

这是最简单的联想。如果你是位大企业的老板，将之用在企业经营上，同样会产生相同的效果。一个地区的人口增加，地产市场就会升温，建筑材料需求增多，建筑所需的劳动力也随之增多。如果你有一套宏伟的计划，必然会产生你自己的一套新的经营方式，以站在时代的前沿。

当然，你仍需随时以率真的态度，虚心地观察事物，一步一步踏实地去做。在今天这种激烈竞争的时代，不可缺乏开拓创新的积极态度。创新对企业经营的意义如同新鲜的空气对生命的意义。经营者应该不断地在管理上创新、产品上创新、技术上创新、企业形象上创新，以确保企业经久不衰。

第四节　创业企业经营策划

创业企业主要是中小企业，其规模大多较小，所以创业企业的经营策划有别于大企业的经营策划。在选择自己的经营策划时，必须从企业内部和外部环境的具体条件出发，采用能够发挥优势、避免弱点的战略，以求得生存与发展。

条条大路通罗马，创业企业的经营策划也是多种多样的。

一、独立经营策划

独立经营策划是指企业在生产经营与发展中，不依附于其他企业，不受其他企业经营活动的制约，主要从企业自身条件出发，独立自主地选择产品、服务项目和目标市场，以满足市场的需要。独立经营策划的特点是强调自主经营，有利于发挥企业内部员工的创造性和主动性，充分利用企业的内部资源，发挥自己的专长。独立经营策划是从自我出发的，对于创业企业来说，具有一定的风险。首先，它可能在市场上遇到大企业强大的竞争压力；其次，它可能受到市场波动的影响；最后，它可能受到创业企业自身发展潜力的限制。因此，只有那些在设备、技术、人力、经营管理经验、产品或服务项目、市场等方面确实具有优势的创业企业，才能够较好地运用独立经营策划，真正实现自主经营、独立发展。

二、依附合作经营策划

依附合作经营策划是指创业企业将自己的生产经营和发展与某一个大企业联系起来，为大企业提供配套服务，成为大企业整个生产经营体系中一个专业化的组成部分，依附于大企业进行专业化分工与协作基础上的经营与发展。在一定意义上,依附合作经营策划的实质是积极参与生产经营的社会化分工与协作,这是现代市场经济发展的客观需要。但采用依附合作经营策划的创业企业必须妥善处理好依附性与相对独立性的关系,通过依附合作来借船下海,逐步提高自己独立自主经营的能力。这样,既不失去自主经营与发展的主动权,又可以不断增强自身的实力,以求在将来凭借新的实力建立新的协作关系,直至实现完全独立。改革开放之初,广东珠江三角洲许多乡镇企业、私营企业都是从为其他企业当配角起家的。

三、拾遗补阙经营策划

拾遗补阙经营策划是指创业企业避开大企业竞争的锋芒,不在市场上就同类产品与大型企业展开直接的正面竞争,而是选择大企业不愿涉足的边缘市场或市场结合部分,在大企业竞争的市场夹缝中求生存、求发展。消费者对产品与服务的需求是多种多样的,市场也是丰富多彩的,在大企业的激烈竞争中,难免有一些业务领域的市场规模较小,难以实现大企业所追求的规模经营,这就为创业企业发挥拾遗补阙的作用提供了宝贵的市场机会。

市场和产品的开发是没有止境的,拾遗补阙不见得就是小打小闹。随着市场需求和企业生产技术的发展,新的市场机遇将不断出现,这就为创业企业采取拾遗补阙的经营策划提供了可能性。拾遗补阙开发出来的产品往往是新产品,而这些新产品说不定就能开辟一一个新的市场领域,激发新的市场需求,最终发展成为一个新的市场、新的产业。因此,采用拾遗补阙经营策划的创业企业必须对市场机会特别敏感,善于在小产品上做大文章,抓住一切机会使企业发展起来。

四、联合竞争经营策划

一般而言,创业企业受到自身资源与能力的制约,无法与大企业开展正面的市场竞争。虽然创业企业可以采取各种不同的经营策划,以避免与大企业直接竞争,但以市场竞争的普遍性,要完全回避这种竞争几乎是不可能的。创业企业要想在激烈的市场竞争中站稳脚跟,除了努力提高自身的竞争能力和抗御风险的能力之外,还可以通过联合的方式,有效地克服单个创业企业在市场竞争中的弱点与不足,以联合所形成的合力来与大企业在市场竞争中抗衡。中小企业的联合竞争发展战略,是指若干家中小企业根据市场的需要与各自企业的具体情况,以一定的方式组织起来,形成或松散或紧密的协作联合体,以求发挥不同企业的优势,弥补单个中小企业资源不足的劣势,改变中小企业在市场竞争中的不利地位。联合竞争经营策划有利于创业企业突破自身发展条件的限制,改善创业企业的发展条件,而且可以促进社会资源的优化配置。

从企业各自的需要和共同的利益出发,创业企业实施联合竞争经营策划可以采用不同的形式。为了协调和规范不同企业的利益与经营活动,可以形成以共同利益和目标为基础的实质性的联合。在实施联合竞争经营策划时，一方面必须兼顾各个企业的利益，真正做到公正、平等、自主；另一方面必然需要借助于一定的企业联合组织形式作为共同发展的组织保证。

五、灵活经营策划

创业企业的一个突出的优点，是其经营与发展的灵活性。但是，有意识地选择灵活经营策划，仍然是摆在创业企业管理者面前的一项重要任务。创业企业的灵活经营策划是指企业从自身条件与客观可能出发，根据各种因素的变化，及时调整经营目标与方向，以实现企业效益的最大化。

创业企业采用灵活经营策划时需要考虑的第一个因素是企业的自身条件，即企业的内部资源。将企业的经营策划与发展目标建立在企业可以利用开发的资源的基础之上，无疑是一个明智的选择。以企业的资源作为经营策划的出发点，可以依托企业的资源优势来形成企业的产品优势与市场优势，争取在市场竞争中居于领先的地位。

创业企业在发展中利用资源优势可以表现在以下方面：

（1）以企业拥有的人力资源或特殊人才资源为基础，选择企业的经营发展方向。

（2）以企业所在地拥有的特殊的原材料资源为基础，确定企业的经营发展方向。

（3）以企业所在地拥有的人文或自然景观资源为基础，确定企业的经营发展方向。

（4）以企业所在地的市场条件为基础，确定企业的经营发展方向。

创业企业采用灵活经营策划时需要考虑的第二个因素是客观环境因素，包括社会经济发展趋势、产业结构的变化及国家政策导向等。

创业企业在选择加入某一个行业时，需要全面考虑自身的条件和行业的特点，慎重进行决策。首先，要判明哪些行业正处于上升期，哪些行业已进入衰退期。创业企业必须在发展较快的行业中切实把握自己的位置，找到适合自己发展的业务经营领域。其次，要善于利用和依托本地区具有发展优势与潜力的产业部门和企业，借助其在技术开发、产品开发和市场开发等方面的有利条件，为我所用地促进企业的发展。再次，在进入新兴产业时要善于抓住市场机遇，力争走在本产业发展的前沿，保证产品开发和市场推广方面的优势。最后，创业企业需要密切注意国家产业政策的调整与变化，借助于国家的产业政策来加强自己的经营发展优势。国家的产业政策往往能够为某些行业的企业生产经营发展提供一定的有利条件，如税负的减免、资金信贷方面的优先与优惠、对外经济技术合作方面的鼓励措施等。如果创业企业能够充分利用这些国家政策方面的有利条件，就可以获得更多的竞争优势。

第五节 高新企业融资与商业计划

一、高新企业融资

创业一定要有适度的资金，如果没有资金，创业将只能是无源之水、无本之木。但创业之前以及创业时的资金筹集，往往是特别艰辛与困难的。除了创业者个人经验不足外，在建或将建的企业尚没有任何经营成果来证明它的可行性与前景，也是一个重要的原因。

1. 商业信用筹资

商业信用筹资是已开办企业的创业者常用的一种筹资手段。

创业者的人格是金字招牌。关键时刻，创业者可以利用个人信誉，并以企业实力为后盾进行商业筹资。在市场经济发达的今天，利用商业信用筹资已逐渐成为小公司筹集短期资金的重要方式。其主要形式有以下几种：

（1）赊购商品，延期付款。在此种形式下，买卖双方发生商品交易，买方收到商品后不立即支付现金，可延期一定时间以后付款。

（2）推迟应计负债支付。应计负债支付是指企业应付未付的负债。在企业未支付这些费用之前，应计负债可成为企业的另一种短期筹资来源。

（3）汇票。企业利用汇票，可以不立即支付银行存款，实际上是一种延期付款，也可以筹集一部分短期资金。

（4）预收货款。它等于客户先向企业投入一笔资金。通常，企业对紧俏商品乐于采用这种方式，以便取得期货。另外对于生产周期长、定价高的商品，也经常向订货者分次预收货款，以缓解资金占用过多带来的压力。事实上，这部分预收货款就成为短期筹资的来源。

如有条件，资金不足时，还可以从银行贷款。通常贷款要满足三个方面的条件：一是有不动产做抵押，二是项目要有吸引力，三是与银行要保持良好的关系。如果有不动产如房子、汽车等做抵押，贷款就会容易得多。不过即使没有不动产做抵押，也不是绝对贷不到款，项目的投资前景和效益是影响贷款决策的首要因素。银行要对贷款项目进行技术、经济等方面的可行性论证。因此，须谨慎选择项目，大量收集信息，考虑各种可能性，选择最优或最满意的投资方案，增加银行贷款的成功率。越了解、越熟悉的人之间，信任度越高，也就更容易借贷。贷款数额不宜过大，否则很难成功。从小笔贷款入手，每次到期按时还贷，逐渐取得银行的信任，这样才能获得较大数额的贷款。

贷款本身不是目的，重要的是项目投资收益，能保证按时还本付息。贷款不能延期更不能欠息，否则就会失去信用。而商业信用是企业的生命。

2. 外部筹资渠道

当创业者的内部资源不足以缓解资金需求矛盾时，需要适时寻求筹资帮助，寻找合作伙伴。

小企业可以广泛吸纳民间资本。这主要包括利用企业内部的各种关系，老板或员工与放贷者要有良好的感情基础，并且订立借贷协议，给放贷者订立固定的还款日期和丰厚的投资回报。

小企业还可以与具有稳定业务关系的公司联营，也可以利用创业者的私人关系与其他机构如信用社、商社等单位合伙，以筹集资本。联营、合伙公司的投资，可以用现金、银行存款，也可以用厂房、设备进行实物投资。企业以合作方式筹资，关键是要与合作者签订合作协议，对双方的责权利予以明确规定。合作方要承担以某种方式向创业企业提供资金或某种帮助的义务，同时也有分享创业企业利润的权利。

补偿贸易对于资金缺乏的小企业而言，是最好不过的。小企业只抓生产，而不管购买原料和销售，做到两头在外，生产在内，有利于提高生产率。同时，由于在不投入任何资金的情况下扩大了生产规模，实际上也达到了集资的效果。

另外，寻找事业合伙人众筹也是十分可行的筹资方法，但通过互联网方式发布筹款项目并募集资金的众筹方式，目前尚未得到政府的许可，有一定的法律风险。

3. 风险投资融资

风险投资是指由职业金融家将风险资本投向新兴的、迅速成长的、有巨大竞争潜力的未上市公司（主要是高科技公司），在承担很大风险的基础上为融资人提供长期股权资本和增值服务，培育企业快速成长，数年后通过上市、并购或其他股权转让方式撤出投资，并取得高额投资回报的一种投资方式。

（1）风险投资的产品是企业。风险投资和其他投资形式在获取回报的方式上存在很大差异。从某种程度上说，风险投资投资的不是产品，而是企业本身。也就是说，企业就是风险投资商的"产品"。风险投资支持科技成果转化为企业，又把企业培育成熟并变得强大，最后通过把这个企业卖掉来获取回报。组成产品的部件是静态的，而组成企业的"部件"却是动态的。相比来说，卖企业比卖一般产品更复杂，风险也更大，因为企业是一个系统，涉及人、财、物的合理配置，产、供、销的协调配合。只有这些方面做得好的企业，才能够盈利，才是一个高质量的"产品"，买主才愿意出高价。要做到以上这些，人才和管理是最重要的，一个高素质的管理团队是企业成功的保证，同时也是出售企业时最好的包装。所以，风险投资商在选择对象时，会进行方方面面的考察，尤其是管理团队。

（2）风险投资是一种高风险的投资。风险投资主要投资于刚刚起步的高技术企业。企业在成长的过程中，会面临方方面面的风险。即使在发达国家，高技术企业的成功率也只有 20%～30%，但由于成功的项目回报率很高，故仍能吸引一批投资商。风险投资的主要风险有技术风险、市场风险、财务风险和管理风险等。

（3）风险投资的目的是高回报。风险投资不是免费午餐，它是一种股权投资，也是一种追求超额回报的投资行为。但是，风险投资的着眼点不在于投资对象当前的盈亏，而在于它们的发展前景和资产的增值潜力，以便通过上市或出售达到退资并取得高额回报的目的。明确了这一点，创业企业在寻找风险投资的时候就应该首先给自己定位：企业的创业必须满足风险投资商的目的和要求。只有这样，资本供求双方才有更进一步接触的基础和必要。

（4）风险投资是一种流动性较小的中长期投资。风险投资往往在创业企业初创时就投入资金，一般需经 3 ~ 8 年才能通过退资取得收益，而且在此期间还要不断地对有成功希望的企业进行增资。

（5）风险投资是一种高专业化和程序化的组合投资。由于风险投资主要投向高新技术产业，投资风险较大，要求风险资本管理者具有很高的专业水准。在项目选择上要求高度专业化和程序化，精心组织、安排和挑选，尽可能地减少投资风险。为了分散风险，风险投资通常投资于一个包含 10 个项目以上的项目群，利用成功项目所取得的高回报来弥补失败项目的损失并获得收益。

（6）风险投资是一种投资商参与管理的投资。风险资金与高新技术两要素构成推动风险投资事业前进的两大车轮，二者缺一不可。风险投资商（公司）在向创业企业注入资金的同时，为降低投资风险，必然介入该企业的经营管理，提供咨询，参与重大问题的决策。必要时甚至会解雇公司经理，亲自接管公司，尽力帮助该企业取得成功。

（7）风险投资是投资和融资的结合。风险投资是以融资为首的投资和融资的有机结合。其利润主要来自资产买卖的差价。在融资时，风险投资商购买的是资本，出售的则是自己的信誉、吸引人的投资计划和对未来收益的预期。投资时，他们购买的是企业的股份，出售的是资本金。退出时，他们出售企业的股份，买入资本，外加丰厚的利润、辉煌的业绩和成功的口碑。将资本撤出后，他们会进行下一轮的融资和投资。融资中有投资，投资中又有融资，二者构成了不可分割的有机整体。

风险投资不需要担保或抵押，它投资到新兴的、有巨大潜力的企业和项目之中。因此，在高新技术领域里的创业者，可以争取风险投资融资。

二、商业计划书及其作用

商业计划书（Business Plan）是一份全方位的项目计划，它从企业内部的人员、制度、管理，以及企业的产品、技术、营销和市场等各个方面，对即将展开的商业项目进行可行性分析。商业计划书是企业融资成功的重要因素之一。商业计划书还可以使企业有计划地开展商业活动，提高成功的概率。特别是对于高新科技创业者来说，商业计划书是不可缺少的。

商业计划书是对企业或者拟建立企业进行宣传和包装的文件，它向风险投资商、银行、客户和供应商宣传企业及其经营方式；同时，又为企业未来的经营管理提供必要的分析基础和衡量标准。商业计划书是包括企业筹资、融资等活动在内的，企业战略谋划与执行等一切经营活动的蓝图与指南，是行动纲领和执行方案，也是企业管理团队和企业本身给风险投资商的第一印象。在实际操作中，其主要意图是递交给投资商，以便于他们能对企业或项目做出评判，从而使企业获得融资。

概括地说，商业计划书有以下三方面的作用：

（1）它是获得风险投资的敲门砖。要顺利获得风险资本的投入，避免在形式审查时就被筛选出局，一份规范、完整的商业计划书是必不可少的。这是获得风险投资的敲门砖，仅凭专利证书或科技成果鉴定证书是不可能获得风险投资的。

风险投资行业是个十分严谨的行业。风险投资公司审查评估申请项目程序的第一关就是审阅商业计划书，在审阅完商业计划书之后，觉得有必要进一步了解企业的情况时才会与企业人员见面。因为只有在了解了企业的产品、管理策略、市场规划、盈利预测等之后，投资商才知道产品是否符合他们的兴趣，从而决定是否有必要再进一步商讨合作的可能性。而且，风险投资商看过计划书后面谈更有针对性，避免浪费时间。所以说，商业计划书是融资的试金石，计划书写得好，企业有吸引力，融资才会有希望。

（2）它是不断完善创业项目的蓝图。对刚创立的创业企业来说，提交商业计划书的重要性不仅体现在它是决定能否与风险投资商面谈的通行证，而且是创业企业对自己再认识的过程。一个酝酿中的项目往往很模糊，通过制订商业计划书，把正反理由都书写下来，再逐条推敲，创业企业家就能对这一项目有更清晰的认识。在写商业计划书的过程中，企业家会对产品、市场、财务、管理团队等进行进一步的分析和调研，能及早发现问题，进行事前控制，去掉不可行的项目，进一步完善可行的项目，提高创业成功率。可以说，商业计划书首先是把计划中要创立的企业推销给创业企业家自己。

商业计划书对已建的创业企业来说，可以为企业的发展定下比较具体的方向和重点，从而使员工了解企业的经营目标，并激励他们为共同的目标而努力。

（3）它是评价创业项目的依据。对于投资商来说，一份商业计划书是一个信息载体。通过计划书中的信息，风险投资商可以评价一个企业是否真正有投资或者经营的价值。他们以它为依据来考察创业者是否能够清晰地分析和把握创业将面临的方方面面。一旦通过了这种考察，风险投资商就会对这家企业的未来持乐观态度，即认定能够获得他们预期的回报。另外，通过商业计划书，还可以初步判断创业企业融资人的基本素质和办事风格。所以，商业计划书是风险投资商决定是否投资的重要依据之一。

从法律上说，投资商也希望创业企业能准备一份完整的计划书。因为，如果投资失败，风险投资商可以根据创业企业提交的信息起诉融资者，尽可能地减少损失。众所周知，风险投资商是很有经验的，他们有能力阅读、分析商业计划书，并对其进行职业性的严格审查。如果投资项目失败，且创业企业隐瞒了有关公司的机密信息或机密信息失实，则对方有权要求退还投资，甚至对责任人提出法律诉讼。这时候，商业计划书会起到法律证据的作用。

三、商业计划书的策划

风险投资公司每月都要收到许多各式各样的商业计划书，为了确保商业计划书能够引起风险投资商足够的注意，必须事前进行周密的策划。

1. 基本要求

（1）简洁。一份商业计划书最长不要超过 50 页，最好在 30 页左右。写商业计划书的目的是获取风险投资商的投资，而非与风险投资商闲聊。因此，在写作商业计划书时，应该避免与主题无关的内容，要开门见山地直接切入主题。风险投资商没有很多时间来阅读一些对他来说没有意义的东西，对于很多初次创业者来说，这一点要多加注意，在写商业计划书时应当格外注意。

（2）完整。要全面披露与投资有关的信息。因为按照相关法律，创业企业必须以书面形式披露与企业业务有关的全部重要信息。如果披露不完全，当投资失败时，风险投资商就有权收回其全部投资并起诉融资者。

（3）条理清晰，语言通畅易懂，意思表述精确。硅谷企业家们的成功有目共睹，而他们经常挂在嘴边的问题，其实和自己想弄个小买卖、做做小生意的人的问题是一样的：产品是什么？消费对象是谁？成本是多少？而看似复杂的商业计划书，只要把握住脉络，其中包括的无非还是企业（不论是传统企业还是高科技企业）经营中要回答的几个关键问题，即产品是什么？消费对象是谁？经销渠道在哪里？谁来买？顾客群有多大？设计与制作成本是多少？售价多少？何时可损益平衡？在撰写商业计划书之前，若无法扼要地就这几个问题说出你的想法，要向别人解释清楚恐怕很困难。

因此，一份好的商业计划书，要使人读后对下列问题非常清楚：公司的商业机会、创立公司所需要的资源、把握这一机会的进程、风险和预期回报。商业计划书不是学术论文，它可能面对的是不具备技术背景但对计划书有兴趣的人，比如可能的团队成员，可能的投资人和合作伙伴、供应商、顾客和政府机构等。因此，一份好的商业计划书应该写得让人明白，避免使用过多的专业词汇，而要聚焦于特定的策略、目标、计划和行动。商业计划书的篇幅也要适当：太短，容易让人不相信项目会成功；太长，则会被认为太啰唆，表达不清楚。

（4）呈现竞争优势与投资利益。商业计划书不仅要将资料完整地陈列出来，更重要的是整份计划书要呈现出具体的竞争优势，并明确指出投资者的利益所在。而且要显示经营者创造利润的强烈愿望，而不仅是谋求企业发展而已。

（5）呈现经营能力。要尽量展现经营团队的事业经营能力与丰富的经验背景，并显示对于该产业、市场、产品、技术以及未来营运策略已有完全的准备。

（6）市场导向。利润来自市场的需求。没有依据明确的市场分析所撰写的商业计划书将会是空泛的。因此，商业计划书应以市场导向的观点来撰写。

（7）一致性。整个商业计划书前后基本假设或预测要相互呼应，也就是前后逻辑合理。例如，财务预测必须根据市场分析与技术分析所得结果，进行各种报表的规划。

（8）切合实际。商业计划书中的一切数据要客观、实际，切勿凭主观意愿估计。通常，创业者容易高估市场潜力或报酬，而低估经营成本。在商业计划书中，创业者应尽量列出客观的可供参考的数据与文献资料。

2. 基本内容

商业计划书应包括以下部分（有些部分可根据情况合并、增减和调整）：

（1）摘要。

（2）公司背景与历史。

（3）法律协议与诉讼。

（4）公司发展计划（目标）。

（5）企业组织与管理。

（6）产品、服务与行业介绍。

（7）研究与开发。

（8）市场与营销。

（9）生产与经营。

（10）基本经营模式。

（11）竞争与风险。

（12）财务。

（13）投资建议。

（14）附录。

3. 重点内容

商业计划书主要是给风险投资商看的，那些不能给予投资商充分的信息，也不能使投资商激动起来的商业计划书，最终结果只能是被扔进垃圾箱。风险投资商关注的要点，也就是创业者写计划书时应该把握的重点。

（1）关注产品。在商业计划书中，应提供所有与企业的产品或服务有关的细节，包括企业所实施的所有调查。这些问题包括：产品正处于什么样的发展阶段？它的独特性怎样？企业分销产品的方法是什么？谁会使用企业的产品？原因是什么？产品的生产成本是多少？售价是多少？企业发展新的现代化产品的计划是什么？把投资商拉到企业的产品或服务中来，这样投资商就会和创业者一样对产品有兴趣。在商业计划书中，创业者应尽量用简单的词语来描述每件事——商品及其属性的定义对创业者来说是非常明确的，但其他人却不一定清楚它们的含义。制作商业计划书的目的是不仅要让投资商相信企业的产品会在世界上产生革命性的影响，同时也要使他们相信企业有证明它的论据。商业计划书对产品的阐述，要让投资商感到："这种产品是多么美妙，多么令人鼓舞啊！"

（2）敢于竞争。在商业计划书中，创业者应细致地分析竞争对手的情况。竞争对手都是谁？他们的产品是如何工作的？竞争对手的产品与本企业的产品相比有哪些相同点和不同点？竞争对手所采用的营销策略是什么？要先明确每个竞争者的销售额、毛利润、收入及市场份额，再讨论本企业相对于每个竞争者所具有的竞争优势。要向投资商展示顾客偏爱本企业的原因是本企业的产品质量好、送货迅速、定位适中、价格合适等。商业计划书要使它的读者相信，本企业不仅是行业中的有力竞争者，而且将来还会是确定行业标准的领先者。在商业计划书中，创业者还应阐明竞争者给本企业带来的风险以及本企业所采取的对策。

（3）了解市场。商业计划书要向投资商提供企业对目标市场的深入分析和理解。要细致分析经济、地理、职业及心理等因素对消费者选择购买本企业产品这一行为的影响，以及各个因素所起的作用。商业计划书中还应包括一个主要的营销计划。计划中应列出本企业打算开展广告、促销及公关活动的地区，明确每一项活动的预算和收益。商业计划书中还应阐述企业的销售战略：企业使用外面的销售代表还是使用内部职员？企业使用的销售方式是专卖、分销商还是特许经销商？企业将提供何种类型的销售培训？此外，商业计划书中还应特别关注一下销售中的细节问题。

（4）实施计划。企业的行动计划应该是无懈可击的。商业计划书中应该明确下列问题：企业如何把产品推向市场？如何设计生产线？如何组装产品？企业生产需要哪些原料？企业拥有哪些生产资源，还需要什么生产资源？生产和设备的成本是多少？企业是买设备还是租设备？商业计划书中还应介绍与产品组装、储存及运输有关的固定成本和变动成本的情况。

（5）管理团队。把一个思想转化为一个成功的创业企业，其关键的因素就是要有一支强有力的管理队伍。这支队伍的成员必须有较高的专业技术知识、管理才能和多年的工作经验，管理者的职能就是计划、组织、控制和指导公司实现目标的行动。在商业计划书中，应首先描述整个管理队伍及其职责，然后分别介绍每位管理人员的特殊才能、特点和造诣，细致描述每个管理者将对公司所做的贡献。商业计划书中还应明确管理目标以及组织机构图。

（6）摘要。商业计划书中的摘要也十分重要。它必须能让读者有兴趣并渴望得到更多的信息，能给读者留下长久的印象。摘要是创业者所写的最后一部分内容，却是投资商首先会看到的内容，应从商业计划书中摘录出与筹集资金最相干的细节，包括对企业内部的基本情况、企业的能力及局限性、企业的竞争对手、企业的营销和财务战略以及企业的管理队伍等情况的简明而生动的概括。如果企业是一本书，它就像是这本书的封面，只有做得好才能把投资商吸引住。

4.商业计划书的写作过程

写作商业计划书应该组织一个得力的写作智囊团。因为在写作商业计划书的过程中，仅仅依靠创业者个人的力量是很难做到尽善尽美的，需要一个强有力的智囊团来弥补个人的不足。寻求有丰富经验的律师、会计师、专业咨询家的帮助是非常必要的。他们的建议有时能让商业计划书看上去更加完美。

商业计划书的最终目的是获得投资，因此，计划的设计应当从投资商的角度来考虑，但很多时候却并非如此。很多公司会不自觉地偏向产品观念。创业者需要做的是把计划做给可能的读者——投资商看，而不是创业者自己。从重要性程度来看，投资商最重视的是创业企业本身及其管理队伍，其次是企业如何打开市场。而当企业的样品或产品还在研制之中时，产品本身并不是多么重要。

时间是最为关键的。创业者应该有一个合适的时间表来安排和完成计划与计划附录。商业计划书的完成需要的时间较多，而且对于大多数创业者来说，还会涉及艰难的学习过程。下面介绍完成商业计划书的具体步骤，大致而言可以从以下几个方面来循序渐进地进行。

（1）商业计划构想细化。对自己将要开创的事业进行细致的思考，并制订细化的构思，确定明确的时间进度表和工作进程。

（2）客户调查。与至少三个本产品或服务的潜在客户建立联系。其中至少有一个是你将选做自己销售渠道的客户。准备一份1～2页的客户调查纲要。

提供一份调查和调查方法的描述,保证获取了足够大量的信息,包括潜在客户的数量、他们愿意支付的价钱、产品或服务。还应当收集定性的信息,如购买周期,对于购买决策者来说可能导致他们拒绝本产品或服务的可能障碍,你的产品能够在你的目标客户的应用环境之中起作用的原因。

（3）文档制作。印刷或用高质量的打印机彩色打印商业计划书,并装订成册。

（4）答辩陈词和反馈。准备15分钟的答辩。这是为了拥有第一次（也许是最后一次）机会来向投资商推销你的企业。陈词中应当强调企业的关键因素,但这并不是要你把商业计划执行总结口头陈述一遍,不要用看得见的东西来让你的听众眼花缭乱,要用简洁的市场分析和可靠的数据来给投资商留下深刻的印象,并准备应对听众的提问。

四、商业计划书的评估与推广

（一）商业计划书的评估

在写作商业计划书的过程中,创业者应该站在风险投资商的角度（或立场）对自己的商业计划进行一番评估,并审视以下七个问题:

（1）我能获得多少回报?

（2）我会损失什么（可能遇到的风险,如所有的投资、贷款担保、法律诉讼和时间）?

（3）谁认为这个计划可行（对商业计划各项内容的第三方验证）?

（4）交易当中还有谁发挥作用（管理团队和投资群体以及他们在各自领域中的地位）?

（5）这个市场有多大?

（6）企业如何争取到潜在的顾客（对市场开拓能力的验证）?

（7）我的投资何时和怎样撤出（公开上市或并购的退出战略）?

每个风险投资商都会问到这些关键问题,检查它们是否在你的商业计划书中有明确的答案。

（二）商业计划书的推广

现在已经有很多专业的风险投资公司与非专业的投资个人和机构,它们都在努力地寻找有利可图的项目。同时,也有太多太多的创业者,他们有着天才般的创业能力,拥有或即将拥有创造巨额利润,甚至改变世界的新的事业构想,但是,他们缺乏把构想变成现实所必需的资金。这是风险投资存在的理由,也是风险投资得以获得高收益的根本原因。

有许多创业者的天才计划找不到投资商,也有投资商难以将自己手中的资金投入高产出的项目中去。原因何在呢？这可能是因为沟通的困难，使得双方难以认识相互的价值；也可能是因为某一方开出了不合理的条件，破坏了交易的成立；有时候却仅仅是因为信息的障碍，双方没有交流的机会。因此，对于创业者而言，需要充分了解关于风险投资公司的信息，既可以广泛联络，也可以有的放矢，提高成功的概率。

寻找风险投资商，有时候需要创造性地闯出一条新路，用一些他人没有想到，或者是没有勇气去做的方法和方式去向风险投资商兜售自己的创意。创造性的解决方案有赖于创业者发挥自己的特殊天赋去发现。事实上，除了少数机缘良好的创业者和投资商之间能够做到一见面就有合作的意向外，大多数创业者需要经过曲折的道路，通过各种途径，找到风险投资机构，这样才能找到愿意投资的风险投资商。许多奇迹般的成功案例，在开始时都很难得到投资商的青睐。所谓"曲高和寡"，任何人都可以从中看出商机的话，这个商业计划通常只是资质平平，许多后来取得重大成功的风险投资项目，都是创业者走过了曲折的融资之路才获得的。

1. 联系风险投资商的方法

一般来说，联系风险投资商的方法有以下几种：高层接触、网上搜索、会议接触、图书资料寻找、中间人介绍。

（1）高层接触。为获得风险投资，直接和国内外一些在风险投资领域有影响力的人士接触是一条重要途径。例如，创业者可以和自身所处行业内的风险投资权威接触，将自己的设想与之探讨，从而引起他们的兴趣，或经其介绍以获得其他风险投资商的关注。

（2）网上搜索。互联网的发展在风险投资领域得到了最为广泛和有效的应用。在网络上，有着成千上万、各种各样的风险投资网站，有些是风险投资公司直接建立的宣传、联络甚至推销风险投资的网站，也有些是由行业协会、学术机构或者中介机构建立的服务性网站。对于网络的使用者而言，寻找风险投资的网络资源十分简单方便。只要在网络搜索引擎中输入"风险投资（Venture Capital）"，就可以获得足够多的网络地址，还有一些服务性的网站会提供丰富的风险投资公司目录或者在线中介服务。

在线申请风险投资时，需要申请者填写一些项目的情况，某些网站甚至要求创业者在线提供商业计划书的摘要或全文。必须注意的是，创业者在提交商业计划书时要考虑到保密性的问题。

（3）会议接触。会议是风险投资商和创业者见面接触的一条重要途径。搜狐融资案例中，张朝阳就是通过参加会议获得风险投资商的青睐的。

有关风险投资的会议有多种类型。一类是专门为增加风险投资商同创业者的联系而举办的会议，这类会议的商业性质非常浓厚，往往有较高的会务收费。通常，这类会议有一定的主题，例如生物医药类投资洽谈会、网络经济投资会等。每年在深圳举行的中国国际高新技术成果交易会（高交会），就属于这种类型。还有一类不是专门的投资交易会，而是一些带有学术性质、行业性质或聚会性质的研讨会，例如每年都召开的亚太地区风险投资研讨会、风险资本协会年会等。如果获得了有关会议的信息，创业者可以参加这些会议，以便获得直接和风险投资商接触的机会。而且由于这类会议的气氛比较轻松，往往能够更深入地和风险投资商探讨合作的可能性。

（4）图书资料寻找。在国外，有专门的机构收集风险投资公司的信息，编制和出版专业的风险投资公司名录供需要风险投资的创业者参考。这样的机构很多，有的是专业出版社，但更多的是一些风险投资行业协会，如 NVCA（美国全美风险投资协会）、BVCA（英国风险投资协会）、EVCA（欧洲风险投资协会）等，它们每年都例行编制和出版本协会的会员名单，包括地址、通信方法等。

目前中国国内很少有人编制这样的信息，但随着国内风险投资机构的发展和相关服务机构的建立，相信这类手册将会很快出现。

（5）中间人介绍。对于那些有一定经济基础的中小企业或者创业者而言，利用专业化的风险投资咨询机构的帮助最为有效和简便。在国内外，有大量专门从事风险投资专业中介服务的机构，它们提供从写作商业计划书，到简单的信息服务和咨询，甚至直接牵线搭桥代办融资的广泛的中介业务。中间人介绍的成功率高，但费用较高。

2. 演示商业计划

对创业者来说，有了商业计划书，找到了风险投资商，并非万事大吉，还需把它作为商品推销给风险投资商，这样才能达到创业融资的目的。

演示商业计划是推销商业计划书极其重要的一环，也是决定性的一步。如果你的项目或者企业非常好，当然可以相信即便你的演示过程平淡无奇，甚至有些差，也足以吸引风险投资商拿出大把的钞票。但是，绝大多数的商业计划并不能达到这样的高度。更何况风险投资商投资的时候，除了考察项目本身的优劣外，更重要的是考察创业者的能力和个人魅力，而向风险投资商推销商业计划正是创业者展示自己能力的难得机会。

演示商业计划往往涉及创业者在无数个会议或展示活动中的连续作战，对此需要做好充分的心理准备，而且要有一个基本的演示战略。

（1）准备充分。当创业者奔波于多个演示会时，在前一轮会议结束后管理层的协商应该是具有重要意义的"总结和准备大会"，而不仅仅是一次例行小结。事先推测对方可能会提一些什么问题，展示的重点何在，还要准备回答在会议期间出现的其他问题，对此千万敷衍不得。

（2）演示时不要只顾自说自演，应努力创造机会让到场的投资商也参与发言或演示，实现相互间的交流和互动。演示应保持条理清晰，突出市场前景，刺激投资商的兴奋点。演示一开始，就要声明演示过程允许双向参与，任何时候都可以被提问或被打断。如果在最初的五分钟内无人提问，本方成员应主动提问，有意地打断演示过程。这样做的意图是活跃现场气氛，带动投资商参与的积极性。

（3）不要过分强调技术因素或使技术环节复杂化。关于技术问题，可以准备一份专门介绍的活页，在需要的时候可以适时插入。演示技术类图表的出发点应该是为支持市场与产品定位预测服务，没有特殊要求的话不必画蛇添足地多做解释。

（4）分别做两份完整的计算表，一份面向技术背景有限的私人投资部门，另一份则面向熟知专业技术的精明投资商。演示应针对投资商的技术基础和专业背景。比如说，如果投资商的背景是财会专业，则有侧重地应用账务举例。

（5）引用业内专家或行业期刊观点明显支持产品和市场定位的评论。如有必要，在演示前应先签一份保密协议。通常，第一次演示不要披露太多的专业信息。所以除非不得已，不要强求对方签订这种协议，不要在与项目无关紧要的地方滋生不必要的矛盾。

（6）执行演示的人员应具备突出的沟通表达能力。演示者不一定是经理，这样安排的效果可能更好。因为此时经理可以观察听众的反应，当注意到听者出现困惑或茫然的表情，或发现投资商的参与热情有所减退时，应及时打断演示，再次强调一些能激起兴趣和参与热情的方面，增加内容的可信性。

（7）在演示前或演示过程中，不要发放有关管理经营费用的材料。保持团队合作精神，切忌和本方的其他成员发生意见上的分歧或争执。如果演示者没有妥善处理某个问题，可以这样打断："另外，需要补充的是……"

（8）在演示即将结束时，插入一页表格说明五年内的财务状况，包含市场规模以及本行业公司的平均价格收益比率（PE 比率）和管理费。PE 比率有助于增强基于最终管理费用的计算结果的信服力，表明投资机遇的绝佳性。

参考文献

[1] 陈孝铭. 企业识别设计与制作 [M]. 台北: 久洋出版社, 1992.

[2] 大卫·奥格威. 一个广告人的自白 [M]. 林桦, 译. 北京: 中国友谊出版公司, 1991.

[3] 江川朗. 企划技术手册——完成一个企业案的全程说明 [M]. 赖明珠, 译. 台北: 远流出版事业股份有限公司, 1988.

[4] 高明, 孙新生. 策划大师与经典策划 [M]. 北京: 企业管理出版社, 1996.

[5] 张卫东. 网络营销 [M]. 北京: 电子工业出版社, 2002.

[6] 朱培立, 王光辉. 策划财富 [M]. 广州: 广东经济出版社, 2004.

[7] 韦康博. 工业 4.0 时代的盈利模式 [M]. 北京: 电子工业出版社, 2015.

[8] 胡世良. 互联网＋红利时代: 传统企业互联网转型实战 [M]. 北京: 人民邮电出版社, 2015.